영상, 역사를 비추다

한국현대사 영상자료해제집 VI

리버티뉴스 해제집 2

영상, 역사를 비추다
한국현대사 영상자료해제집 VI

리버티뉴스 해제집 2

초판 1쇄 발행   2017년 5월 31일

엮은이 ㅣ 허 은
펴낸이 ㅣ 윤 관 백
펴낸곳 ㅣ 도서출판선인

등   록 ㅣ 제5-77호(1998.11.4)
주   소 ㅣ 서울시 마포구 마포대로 4다길 4 곳마루 B/D 1층
전   화 ㅣ 02)718-6252/6257
팩   스 ㅣ 02)718-6253
E-mail ㅣ sunin72@chol.com

정가 42,000원

ISBN   979-11-6068-099-7   94910
ISBN   979-11-6068-093-5   (세트)

"이 저서는 2011년 정부(교육과학기술부)의 재원으로 한국학중앙연구원의
지원을 받아 수행된 연구임(AKS-2011-EAB-3101)"

영상, 역사를 비추다
한국현대사 영상자료해제집 VI

리버티뉴스 해제집 2

허 은 편

도서출판 선인

▌ 해제집을 펴내면서

한국현대사 영상자료해제집은 고려대 한국사연구소 역사영상융합연구팀이 2011년부터 3년에 걸쳐 진행한 '한국 근현대 영상자료 수집 및 DB구축' 프로젝트의 결과물 중 하나이다. 6년 전 30여 명으로 구성된 역사영상융합연구팀은 세 가지 목표를 가지고 토대연구를 추진했다.

첫째, 한국 근현대사 관련 기록 영상자료를 최대한 망라하는 영상물 데이터베이스(DB) 구축을 목표로 삼았다. 사업을 시작할 때까지 이는 국내의 어떤 기관도 수행하지 못한 일이었다. 프로젝트가 완수되면 국내외 한국 근현대사 관련 기록 영상자료의 정보가 최초로 종합·정리되고, 특히 해외에 산재된 상당분량의 영상물이 새롭게 발굴·정리될 것이라 기대했다.

둘째, 역사학, 언론정보, 영화문화를 전공한 연구자들이 결합하여 체계적인 해제를 수행하고 주요 영상을 선별하여 해제집을 발간하는 것을 과제로 삼았다. 역사연구와 영상연구가 결합된 해제가 수행되어야 향후 역사학 분야뿐만 아니라 각 분과학문 연구에도 유용하게 활용될 수 있는 깊이 있는 DB를 구축할 수 있다고 보았기 때문이다.

셋째, 훼손이나 소멸될 가능성이 높은 자료를 우선 수집하고, 수집된 자료를 체계적으로 보존하며 동시에 그 활용을 극대화 하는 방안을 강구하고자 했다. 사적으로 수집된 영상자료는 논외로 하더라도 공공기관에서 수집한 해외소재 영상물조차 '공공재'로서 접근성이나 활용도가 크게 떨어지는 경우가 많았다. 당연한 언급이지만, 연구자와 대중이 영상자료를 수월하게 활용할 수 있을 때 영상을 활용한 새로운 역사쓰기의 가능성이 크게 확장될 수 있다.

이상의 세 가지 목표를 가지고 진행한 연구는 한국학중앙연구원, 한국영상자료원 등과 협조하에 부족하나마 가시적인 성과를 이룰 수 있었다. 해외수집영상물의 안정적인 보존은 한국영상자료원이 맡아주었고, 영상자료의 접근성과 활용도를 극대화하기 위해 누리집(고려대학교 한국사연구소 '한국근현대 영상아카이브' http://kfilm.khistory.org)을 구축하여 수집한 기록영상물을 쉽게 접근하고 활용할 수 있도록 했다. 학문 융합적인 접근을 통해 체계적인 해제를 수행한다는 목표는 단계별 카탈로깅 진행과 한국 현대사 영상자료 해제집의 발간을 통하여, 일단락을 맺은 셈이다.

9권의 해제집은 크게 뉴스영화와 문화영화 해제로 구성되어 있다. 이 영상물들을 해제하는데 집중한 이유는 사료적 가치가 높음에도 불구하고, 역사학을 포함한 인문학 분야는 말할 것도 없고 한국영화사 연구 분야에서도 큰 주목을 받지 못했기 때문이다. 해제 범위는 8·15해방 이후부터 박정희 정권시기까지 대한민국 현대사와 관련된 영상자료로 한정했고, 다양한 역사적 사실들을 다루기 위해 연구팀이 소장하지 않은 영상자료에서도 선별하여 해제를 진행했다. 해외수집영상에 일제 강점기 영상도 일부 있으나, 해제집의 주안점은 한국현대사에 대한 이해를 높이는데 두었다. 움직이는 영상을 활자로 옮기는 작업은 영상미디어史를 쓰기 위한 불가결한 과정이지만, 활자화된 영상 정보가 다양한 해석의 가능성을 차단하지 않을까 우려된다. 이러한 우려를 최소화하기 위해 '한국근현대 영상아카이브' 누리집에서 가능한 한 많은 영상물을 시청할 수 있도록 했으니 함께 활용해 주기를 바란다.

토대연구의 완료가 예상보다 3년을 더 경과한 셈이니 늦어도 많이 늦었다고 할 수 있다. 역사-영상 연구의 기반을 마련한다는 원대한 목표를 갖고 진행한 토대연구는 일사천리로 진행될 수 없었다. 역사학 분야에서 영상 연구가 일천하여 두 번의 국제학술회의와 연구서 발간을 통하여 문제의식을 공유하고, 영상 독해력도 갖추어 가야했다. 여기에 홈페이지 구축과 해제집 발간까지 병행한 6년은 프로젝트팀에게는 짧기만 한 기간이었다.

영상 자료의 수집과 해제 과정은 많은 인내와 높은 집중력을 지속적으로 요구하는 작업이다. 하나의 영상을 사료로 만드는 과정은 영상과 관련된 문헌정보, 영상 속 시각·청각 정보 등을 종합적으로 정리할 때 가능하다. 연구의 정량적 평가에 시달리는 요즘, 지리하고 힘들뿐만 아니라 생색내기도 어려운 토대구축 연구를 같이 해준 전임연구원·공동연구원 선생님들과 녹취, 번역, 해제 집필 등 다양한 방식으로 참여한 모든 분들께 진심으로 감사를 드린다. 특히 각각 문화영화, 미국지역 수집영상물, 유럽지역 수집영상물의 최종 책임 편집을 맡아 정리하고, 각 해제집의 소개글을 작성해 주신 박선영, 양정심, 박희태 세 분께 다시 한번 감사드린다.

기초해제에서부터 최종 교정까지 대학원생들이 많은 수고를 해 주었다. 대학원 박사, 석사 지도학생들의 헌신적인 참여가 없었다면 이러한 규모의 토대연구는 엄두도 내지 못했을 것이다. 충분한 장학금을 주며 연구에 전념할 수 있는 여건을 마련해 줄 수 없는 현실에서 연구 프로젝트는 계륵과도 같은 존재이다. 특히 영상자료는 문헌사료가 중심인 역사학에서 연구외적 작업이 되기 십상이라 우려가 컸는데, 참여 대학원생들은 인내와 성실로 여러 난관을 끝까지 함께 극복해 주었다. 이주호, 금보운, 서홍석 세 명의 박사과정 학생들은 마지막까지 마무리 작업을 하느라 수고가 더 컸다.

이외에도 다 열거할 수 없을 정도로 많은 분들의 도움이 있었다. 영상자료 수집에서 조준형 팀장님을 비롯한 한국영상자료원의 도움이 컸으며, 연구 진행과 자료수집 그리고 해제에 공동연구원분들이 많은 힘을 실어주셨다. 일본 및 중국 현지에서 자료조사와 수집을 맡아 주었던 도쿄대의 정지혜, 남의영 연구원, 푸단대 순커즈 교수에게 감사드린다. 또한 사업기간 지원을 아끼지 않았으며, 해제집 발간도 인내심을 갖고 기다려 준 한국학중앙연구원에 감사의 뜻을 전하지 않을 수 없다. 끝으로 한국근현대 영상자료 해제집 발간을 흔쾌히 맡아주신 선인출판 윤관백 사장님과 편집교열에 수고해 주신 편집부 여러분께 감사드린다.

많은 분들의 헌신적인 참여와 도움으로 해제집을 발간할 수 있었지만, 새로운 시도에 따른 내용적 오류나 분석방법의 미숙함이 많이 눈에 띄리라 본다. 여러분들로부터 질정을 받으며 향후 지속적으로 수정, 보완해 나가도록 하겠다.

한국인뿐만 아니라 수많은 외국인들이 격동적으로 전개된 한국현대사를 영상으로 담았고, 그 결과 방대한 분량의 영상자료들이 전 세계 각국에 흩어져 한국현대사를 우리 앞에 펼쳐 보이고 있다. 이 해제집은 그중 일부를 다루었을 뿐이다. 여기서 거의 다루지 못한 북한과 구 공산진영 국가들에 흩어져 있는 영상들은 여러 연구자와 관계기관에 의해 수집·정리되고 있다. 남북한 각각의 역사가 아닌 20세기 한반도사 또는 한민족사를 위한 영상DB 구축이 머지않아 이루어지기를 고대한다.

21세기 초입에 우리는 개항, 식민지배, 분단과 전쟁, 산업화와 민주화 등 좌절과 희망의 20세기를 차분히 재성찰하며 냉전분단시대가 남긴 질곡과 유제를 극복·청산할 방향을 모색해야 한다. 한국현대사 영상자료 해제집이 20세기 냉전분단시대를 넘어서는 역사, 그리고 활자 미디어를 넘어서는 새로운 역사쓰기를 모색하는 이들에게 디딤돌이 된다면 이는 연구팀원 모두에게 큰 기쁨일 것이다.

2017년 5월
연구팀원을 대표하여
허은 씀

차 례

리버티뉴스

상이용사 연금인상 요구 (1960년 9월)

제작정보

출　　　처 : 리버티뉴스 373호
제　작　사 : 주한미공보원
제 작 국 가 : 미국

영상정보

제 공 언 어 : 한국어
컬　　　러 : 흑백
사 운 드 : 무

▌영상요약

1960년 9월 16일 서울·경기지구 상이용사 회원 1,000여 명이 연금을 다섯 배로 인상할 것 등을 요구하면서 국회의사당 앞에서 시위를 하였다.

▌내레이션

(내레이션 없음)

▌화면묘사

00:00   거리에 모여있는 시위대와 이들을 취재하고 있는 기자들의 모습
00:04   시위대가 경찰차량을 공격하고 있음
00:06   앞 유리창이 깨진 경찰차량이 후진을 하며 시위현장을 빠져나감
00:08   상이용사 시위대가 차량을 타고 시위현장에 도착함
00:10   시위대가 트럭에서 내리고 다리를 다친 상이용사의 하차를 주변 사람들이 도와
        줌. 상이용사 시위대가 트럭을 타고 장소에 몰려옴. 주변에 경찰들이 순찰을
        돌면서 통제하는 장면
00:19   '軍警年金(군경연금) 2萬4阡圜(2만 4천 환) 당신이 갖고 일 년간 살아보시라! 상
        이용사회 서울특별시지부'라고 적힌 현수막을 들고 시위를 하는 상이용사들
00:25   한 팔을 잃은 상이용사가 발언을 함
00:28   몸을 다친 상이용사들이 시위 장소에 모여 앉아 있음
00:39   관계자들이 앞에 나와서 발언을 함
00:57   도로를 점거하고 앉아있는 상이용사들

▌연구해제

본 영상은 서울·경기지구의 '상이용사' 회원 1천여 명이 1960년 9월 연금을 5배로 인상할 것 등을 요구하면서 국회의사당 앞에서 데모를 하는 모습을 담고 있다.

6·25전쟁 시 군 복무 중 신체에 심각한 부상을 입고 제대한 상이군인들에 대해 이승만 정부는 그들을 '상이용사'라 부르며 국가를 위한 개인의 거룩한 희생과 애국심을 기념하려 들었다. 1950년대 상이군인의 수는 각 자료마다 적게는 1만여 명부터 많게는 14만여 명까지 큰 차이가 있었는데, 그 이유는 '상이'의 기준이 서로 달랐기 때문이었다. 이 중 가장 적은 수는 국가에 의해 공식적으로 상이군인이라고 인정받고 연금수급권을 가진 상이군인들이었다.

　군사원호제도가 처음 마련된 때는 해방 뒤 좌우대립 과정에서 사망한 군인의 유족을 원호하기 위해 '군사원호법'을 제정한 1950년 4월이었다. 그러나 6·25전쟁으로 군인, 경찰, 노무자 등이 죽거나 부상당하면서 원호제도를 보강, 정비할 필요성이 제기되었다. 이에 6·25전쟁 동안 군인사망급여금 규정(1951년 2월), 경찰원호법 및 시행령(1951년 4월), 전몰군경유족과 상이군경연금법 및 시행령(1952년 9월) 등이 새로 제정되었다. 그러나 문제는 이러한 제도들이 제대로 시행되지 않았다는 점이다. 단적으로 상이군인 연금재원은 제때 마련되지 못했고, 지급된 연금 역시 도저히 생활이 불가능한 수준이었다. 상이군인의 직업보도를 위해 중앙직업보도소가 설치되었지만 큰 기능을 발휘하지 못했다.

　이들에 대한 원호사업이 재정적으로 뒷받침되지 않아 유명무실한 상황에서, 보호받지 못한 상이군인들은 자주 문제를 일으켰다. 건장한 청년이 하루아침에 신체 일부를 잃고 무력한 장애인이 되었을 때, 그의 자괴감과 울분, 원한은 매우 공격적인 방식으로 표출되곤 했다. 특히 1952년 9월에는 칠곡에서 150명의 상이군인들과 경찰이 충돌해 경찰관 한 명이 사망하는 사건이 발생했는데, 이 상이군인들이 구금되자 부산에 있는 상이군인들이 칠곡으로 올라가기 위해 경부선 열차를 탈취하는 일까지 벌어져 사회적으로 큰 문제가 되기도 했다. '불구된 애국청년'이라는 의미의 '상이용사'가 점차 일반에서 통용되어 갈수록, 이 단어는 이들에 대한 사회적 반감이나 공포, 멸시까지도 함의하게 되었다. '갈고리'나 '목발'을 휘두르는 것이 그들의 상징이 되기도 했다.

　이런 점에서 상이용사를 다룬 〈대한뉴스〉는 이승만 정부가 이들을 따뜻하게 보살피는 장면을 연출하고 대내외적으로 홍보하고자 했던 데 치중한 반면, 본 영상은 당시의 상이군인의 실제 모습과 요구를 잘 드러내 주고 있는 영상이라고 평가할 수 있다.

참고문헌

「보잘것없는 '원호' 사업」, 『경향신문』, 1957년 3월 28일.

「연금 오배인상 요구」, 『경향신문』, 1960년 9월 16일.

이임하, 「상이군인들의 한국전쟁 기억」, 『사림』 27, 2007.

이임하, 「상이군인, 국민만들기」, 『중앙사론』 33, 2011.

후지이 다케시, 「돌아온 '국민'－제대군인들의 전후」, 『역사연구』 14, 2004.

해당호 전체 정보

373-01 전문가 회의

상영시간 | 01분 01초

영상요약 | 한국과 미국의 전문가들이 모여서 건설 문제에 대한 회의를 하는 장면.

373-02 기념탑 건설

상영시간 | 00분 46초

영상요약 | 희생된 학생들을 기리기 위한 것으로 추정되는 기념탑 건설 기공식을 하는 장면.

373-03 상이용사 연금인상 요구

상영시간 | 01분 06초

영상요약 | 1960년 9월 16일 서울·경기지구 상이용사 회원 1,000여 명이 연금을 다섯 배로 인상할 것 등을 요구하면서 국회의사당 앞에서 시위를 하였다.

373-04 차관 협정

상영시간 | 01분 04초

영상요약 | 한국과 미국 간에 차관협정이 이루어지고, 그에 따라 연구소에 과학실험실과 기계 장비들이 도입되는 장면을 보여주는 영상.

373-05 인천상륙작전 10주년 기념행사

상영시간 | 00분 57초

영상요약 | 1960년 9월 15일 인천상륙작전 10주년을 맞이해서 인천공설운동장에서 열린 기념행사의 여러 모습들을 보여주는 영상.

373-06 해외인사 방한

상영시간 | 00분 51초

영상요약 | 해외의 주요 인사가 내한하여 한국정부 관계자들을 만나 이야기를 나누고 비행기를 타고 돌아가는 장면을 담은 영상.

소파상 시상식 (1960년 10월)

제작정보		영상정보	
출　　　처 :	리버티뉴스 376호	제공언어 :	한국어
제 작 사 :	주한미공보원	컬　　러 :	흑백
제작국가 :	미국	사 운 드 :	무

1960년 10월 10일 경기여고 강당에서 소파상 시상식이 열렸다. 이날은 4월혁명에서 희생된 고 김주열 학생의 어머니 권찬주 여사가 소파상 수상자로 선정되어 상을 받았다.

■ 내레이션

(내레이션 없음)

■ 화면묘사

00:00 '소파상 시상식'이라는 행사명이 붙어 있고, 경기여고 강당에서 시상식 행사가 열리고 있음

00:03 고 김주열 학생의 어머니 권찬주 여사가 소파상 상장을 수여 받음. 박수를 치는 학생들

00:17 1960년 6월 4일 마산고교에서 열렸던 마산의거 희생학생 합동 위령제 당시의 화면. '馬山義擧犧牲者合同慰靈祭(마산의거희생자합동위령제)'라는 현수막이 걸려 있고, 단상 위에 영정사진들이 놓여 있으며, 수많은 시민과 유가족들, 학생들이 모여서 슬퍼하는 장면

00:30 고 김주열 학생의 영정사진을 확대하여 보여줌

00:32 소감을 발표하는 고 김주열의 어머니 권찬주 여사

00:49 박수를 치는 학생들

■ 연구해제

1960년 10월 10일 경기여고 강당에서 개최된 소파상 시상식을 촬영한 영상이다. 소파상(小波賞)은 1956년 윤석중을 중심으로 발족한 어린이 문화단체인 새싹회가 이듬해인 1957년에 소파(小波) 방정환(方定煥)을 기리며 제정한 상이다. 새싹회에서는 아동문화 분야의 공로자들에게 해마다 소파상을 시상하였다. 소파상의 기금은 방정환의 저작물

판권으로 마련되었다. 박문출판사에서 지니고 있던 방정환이 저술한 한국 최초의 동화집 "사랑의 선물" 판권을 유가족에게 무상 반환했는데, 방정환의 장남 방운용이 이 판권을 새싹회에 기증한 것이다. 이에 따라 제1회 소파상 시상식은 소파 방정환의 묘소 앞에서 진행되었으며, 한국 최초 동요인 "반달"을 작곡한 윤극영이 수상하였다.

　본 영상에서 보여주고 있는 1960년 6월 4일 소파상 시상식은 다른 때보다 더 특수한 시대상을 반영하고 있다. 경기여고 강당에서 진행된 이날 소파상은 1960년 3월 15일 부정선거에 대항하며 마산시위에 나섰다가 희생된 김주열의 어머니 권찬주에게 수여되었기 때문이다. 당시 경향신문은 "저는 눈물을 거두었습니다. 자식이 뿌린 민족의 넋이 헛되지 않아야 하겠기에. 그러나 4월혁명 이후의 새 공화국은 난국에 처해 있습니다. 땅을 파먹고 있는 저, 그리고 여러분도 다시 피 흘리는 일이 없어야 한다고 느낄 것입니다" 라는 권찬주의 수상소감을 그대로 담고 있으며, "4월의 어머니의 위대함"을 집중적으로 설명한다.

　〈리버티뉴스〉의 영상에서는 권찬주가 마산의거희생자합동위령제(馬山義擧犧牲者合同慰靈祭) 당시 오열하고 있는 장면과, 소파상 시상식 강당의 무대 위에서 수상소감을 연설하는 장면을 비중 있게 보여준다. 같은 시기 촬영된 〈대한뉴스〉에서도 소파상 시상식이 보도되고 있지만 문화계 소식을 알려주는 부분의 일부로 짤막하게 소개되었을 뿐, 마산시위에서 희생된 김주열에 대한 구체적인 이야기는 소략하고 있다. 〈리버티뉴스〉가 4월혁명의 의의와 제2공화국의 국정운영에 대해 비판적인 시선을 담은 내용의 수상소감 연설 장면을 고스란히 담고 있는 것과는 차이가 나는 부분이다. 〈리버티뉴스〉의 제작 주체가 한국정부가 아닌 미공보원이었다는 점에서 기인한 것으로 보인다.

▌참고문헌

「소파저작물판권 소파상 기금에」, 『동아일보』, 1956년 8월 15일.
「4월 어머니 위대함이여」, 『경향신문』, 1960년 10월 10일.
고종석, 『히스토리아』, 마음산책, 2003.

석기시대 부락 터전 발견 (1960년 10월)

제작정보

출   처 : 리버티뉴스 376호
제 작 사 : 주한미공보원
제 작 국 가 : 미국

영상정보

제 공 언 어 : 한국어
컬   러 : 흑백
사 운 드 : 무

석기시대 터전과 유물이 한 미군에 의해 경기도 양평 부근에서 발견되어 고고학 연구에 큰 공헌을 하게 되었는데, 당시의 발굴 장면을 보여주는 영상이다.

▌ 내레이션

(내레이션 없음)

▌ 화면묘사

00:00   농촌 마을의 언덕에서 도르래를 설치하여 유물 발굴 작업을 하는 사람들
00:04   유물 발굴에 참여하는 관계자들이 음식을 먹으며 회의를 하는 모습
00:06   직사각형 모양으로 땅을 파놓고 주변에는 띠를 연결하여 관계자들 외에 들어가
        지 못하게 해놓은 후 삽으로 흙을 퍼 내가며 발굴 작업을 진행하는 사람들. 주
        변에 기자들이 모여서 사진을 찍는 등 취재를 함
00:12   서로 이야기를 해 가며 발굴 작업을 계속하다가, 커다란 크고 작은 토기들을
        발견하고 흙을 문질러 털어내는 등의 방식으로 표면 위로 그것들을 드러냄
00:36   발굴된 여러 점의 토기들을 보여줌

▌ 연구해제

　본 영상은 경기도 양주군 미금면 수석리 석실마을 앞의 초기 철기시대 집자리 유적의 발굴 현장을 담고 있다. 현재 이곳의 공식 명칭은 '수석리 집자리 유적'이다. 이 유적은 1960년 7월 17일 주한 미군 제17병참 사령부에 근무하고 있는 체이스(David Chase)상사에 의해서 처음 발견되었다. 체이스 상사는 이 부락에 4H클럽 활동을 위해 드나들던 미국 병사들의 차량을 이용해서 이 일대의 지상조사를 했으며, 모두 17개의 선사유적을 발견하였다. 한강을 마주하고 있는 석실마을에 도착한 체이스는 당시 마을 노인으로부터 이곳에 1,000년 이상 사람이 거주하고 있었다는 이야기를 들었고, 또한 한눈에 보아

도 강변 마을 공동체가 오랜 기간 유지되어 왔음을 알 수 있었다고 당시를 회고한다.

체이스 상사는 당시 국립박물관 학예사로 근무하고 있던 김원룡에게 이 사실을 알렸고, 이에 8월 7일부터 김원룡에 의해 현지조사가 이루어졌다. 체이스 상사는 같은 해 11월 조사결과 보고문을 발표하였고, 한국에서는 1961년 서울대 고고미술사학과에 교수로 부임하게 된 김원룡을 중심으로 발굴을 주도해 6기의 주거지를 추가로 확인하였다. 김원룡 역시 발굴을 마친 이후 1966년 조사보고서를 발표하며 수석리 집자리 유적을 세간에 알렸다.

수석리 유적은 한강을 마주하고 있는 산 위에 분포하고 있다. 모두 6기의 집자리 유적이 발굴되었는데, 3기는 산 정상 가까이에 있으며, 나머지 3기는 그 아래쪽으로 배치되어 있었다. 주거지 안에서 화로시설이 따로 발견되지는 않았지만 불 피웠던 자리가 한쪽 구석에 몰려 있었고, 기둥자리는 발견되지 않았다. 또한 6기의 집자리 중에서도 가장 높은 곳에서 발견된 집자리는 벽면이 모두 노출된 천막지붕의 건물이었을 것이라고 추정되며, 저장 공간으로 사용되었던 것으로 보이는 구덩이가 있었고 이 안에서 흑도장경호(黑陶長頸壺) 형태의 특수한 도자기가 출토되었다. 다른 5기의 집자리와 차별성을 보이는 점을 고려해 볼 때, 일반 주거용의 집이 아닌 당집 같은 특수 건물 용도였을 것으로 추측된다. 수석리 유적에서는 석기와 토기도 발견되었는데, 특히 발굴 당시 체이스 상사에 의해 많은 수의 무문 토기가 발굴되었던 것으로 알려져 있다.

〈리버티뉴스〉에서는 이 발굴 과정에 대해 비교적 상세하게 보여주고 있다. 양주 일대의 농촌마을이 내려다보이는 뒷산에 많은 문화재 관계 인사들이 모여 있는 장면으로부터 시작해서, 김원룡으로 추정되는 인물이 문화 관계 인사들과 야외에서 발굴 과정에 대해 토의하는 장면, 체이스 상사가 흙을 조심스럽게 제거하며 무문토기를 빌굴하는 과정 등이 이어진다.

참고문헌

「문화재 발굴 사건과 비화 〈7〉 한국고고학에 기여한 외국인들」, 『경향신문』, 1975년 6월 14일.

김원룡, 「수석리(水石里) 선사시대(先史時代) 취락주거지(聚落住居址) 조사보고(調査報告)」, 『미술 자료』 11, 1966.

DAVID CHASE, "A Limited Archeological Survey of the Han River Valley in Central Korea", Asian Perspectives Vol. Ⅳ, Nos. 1~2, 1960.

해당호 전체 정보

376-01 한글 시 백일장 대회

상영시간 ㅣ 01분 05초

영상요약 ㅣ 1960년 10월 9일 한글날 경복궁에서 열린 제5회 한글 시 백일장 대회의 장면 들과 수상결과를 보여주는 영상.

376-02 소파상 시상식

상영시간 ㅣ 00분 55초

영상요약 ㅣ 1960년 10월 10일 경기여고 강당에서 소파상 시상식이 열렸다. 이날은 4월혁 명에서 희생된 고 김주열 학생의 어머니 권찬주 여사가 소파상 수상자로 선정 되어 상을 받았다.

376-03 석기시대 부락 터전 발견

상영시간 ㅣ 00분 48초

영상요약 ㅣ 석기시대 터전과 유물이 한 미군에 의해서 경기도 양평 부근에서 발견되어 고 고학 연구에 큰 공헌을 하게 되었는데, 당시의 발굴 장면을 보여주는 영상이 다.

376-04 제41회 전국체육대회

상영시간 ㅣ 02분 10초

영상요약 ㅣ 1960년 10월 대전에서 열린 제41회 전국체육대회의 여러 경기 장면들을 보여 주는 영상.

376-05 미식축구 경기

상영시간 ㅣ 01분 10초

영상요약 ㅣ 미국인들로 구성된 미식 축구팀 간의 대결이 한국에서 펼쳐져, 그 친선경기의 주요 장면들을 보여주는 영상.

전국 천연두 예방접종 (1960년 10월)

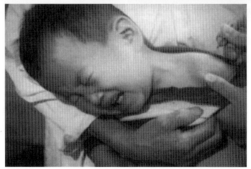

제작정보

출　　처 : 리버티뉴스 377호
제 작 사 : 주한미공보원
제 작 국 가 : 미국

영상정보

제 공 언 어 : 한국어
컬　러 : 흑백
사 운 드 : 무

▌영상요약

서울 동대문구보건소에서 어린이들이 천연두 예방접종을 받는 장면을 보여주는 영상.

▌내레이션

(내레이션 없음)

▌화면묘사

00:00   진료실에서 예방접종 주사를 맞고 있는 어린이와 차례를 기다리는 어린이들의 모습

00:04   "시립 동대문구보건소" 현판과 "추계종두실시장 동대문구보건소" 문구가 붙어 있는 보건소 입구에 어린이들이 줄지어 서서 건물로 들어감

00:13   차례로 예방접종 주사를 맞는 어린이들

▌연구해제

이 영상은 1960년 10월 추계종두 기간에 서울 동대문구보건소에서 아동들에게 천연두 예방접종을 하는 장면을 보여준다. 종두는 매년 시행되었는데, 1960년도 보건사회부는 10월 15일부터 25일까지 추계종두를 3기로 나눠 실시할 것이라고 발표했다. 종두대상자는 당시 생후 2개월부터 10개월 이내의 영아 및 만 6세~12세의 어린이 등 160만 명이라고 했고, 12세 미만의 어린이로서 미접종자 전원이 해당했다.

법정전염병인 천연두는 대부분 타액으로 바이러스 입자를 직접 섭취하거나 공기 중에서 기침을 통해 전염된다. 천연두에 전염되면, 약 12일 이후 열병을 포함해서 피부에 고름덩어리가 생성되고 이후에 통증이 시작된다. 감염자의 30%가 사망하고, 생존자에게는 천연두 자국을 남기며 일부는 실명하기도 한다. 천연두는 백신이 개발되기 전까지 가장 일반적이면서도 무서운 전염병으로 '호환마마'라는 이름으로 불리기도 하였다.

천연두를 퇴치하기 위한 노력은 동서양 모두 오랜 역사를 가지고 있다. 서양에서는

1796년 제너가 우두종법을 발견함으로써 이로 대치되었고, 조선에서는 17세기 초 박진희(朴震禧)의 두창경험방(痘瘡經驗方)이 간행되었으나, 민간에서는 두신(痘神)에게 기원하거나 배송(拜送)의식으로 굿을 하는 것이 일반적이었다. 본격적으로 예방접종이 시작된 것은 개화기 이후로, 수신사 김홍집을 수행하여 일본에 간 지석영이 1885년 '우두신설'을 지었으며 광제원에서 본격적인 접종이 시작되었다. 6·25전쟁 중이던 1951년에는 4만여 명의 천연두 환자가 발생했으나, 1960년 3명의 천연두 환자가 발생한 이후로 천연두가 사라졌다.

천연두 외에도 우리나라에서는 디프테리아·백일해·파상풍·장티푸스·콜레라·결핵 등이 법정전염병으로 분류되어 있다. 전염병은 한 번 발생하면 전염 속도가 빨라 그 피해가 매우 크다. 따라서 전염병의 발생을 방지하고 국민보건을 향상, 증진시킬 것을 목적으로 하는 전염병예방법이 1954년 2월에 제정, 공포되었고, 1963년 2월과 1976년 12월에 개정되었다. 또한 1969년 11월에는 전염병예방법시행령이 공포되었고, 1977년 8월에는 〈전염병예방법시행규칙〉이 공포되었다. 이에 따르면 국민은 법에 의한 예방접종을 받아야 하며 보호자는 만 14세 이하이거나 정신병자 또는 금치산자로 하여금 예방접종을 받도록 조처하여야 한다. 정기예방접종은 모두 7종이며, 임시 예방접종은 시장·군수가 필요하다고 인정할 때 실시한다.

▌참고문헌

「秋季種痘實施 15日부터各地서」, 『경향신문』, 1960년 10월 6일.
「育児『우두』를 마치자」, 『동아일보』, 1960년 11월 3일.
大韓感染學會, 『韓國傳染病史』, 군자출판사, 2009.
정연식, 「조선시대의 천연두와 민간의료」, 『인문논총』 14, 2005.
Brenda Wilmoth Lerner, K. Lee Lerner, *Infectious diseases : in context*, Detroit : Thomson Gale, 2008.

해당호 전체 정보

377-01 국방소식

상영시간 ㅣ 02분 15초

영상요약 ㅣ 국방 관련 소식들을 전하는 영상이다. 1960년 10월 18일 윤보선 대통령이 참석한 미8군 전방부대 사열식에서 각종 무기들을 시범 발사하는 모습, 그리고 1960년 10월 10일 장면 국무총리와 권중돈 국방부장관 등의 내빈들이 참석한 가운데 포항에서 실시된 해병대의 단풍작전 등을 보여주고 있다.

377-02 국악 연주회

상영시간 ㅣ 00분 51초

영상요약 ㅣ 수원의 한 국악원 소속 연주자들이 신흥국민학교에서 국악 연주를 하는 모습을 보여주는 영상이다.

377-03 광주직업보도원

상영시간 ㅣ 01분 02초

영상요약 ㅣ 유솜의 지원을 받아 건립된 광주직업보도원에서 소속원생들이 라디오 수리, 이발, 구두 제조 등의 기술교육을 받는 모습을 보여주는 영상이다.

377-04 전국 천연두 예방접종

상영시간 ㅣ 00분 36초

영상요약 ㅣ 서울 동대문구보건소에서 어린이들이 천연두 예방접종을 받는 장면을 보여주는 영상.

377-05 제2회 아시아축구선수권대회 개막전

상영시간 ㅣ 01분 19초

영상요약 ㅣ 1960년 10월 14일 서울 효창운동장에서 열린 제2회 아시아축구선수권대회 개막전 한국 대 베트남의 경기 실황을 보여주는 영상이다. 경기 결과 한국이 베트남을 5 대 1로 이겼다.

인권옹호주간 (1960년 12월)

제작정보

출   처 : 리버티뉴스 385호
제 작 사 : 주한미공보원
제 작 국 가 : 미국

영상정보

제 공 언 어 : 한국어
컬   러 : 흑백
사 운 드 : 유

▋ 영상요약

인권옹호주간을 맞아 서울시청과 중앙청 등지에 설치된 관련 문구와 함께 서울시공관에서 열린 세계인권공동선언 기념식에서 이활 국제인권옹호한국연맹회장, 장후영 대한변호사협회장, 백낙준 참의원의장, 조재천 법무부장관 등이 연설을 하고 유공자에게 표창하는 모습을 보여주는 영상이다.

▋ 내레이션

서울을 비롯한 한국 여러 곳에서 열두 번째 인권옹호의 날을 기념하는 식전을 베풀었습니다. 해마다 유엔에서는 만인이 생존과 자유와 행복의 추구를 위한 권리를 갖는다는 인권선언문의 제3조를 모든 국민에게 알리기 위한 계획과 행사를 마련하는데 윤보선 한국 대통령과 장면 국무총리, 그리고 다른 정부 고관들은 이 유엔선언문의 중대성에 비추어 인권옹호주간을 설정하고 인권의 법적 보장과 다른 사람의 인권을 존중할것을 옹호한 바 있습니다.

▋ 화면묘사

00:00   자막 "인권옹호주간". "인권옹호주간 12.7~12.13" 문구가 쓰여 있는 구조물의모습

00:05   "사람만이 갖인 권리 사람끼리 존중하자 서울특별시" 구조물이 서울시청 앞에서 있음

00:09   중앙청 전면에 붙어 있는 "인권옹호주간 남의권리 침해말고 자기권리 남용말자12.7~12.13" 간판

00:13   서울시공관 단상에 붙은 "…人權共同宣言(인권공동선언)…" 현수막

00:15   이활 국제인권옹호한국연맹회장, 장후영 대한변호사협회장, 백낙준 참의원의장, 조재천 법무부장관 등으로 추정되는 인사들이 단상에서 학생 청중을 향해연설하는 다양한 장면들

00:35   지용순 서울시립아동보호소장으로 추정되는 유공자가 조재천 법무부장관에게

상장을 받고 악수함

00:41 박수를 치는 학생들

연구해제

세계인권선언은 1948년 12월 10일 유엔총회에서 채택된 문안으로, 한국에서도 매년 12월 인권옹호의 날 기념식과 각종 행사를 개최하였다. 영상에서 확인하듯 1960년 12월에는 제12회 인권옹호의 날을 맞이하여 인권옹호주간 행사가 곳곳에서 개최되었다. 서울시공관에서 열린 세계인권공동선언 기념식에는 이활 국제인권옹호한국연맹회장, 장후영 대한변호사협회장, 백낙준 참의원의장, 조재천 법무부장관 등이 참석하여 연설을 하고 유공자에게 표창을 하였다.

1960년 인권옹호주간은 4월혁명의 열기가 식지 않은 가운데 진행되었다. 신문지상에는 이승만 정권에서 짓눌려 있던 다종다기한 사람들의 사연이 실렸으며, 지식인들은 한국의 인권상황을 진단하고 전망을 제시하였다. 1960년 12월 한국사회에서 '인권'은 추상적인 단수의 단어라기보다 구체적인 복수의 목소리에 가까웠다. 도시 하층민의 억울한 사연부터 여성의 불합리한 가정생활, 이승만 독재 이후 한국사회에 대한 새로운 전망 등 다양한 목소리가 분출되었다.

예를 들어, 고려대 법대생 김인섭이 신문에 기고한 내용을 보면, 1960년 한국사회는 헌법상의 인권 보장에 비하여 "너무나 동떨어진 슬픈 현실로 인하여 비관이 앞서게" 되는 공간이었다. 또한 매년 인권옹호주간 행사가 다채롭게 개최되고 있으나 실제로 그것이 국민의 생활에 긍정적인 영향을 미치기 어려웠다고 평가하였다. 그는 구체적으로 4월혁명 이후에도 여전히 개선되지 않는 인권문제를 부당한 인신구속, 고문에 의한 자백강요, 형사보상제도의 실질적 불이행, 인신매매, 죄수에 대한 인간 이하의 처우, 대다수 국민의 생존권에 대한 절박한 위협 등으로 설명하였다. 또 이 같은 문제를 해결하기 위해서는 첫째 국가기관이 공평하게 법운용에 나서야 하며, 둘째 모든 국민의 자각과 적극적 권리의식이 필요하고, 셋째 정부당국은 전국민의 생존권 보장을 조속히 확립하여야 한다고 주장하였다.

정부의 적극적인 사회정책, 사회보장제도의 확립을 요구하는 목소리 외에도 인권옹호는 외교적인 사안으로까지 확장되었다. 『경향신문』은 사설에서 인권옹호주간을 맞이하여 일본에서 납북되거나 북송되고 있는 교포들의 인권문제를 잊지 말자고 당부하였다. 『경향신문』은 일본 재일조선인의 북송바람을 강제송환으로 바라보았고, 이 같은 문제의 해결도 인권의 측면에서 접근해야 한다고 강조하였다. 이처럼 1960년 공간에서 '인권'은 추상적 단어에서 구체적인 목소리로 확산되면서도 어느 한 가지로 쉽게 수렴되지 않는 지향을 보여주었다. 이러한 분위기는 인권옹호주간의 소식을 전하는 뉴스영화의 비교를 통해서도 알 수 있다.

본 영상에서는 서울시공관에서 개최된 기념식의 모습을 전하면서도 서울 시내에 설치된 여러 구조물의 모습을 담고 있다. 각 구조물에는 "사람만이 갖인 권리 사람끼리 존중하자", "인권옹호주간 남의권리 침해말고 자기권리 남용말자"라는 구호가 적혀 있었다. 반면 〈대한뉴스〉에서 인권옹호주간 소식은 장면 총리의 미담을 전파하는 수단으로 활용되었다. 장면 총리는 마포형무소를 시찰하였는데 이곳에서 과거 자신을 암살하려고 하였던 무기징역 수인 3명에게 내의를 전달하였다는 것이다. 이처럼 뉴스영화에서도 1960년의 인권옹호주간은 4월혁명의 열기를 이어나가면서도 그 강조점이 각각 다른 동상이몽의 영상을 만들어냈다.

█ 참고문헌

「인권의 망각지대(1)」, 『동아일보』, 1960년 12월 7일.
「(사설)제십이회 인권옹호주간을 맞이하여」, 『경향신문』, 1960년 12월 8일.
「(칼럼) 인권옹호주간을 보내며」, 『경향신문』, 1960년 12월 15일.
〈대한뉴스〉, 제293호 「인권옹호 주간」.

해당호 전체 정보

385-01 크리스마스 선물

상영시간 ㅣ 03분 39초

영상요약 ㅣ 크리스마스 시즌을 맞은 국내와 해외의 다양한 모습을 소개하는 영상으로, 먼저 여러 전등으로 장식된 뉴욕과 런던 등의 시가지, 뉴욕의 어린이들이 산타클로스를 맞이하고 인형극을 관람하는 모습, 독일에서 산타클로스가 초콜릿 공장 제조공정을 살펴보고 고아원을 방문하여 선물을 전달하는 장면 등 해외의 모습을 보여준다. 그리고 한국의 오리온 과자공장을 견학하는 미국 어린이들, 미군 수송기편으로 김포공항에 도착한 위문품을 한국 어린이들에게 나누어주는 미군 장병들, 성가를 합창하는 해군사관학교 생도들의 모습 등을 차례로 보여주며 영상이 끝난다.

385-02 서울시 및 도의원 선거

상영시간 ㅣ 01분 07초

영상요약 ㅣ 1960년 12월 12일 전국에서 실시된 시도의회의원선거 소식을 알리며 서울 태화동 등지의 투표소에서 시민들이 투표를 하는 모습을 보여주는 영상이다.

385-03 인권옹호주간

상영시간 ㅣ 00분 45초

영상요약 ㅣ 인권옹호주간을 맞아 서울시청과 중앙청 등지에 설치된 관련 문구와 함께 서울시공관에서 열린 세계인권공동선언 기념식에서 이활 국제인권옹호한국연맹 회장, 장후영 대한변호사협회장, 백낙준 참의원의장, 조재천 법무부장관 등이 연설을 하고 유공자에게 표창하는 모습을 보여주는 영상이다.

385-04 영화상 시상식

상영시간 ㅣ 00분 47초

영상요약 ㅣ 1960년 12월 13일 반도호텔에서 열린 우수국산영화 및 개인장려상 시상식에서 최은희, 황해남, 안성기, 김영옥 등의 수상자들이 상을 받는 모습을 보여주는 영상이다.

385-05 주미한국대사 아이크 방문

상영시간 l 00분 45초

영상요약 l 장이욱 주미한국대사가 백악관을 방문하여 아이젠하워 대통령을 예방하고 서로 대화하는 모습을 보여주는 영상이다.

385-06 분망한 미대통령 당선자

상영시간 l 01분 24초

영상요약 l 케네디(John F. Kennedy) 대통령당선인의 동정을 알리는 영상이다. 케네디 대통령당선인이 아이젠하워 대통령, 함마르셀드 유엔사무총장과 만나 회담하는 모습과 더불어 유달 내무부장관 임명자와 기자회견에 동석하여 발언하는 장면을 보여준다.

385-07 명마 경매

상영시간 l 01분 31초

영상요약 l 뉴욕의 경매장에서 명마 경매를 하는 모습을 보여주는 영상이다.

모국 땅 밟은 재일교포 (1961년 2월)

제작정보		영상정보	
출 처 : 리버티뉴스 392호		제공언어 : 한국어	
제 작 사 : 주한미공보원		컬 러 : 흑백	
제작국가 : 미국		사 운 드 : 유	

▌ 영상요약

제2공화국 수립 이후 처음으로 재일교포들이 1월 28일 한국을 방문했다. 268명의 교포들은 부산항에 들어와서 친척들을 비롯하여 많은 사람들에게 환영을 받았다. 동경의 배복순 여사는 18년 동안 보지 못했던 그녀의 아들과 재회했다. 한국정부는 이들이 일본에 돌아갈 때까지 이들을 위한 교통편을 제공할 것이라고 한다.

▌ 내레이션

제2공화국 수립 이후 처음으로 지난 1월 28일 재일교포 268명이 평택호 편으로 부산항에 들어왔습니다. 제1부두는 몰려나온 환영객들로 들끓었으며 여러 해 동안 떨어져있던 친척들이 서로 재회하는 광경은 보는 이들의 눈시울까지 뜨겁게 했습니다. 그런데 우리나라 교통부 당국은 이들이 우리나라에 있는 동안 친척들을 만나게 해주기 위해서 일본에 돌아갈 때까지 차비를 무료로 봉사하게 되었다고 합니다.

▌ 화면묘사

00:00   자막 "모국땅 밟은 재일교포", 항구 주변에 모여든 인파의 모습
00:04   재일교포 환영 플래카드의 모습. 플래카드에 "歡迎 在日僑胞母國訪問 釜山濟友會(환영 재일교포모국방문 부산제우회)"라고 쓰여 있음
00:06   재일교포들을 맞이하기 위해 나온 환영객들의 모습
00:08   하선하는 재일교포들의 모습
00:19   한복을 차려입고 교포들을 기다리는 여성들의 모습
00:21   항구에 도열해있는 교포들의 모습
00:35   재일교포를 만난 친척이 눈물을 흘리는 장면
00:39   꽃목걸이를 목에 건 재일교포단 대표에게 태극기를 전달하는 장면
00:42   항구에서 열린 재일교포 환영식 장면. 환영연설을 하는 인사

연구해제

이 영상은 대한민국 정부 수립 이후 공식적으로는 처음 추진된 1961년 1월 28일의 대규모 재일교포들의 모국방문 모습을 담고 있다.

배일정책을 고수하던 이승만 정부가 4월혁명으로 물러난 후 뒤를 이은 제2공화국 장면 정부는 외교적·경제적 필요에 의해 일본과의 관계 개선을 추진했다. 그 일환으로 이전까지 고국방문의 길이 막혔던 재일교포들의 한국 방문도 함께 실현되었다.

영상에 나오는 것은 제1진 재일교포 고국방문단 268명의 부산항 제1부두 도착 직후이다. 부산시가 주최하는 교포입국 환영식이 거행되었고, 외무 관련 국회의원들도 참석하여 이들을 환영했다. 이후 교포들은 무료 승차권을 교부받고 1개월간의 체류기간 동안 머물 각자의 목적지로 떠났다. 이어서 2월 16일에는 재일교포 모국방문단 제2진이, 3월에는 제3진과 제4진이 부산항과 마산항 등을 통해 입국하였다.

정부는 재일교포의 모국방문을 추진하는 이유에 대해, 재일교포에게 모국의 건설된 모습을 보여주는 한편, 당시 한창 교포들 사이에서 붐이 일었던 재일교포 북송의 문제점을 깨우치려는 데 있다고 밝혔다. 그런데 이러한 재일교포의 한국인식 개선과 북한에 대한 동조를 막는 것 외에 또 하나의 중요한 목적은 재일교포의 모국 투자 장려였다.

물론 재일교포 모국방문단의 입국 당시에는 교포들이 가져올 물건이 국내 시장에 무질서하게 풀릴 현상을 우려해 까다로운 세관 심사를 진행했지만, 정부가 궁극적으로 기대한 것은 이들 교포 중 재력 있는 이들의 국내 재산반입이나 투자 유치였다. 이에 따라 재일교포의 한국방문은 정부의 지원 속에 이어졌고, 이는 5·16군사쿠데타 이후에도 계속되었다. 재일교포의 모국방문 및 교포 투자 촉진 활동은 자본도입이 세계 각지로 다각화되기 이전인 1960년대 중후반 이전까지 활발히 진행되었다.

참고문헌

「장총리 신년중요시책을 발표」, 『동아일보』, 1961년 1월 6일.
「앞으로20일−30일 간격 두고 교포들 모국방문」, 『경향신문』, 1961년 1월 22일.
「교포방문단 26일 부산 착」, 『경향신문』, 1961년 1월 25일.
「20년 만에 눈물의 재회」, 『동아일보』, 1961년 1월 28일.

「그리운 모국 땅에 제1보」, 『경향신문』, 1961년 1월 28일.

「모국방문2진 16일 아침 부산착」, 『경향신문』, 1961년 2월 16일.

「6일 마산입항 재일교포모국 방문단 제3진」, 『동아일보』, 1961년 3월 6일.

「2백여 재일교포 모국방문차 환국」, 『경향신문』, 1961년 3월 24일.

「처음 밟은 모국 땅」, 『동아일보』, 1961년 10월 16일.

정대성, 「제2공화국 정부·국회의 일본관과 대일논조」, 『한국사학보』 8, 2000.

문경 세멘트 공장 증축 (1961년 2월)

제작정보

출　　　처 : 리버티뉴스 392호

제 작 사 : 주한미공보원

제 작 국 가 : 미국

영상정보

제 공 언 어 : 한국어

컬　　러 : 흑백

사 운 드 : 유

▍ 영상요약

경북 문경 시멘트 공장이 유엔한국재건단(UNKRA: UN Korean Reconstruction Agency) 원조를 비롯한 미국의 재정 지원을 받아서 공장 증축을 완료했다. 이 공장의 증축으로 약 12만 톤의 시멘트 증산이 가능해졌다. 문경 공장은 한국에서 가장 큰 시멘트 공장이 되었다.

▍ 내레이션

한국 세멘트 회사는 미화 17만 6,000불을 들여서 경상북도에 있는 문경세멘트 공장을 증축하고 수많은 정부 측과 회사 대표들이 참석한 가운데 그 완공식을 거행했습니다. 그들은 연당 12만 톤의 증산을 보게 되며 우리나라 최대의 세멘트 공장으로 확장시켜준 운크라 당국과 미국의 재정적 원조에 감사드렸습니다. 이번 확장공사로 많은 새 기계들이 도입됐으며 1960년대에 비해서 생산률은 50프로 증가하고 1년간의 총 생산고는 35만 톤에 달할 것입니다.

▍ 화면묘사

00:00 자막 "문경 세멘트 공장 증축"
00:04 공장 노동자를 비롯한 관계자들이 참여한 공장 증축 완공식이 진행되는 장면. 노동자들이 완공식에 도열해 서있는 모습
00:08 증축 완공식에서 연설하는 관계자의 모습
00:11 연설을 듣는 노동자들의 모습
00:16 단상에서 미국인이 인사하며 악수하는 장면
00:20 입에 마스크를 쓰고 시멘트 포장 작업을 하는 노동자의 모습
00:31 컨베이어 벨트를 따라 나오는 시멘트 포대를 쌓아놓는 작업 장면
00:43 "MUNGYONG CEMENT"라고 써있는 시멘트 완제품이 쌓여있는 모습

연구해제

본 영상은 대한시멘트의 문경 공장 증축 완공식과 시멘트 생산과정을 보여주고 있다.

해방 후 남한에 남은 시멘트 공장은 일제시대에 건설된 삼척 시멘트공장(1956년 회사명을 동양시멘트공장으로 변경)이 전부였다. 하지만 시멘트 소비량은 6·25전쟁 후의 재건과정에서 더욱 늘어났고, 시멘트 산업의 건설이 급박해졌다. 이에 따라 1954년 6월 2일 상공부와 유엔한국재건단은 시멘트 공장 신설에 합의를 보고 원조자금 투입을 결정했다.

그렇게 건설된 것이 본 영상에 등장하는 문경 시멘트 공장이다.

당초 공장의 신설 장소는 문경과 단양이 논의되었으나, 결국 문경으로 정해졌다. 공장 건설 계약은 유엔한국재건단 측 대표와 국제입찰에 의해 건설 공사를 담당케 된 덴마크의 F.L. Smidth회사 측 간에 연산 20만 톤 시멘트 공장을 건설한다는 것으로 1955년 2월 4일 상공부장관실에서 정식으로 체결되었다. 기공식은 1955년 11월 30일에 거행되었다.

건설공사와 발맞추어 1956년 10월 26일에는 자본금 12,500만원으로 대한양회공업(주)이 설립되어 대표취체역 회장에 이동준, 대표취체역 사장에 이정림, 취체역부사장에 이회림이 취임하였다. 이 회사는 1956년 12월 12일 문경공장의 운영권을 단일입찰자로 일반경쟁 입찰을 통해 정부로부터 인계받았다. 공장은 1957년 9월 26일 준공을 보았다. 외자 899만여 불과 내자 25,000여만 원의 공사비가 들었고, 연 생산능력은 24만 톤이었다.

시멘트의 공급은 1957년까지 동양시멘트가 독점해왔으나 대한시멘트의 문경공장이 본격적으로 가동된 1958년부터 두 회사가 공급을 양분하게 되었다. 그러나 국내수요도 대폭적으로 증대되어 여전히 수급균형은 잡히지 않은 채 오히려 1958년도에는 30만 톤 이상을 수입해 와야 했다. 이에 따라 두 시멘트 공장은 경쟁적으로 증설을 시도하였고, 이 영상은 증설을 완료한 문경 시멘트의 모습을 보여주고 있다. 하지만 시멘트 과수요는 여타 업자들의 시멘트 산업 신규참여도 이끌었고, 1960년대 들어 시멘트 공장의 수는 더 증가하게 된다.

참고문헌

한국양회공업협회, 『한국의 시멘트산업』, 1974.

해당호 전체 정보

392-01 환율 변경에 장 총리 담화

상영시간 | 02분 04초

영상요약 | 한국정부는 원·달러 환율을 현실화하고 통일적으로 하기 위해 환율 조정조
치를 단행했다. 1961년 2월 1일 재무부에서 장면 총리가 국무회의에 긴급 상
정된 현실적 단일 환율 제정에 관한 결정을 발표했다. 매카나기 미국대사와
유솜(USOM)처장 모이어(Ramond T. Moyer)는 한국의 단기적인 수요를 충족하
기 위한 추가적인 원조를 고려하고 있다고 밝혔다.

392-02 호놀루루 시장 내한

상영시간 | 01분 00초

영상요약 | 닐 S. 브스데르(Neal Blaisdell) 호놀룰루시장이 방한하여 윤보선 대통령과 김상
돈 서울시장 등을 만났다. 닐 S. 브스데르 시장은 "국민 대 국민" 계획을 제안
하기 위해 극동지역을 방문했다. 이후 방문 일행은 매카나기 미국대사와 함께
덕수궁을 방문했다.

392-03 모국땅 밟은 재일교포

상영시간 | 00분 47초

영상요약 | 제2공화국 수립 이후 처음으로 재일교포들이 2월 28일 한국을 방문했다. 268
명의 교포들은 부산항에 들어와서 친척들을 비롯하여 많은 사람들에게 환영
을 받았다. 동경의 배복순 여사는 18년 동안 보지 못했던 아들과 재회했다. 한
국정부는 이들이 일본에 돌아갈 때까지 이들을 위한 교통편을 제공할 것이라
고 한다.

392-04 문경 시멘트 공장 증축

상영시간 | 00분 38초

영상요약 | 경북 문경 시멘트공장이 유엔한국재건단 원조를 비롯한 미국의 재정 지원을
받아서 공장 증축을 완료했다. 이 공장의 증축으로 약 12만 톤의 시멘트 증산

이 가능해졌다. 문경 공장은 한국에서 가장 큰 시멘트 공장이 되었다.

392-05 범죄수사 위한 지문 감식

상영시간 ㅣ 00분 44초

영상요약 ㅣ 서울 치안국은 정확하게 사람을 식별할 수 있게 하는 지문 등록제도에 대해 관심을 갖고 있다. 치안국은 북한 공산주의자의 위협을 생각할 때 지문 감식 기술이 매우 시급한 것으로 보고 있다. 이 제도를 도입하려면 국민들의 동의를 얻어야겠지만 만약 이 제도가 시행됐더라면 6·25전쟁 당시 피해를 줄일 수 있었을 것으로 보인다. 1905년 미국 범죄수사부는 이 기술을 활용한 이후 문제가 없다는 사실을 입증했다. 현재 치안국은 범죄수사를 위해 전국민의 지문 등록과 자외선을 이용하는 위조지폐 감식기술 도입을 검토하고 있다.

392-06 케네디 대통령 기자회견

상영시간 ㅣ 01분 46초

영상요약 ㅣ 새로운 미국 국무성 회의실에 케네디 대통령이 408명의 언론인들에게 환영을 받으면서 입장했다. 케네디 미국대통령이 소련 상공 비행 중 격추당해 억류되어 있던 공군 장교의 석방 사실을 기자회견을 통해 발표했다.

392-07 4개국 외상회담

상영시간 ㅣ 00분 45초

영상요약 ㅣ 한국, 자유중국, 월남, 필리핀 4개국 외상들이 필리핀군 본부가 위치한 마닐라 캠프 머피(Camp Murphy)에서 첫 번째 아시아 반공회의를 1961년 1월 18일 개최했다. 이 회의에서 폭발적인 라오스사태와 아시아에서의 냉전에 대해서 논의했다.

392-08 한국학생사절 일본방문

상영시간 ㅣ 01분 28초

영상요약 ㅣ 11명으로 구성된 한국학생사절이 우의를 증진하기 위한 목적으로 일본을 방문했다. 이들은 일본 방문 이전에 마닐라, 앙곤, 방콕, 홍콩을 방문했다. 경희 대학교 총장 조영식 박사의 인솔하에 이들은 일본학생들과 학생회의를 하고 이어서 와세다대학교 및 게이오대학교를 방문했다.

392-09 아시아 탁구선수권대회

상영시간 ㅣ 01분 29초

영상요약 ㅣ 인도 봄베이에서 제5회 아시아 탁구선수권대회가 개최되었다. 한국의 이달준 선수가 단식 결승전에 올랐으나 일본의 오끼무라 이치레 선수와의 대결에서 패했다.

국토개발 일꾼 강습 (1961년 2월)

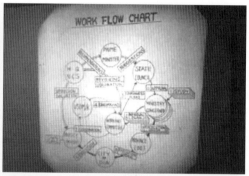

제작정보

출   처 : 리버티뉴스 394호
제 작 사 : 주한미공보원
제 작 국 가 : 미국

영상정보

제 공 언 어 : 한국어
컬   러 : 흑백
사 운 드 : 유

영상요약

2,000여 명의 대학졸업생들이 국토개발사업의 추진원으로 선발되어 서울대학교에서 교육훈련을 받고 있다. 이들은 교육 이후 300개의 군으로 파견되어, 국토개발 지역사업을 실시하는 지방 당국을 보조하게 될 것이다. 정부는 실업률을 완화시키고 황폐화된 토지를 복원하기 위해서 공공사업을 집중적으로 실시하고 있다. 미국정부도 1,000만 달러의 양모와 식량을 지원하여 경제를 부흥시키려는 한국정부의 노력을 돕고 있다.

내레이션

약 2,000명의 대학졸업생들이 국토개발사업의 추진원으로 뽑혔습니다. 이 젊은이들이 서울대학교에서 훈련을 받고 있는 동안에 윤 대통령과 한국 지도자들은 이들과 만난 바 있습니다. 이들은 훈련이 끝나면 300개 군에 배치되어 여러 지역에서의 국토개발사업 요원 들을 도울 것입니다. 정부에서는 이 광범한 국가사업을 적극 추진시키고 있는데 홍수와 한발로서 황폐화된 땅에서 이 사업을 하게 되면 일자리가 생기고 땅이 복*되는 동시에 한국경제가 윤택해질 것입니다. 미국은 이 중요한 한국경제 부흥사업을 돕기 위해서 1,000만 불의 원면과 식량을 가져올 것인데 첫 입하는 3월에 있을 것입니다.

화면묘사

00:00   자막 "국토 개발 일꾼 강습"
00:05   "WORK FLOW CHART"라는 제목의 차트를 보여줌
00:08   서울대학교에서 열린 강습회에 참석한 대학졸업생들이 모습
00:16   단상에서 진행되는 강연을 주의 깊게 듣는 참석자들의 모습
00:22   제스처를 하며 강연하는 연사의 모습
00:27   강연에 집중하는 참가자들의 모습
00:32   단상의 강연자의 모습
00:39   강연을 듣는 학생들의 모습

연구해제

국토건설사업은 4월혁명 직후 김영선, 태완선, 장준하 3인이 모여 새로운 국가의 새로운 경제개발방식으로서 구상하였다. 따라서 국토건설사업의 근간이 될 추진요원의 선발과정은 이전과 다른 제도적 형태를 띠었다. 재무부장관이었던 김영선은 경제4부 장관회의에서 인사쇄신책을 제안하고 '신인등용소위원회'를 구성했다. 1960년 11월 29일 '신인등용선발요강에 관한 건'을 근거로 병역의무를 마친 1961년 대학졸업예정자 또는 대학졸업자 3,000명을 공개시험을 통해 4~5급 공무원으로 등용한다는 것이었다. 12월 20일에 시행된 이 시험에는 구직난을 겪었던 1만여 명의 대학생들이 지원했고, 이는 "4월혁명의 열기를 흡수한다"는 평가를 받았다.

신인등용시험 합격자들은 1961년 2월부터 약 1주일씩 3반으로 나뉘어 국립공무원훈련원과 서울대강당에서 훈련을 받았다. 훈련의 총책임자는 장준하였고, 김영선, 이만갑, 신응균, 최경렬, 이한빈, 함석헌, 박종홍 등 지식인들과 개혁적 정치인·행정가들이 강사로 참여하였다. 영상에서 확인하듯 서울대강당에서 교육을 받는 국토개발일꾼(신인등용시험 합격자)들은 주로 20대 고학력 남성들이었다. 훈련은 정신교육을 중심으로 전개되었다.

추진요원들은 약 3개월의 수습기간을 가졌는데 이들의 급여는 일당 700환 정도로 국토건설사업에 동원된 실업자 급여(일당 650환)와 비교했을 때 큰 차이가 나지 않았다. 또한 자신의 연고지가 아닌 지역으로 배정받은 경우 숙식을 자비로 해결해야 했기 때문에 많은 어려움이 있었다. 이들은 본부 배치 인원을 제외하고는 전국 300개 군에 군 단위로 10~16명씩 파견되었으며 다시 읍면 단위로 배치되었다. 읍면 단위로 배치된 추진요원들은 읍면위원회를 조직하고 각 사업현장을 관리하거나 1962년 국토건설사업 후보사업의 현지조사 임무를 맡았다.

이외에도 추진요원들은 1962년 3월에는 국토건설사업 후보사업 추경예산이 국회에서 통과되지 못하자 상경하여 국회와 언론에 사업의 당위성을 주장하는 활동을 펼쳤고, 4월에는 동기회를 창립하여 대정부 건의안을 제출하기도 하였다. 군사혁명위원회는 이들의 주장을 수용하여 「포고령 제12호」로 국토건설사업의 계속 추진의사를 밝혔다.

당시 국토건설사업(국토개발일꾼)의 중요성은 여러 뉴스영화를 통해서도 확인할 수 있다. 〈대한뉴스〉에는 국토건설사업 추진요원 훈련 종강식 모습, 국토건설단 창단 등의 소식이 실려 있다. 1961년 2월 27일 중앙청 광장에서 열린 국토건설사업 추진요원 훈련 종강식에는 윤보선 대통령, 장면 국무총리 등 정부의 주요 인사들이 모두 참석하여 제2공화국 지도부에게 국토건설사업이 갖는 중요성을 가늠할 수 있게 해주었다.

▌ 참고문헌

〈대한뉴스〉, 제303호 「국토건설사업 추진요원 훈련 종강식」.
〈대한뉴스〉, 제352호 「국토 건설단 창단」.
유상수, 「제2공화국 시기 국토건설추진요원의 양성과 활동」, 『한국민족운동사연구』 78, 2014.

음력설 풍경 (1961년 2월 22일)

제작정보

출　　　처 : 리버티뉴스 394호

제 작 사 : 주한미공보원

제 작 국 가 : 미국

영상정보

제 공 언 어 : 한국어

컬　　　러 : 흑백

사 운 드 : 유

영상요약

1961년 2월 15일 큰 명절, 설을 맞은 사람들의 풍속을 담은 영상이다. 부산에서 차례 지내기, 성묘하기, 새 옷 입기, 널뛰기, 사람들로 북적이는 광복동 거리 모습 등 분주한 설 풍경을 담고 있다

내레이션

2월 15일은 음력설입니다. 거의 모든 한국 사람들이 대대로 내려오는 그들의 풍습에 따라서 이날을 큰 명절로 여기고 반겨 하는 경향이 있습니다. 부산에 있는 우리 카메라맨이 몇몇 설 풍경을 잡으러 나갔는데 많은 사람들은 설 치레를 했으며 특히 어린이들은 어여쁜 꼬까옷을 입었습니다. 광복동 거리의 노점은 물건 사는 사람들로 벅적댔으며 극장은 명절의 관람객들로서 들끓었습니다. 상점 입구에는 술병이 즐비하게 놓여 있었고 어떤 집 식구들은 부전동 공동묘지에 있는 조상들의 묘를 참배하러 갔습니다. 흥겹게 도는 농악대의 춤에도 봄 바야흐로 때는 봄이 싹트려는 계절입니다.

화면묘사

00:00   자막 "음력설 풍경", 술을 받아 마시는 갓 쓴 노인의 모습
00:03   한복을 입은 청장년들이 함께 노인들에게 절하는 장면
00:09   한복을 곱게 입은 여자 어린이들이 노인들에게 절하는 장면
00:15   술 한 잔 들이키는 노인의 모습
00:19   부산의 거리 설 풍경
00:24   새 옷을 입고 나와 거리에 서있는 어린이들의 모습
00:26   널뛰기를 즐기는 여자 어린이들의 모습
00:31   부산 광복동 거리의 노점에서 물건을 구경하는 사람들의 모습
00:35   극장 주변에 모여 있는 사람들의 모습. 영화간판에 "成春香(성춘향)"이라고 적혀있음
00:43   상점 앞 가판을 채운 술병의 모습

00:48   부전동 묘지를 참배하는 가족들의 모습

00:55   농악놀이를 하는 장면

▍ 연구해제

이 영상은 1961년 2월 음력설을 맞은 부산의 이모저모를 소개하고 있다.

을미사변 이후 1896년부터 조선은 기존의 태음력을 태양력으로 바꾸면서 건양이라는 새 연호를 쓰기 시작했다. 일제시대에는 조선총독부가 음력 사용을 마치 미개한 것처럼 여기며 양력 사용을 강요하였지만 민간에서는 이에 대한 거부반응과 함께 음력설이 여전히 중요한 민족의 명절로 지켜졌다. 양력설을 '신정'이라 부르고 음력설을 '구정'이라고 부르는 것은 그때부터 연유된 것으로 보인다. 그런데 일제시기 내내 이처럼 이원화된 채 이어진 한국의 설은 해방 이후에도 제자리를 찾지 못하였다. 1949년 자유당 정부가 양력설을 유일한 설 휴무일로 지정하였고, 이 영상이 촬영된 2년 뒤인 1963년 1월 25일 군사정부 또한 음력설을 공휴일로 하지 않겠다고 공식적으로 발표했기 때문이다. 1962년 국가재건최고회의는 단기 연호를 서력으로 바꾸며 양력의 사용을 공식적으로 장려했다. 그럼에도 음력설을 쇠는 풍습이 없어지지 않자 1년 뒤에는 "많은 농어민들이 수백 년 전통의 생활습성을 버리지 못하고 미신을 따르기 때문에 음력설이 없어지지 못하고 있다"고 보고, 차라리 음력설을 농어민의 날로 지정하자는 방안도 있었다고 한다. 그러나 이 논의는 이중과세(二重過歲. 이중으로 해맞이를 하는 일)의 우려와 휴일을 더 늘린다는 문제 때문에 무산된 것으로 보인다. 그리고는 "음력설을 공휴일로 정한다는 것은 시대에 맞지 않을 뿐만 아니라 여러 가지 낭비"가 뒤따르기 때문에 폐지하겠다고 공표하였다.

이후 1960년대와 70년대를 거치며 박정희 정권은 '이중과세'를 금지하는 조치를 내렸다. 박정희는 1970년대 음력설에 연두순시를 하거나 기관장회의를 열며 근무기강을 다잡았으며, 1975년 국무회의에선 "정부가 이중과세를 않도록 국민을 지도 계몽하는 방침에 전혀 변화가 없다"고 강조하기도 했다. 1978년 당시 총리였던 최규하는 "구정날 공무원이 정시에 출퇴근을 하는지, 근무 중 자리를 뜨지는 않는지 철저히 감시하라"는 지시를 내리기도 했다. 이러한 정부의 시책 때문인지 1978년 1월 한 신문기사에는 사라져가는 한국의 음력설 풍속에 대해 안타까워하는 내용의 기사가 실렸는데, 정작 그 내용은 "정부의 과도한 단속이 구정설을 쇠는 농어촌 사람들의 이중과세를 막는 것에도 실패했고, 아울러 고유의 민속문화를 보존하는 것에도 실패했다"는 것이었다.

국제 표준에 맞추어 양력설을 사용하고자 하는 정부와 음력설의 풍습을 지키고자 하는 민간의 대립은 1980년대 중반 이후 완화된다. 1985년 정부는 음력 1월 1일을 '민속의 날'이라 하여 공휴일로 지정하였고, 그 뒤 양력설은 이틀, 음력설은 사흘 간의 공휴일로 바꾸어 나가다가 1989년부터는 음력설을 완전한 설날로 복구하였다. 이후 1999년 1월 1일부터 양력설은 하루의 휴일로 압축되면서 한국의 설은 비로소 제자리를 찾게 되었다.

▍참고문헌

「공휴일로 않기로」, 『경향신문』, 1963년 1월 25일.
「사라져 가는 고유설 풍속」, 『동아일보』, 1978년 1월 9일.
민병욱, 「설을 못 쇠게 하라」, http://navercast.naver.com, 2011.
신동원, 「양력과 음력」, 『역사비평』 73, 2005.

해당호 전체 정보

394-01 대구에 불

상영시간 ㅣ 01분 17초

영상요약 ㅣ 1961년 2월 15일 대구 서문시장에서 방화에 의한 대형화재가 발생했다. 설 명절을 위한 상품을 보관하고 있던 203개의 점포가 불탔는데, 경찰에 의하면 그 피해액은 1조 환으로 추정되며 막대한 금전적 손실이 예상된다. 경찰은 이 화재가 방화에 의한 것으로 보고있다.

394-02 국토 개발 일꾼 강습

상영시간 ㅣ 00분 58초

영상요약 ㅣ 2,000여 명의 대학졸업생들이 국토개발사업의 추진원으로 선발되어 서울대학교에서 교육훈련을 받고 있다. 이들은 교육 이후 300개의 군으로 파견되어, 국토개발 지역사업을 실시하는 지방 당국을 보조하게 될 것이다. 정부는 실업률을 완화시키고 황폐화된 토지를 복원하기 위해서 공공사업을 집중적으로 실시하고 있다. 미국정부도 1,000만 달러의 양모와 식량을 지원하여 경제를 부흥시키려는 한국정부의 노력을 돕고 있다.

394-03 "말하는 새" 한국 방문

상영시간 ㅣ 00분 57초

영상요약 ㅣ 1961년 2월 13일 월요일 아침 윤보선 대통령은 일명 "말하는 새"라고 불리는 미군의 통신장비로 장이욱 주미대사와 통화를 했다. 이 장비를 통해 워싱턴과 지구 반대편의 지역도 직접적으로 소통할 수 있다. 이것은 비행기 내의 기술적이거나 민사적인 응급상황 또는 사람과 재화의 수송을 위해서 개발되었다.

394-04 유석 조병옥 박사 추도식

상영시간 ㅣ 00분 50초

영상요약 ㅣ 1961년 2월 14일 조병옥 박사 서거 1주기를 맞아 서울 시공관에서 추모식이 진행되었다. 윤보선 대통령과 장면 총리가 추모연설을 하고 참배했다. 부산

용두산 등에서도 추모식이 진행되었다. 여기에는 김영진 민주당 경상남도 위원장, 이기주 경상남도지사, 김종규 부산시장 등이 참석했다.

394-05 미군인 한국 어린이 위문

상영시간 ㅣ 00분 48초

영상요약 ㅣ 미 제1기갑사단 소속의 카러 캐라니(Carlo Calanni) 일등병은 한국의 어린이들을 위문하기 위해 기타 연주를 하며 노래하는 공연을 하고 있다. 그는 이탈리아에서 태어나 로마에서 학교를 다녔고 이후 이탈리아 화물선을 탔다. 1958년 선원을 그만두고 미국에 정착했다. 그는 군 복무를 마치고 음악인으로 살 계획이다.

394-06 음력설 풍경

상영시간 ㅣ 01분 09초

영상요약 ㅣ 1961년 2월 15일 큰 명절, 설을 맞은 사람들의 풍속을 담은 영상이다. 부산에서 차례 지내기, 성묘하기, 새 옷 입기, 널뛰기, 사람들로 북적이는 광복동 거리 모습 등 분주한 설 풍경을 담고 있다.

394-07 우주인에 앞장 선 침판지

상영시간 ㅣ 04분 53초

영상요약 ㅣ 인간 우주여행의 가능성을 확인하기 위해 인간과 가장 유사한 침팬지를 캡슐에 넣어 우주미사일에 싣고 발사하여 생존실험을 했다. 발사 후 이 침팬지는 예정보다 40마일 높고 130마일 먼 거리인 155마일까지 올라가 발사기지에서 420마일 거리의 해상에 떨어졌다. 대서양에 떨어진 캡슐을 개봉하였는데 침팬지는 건강하게 살아있었다. 이 실험으로 인간은 우주여행에 한 걸음 다가가게 되었다.

노조원 교육 (1961년 2월)

제작정보

출   처 : 리버티뉴스 395호
제 작 사 : 주한미공보원
제작국가 : 미국

영상정보

제공언어 : 한국어
컬   러 : 흑백
사 운 드 : 유

영상요약

서울 미국공보원 강당에서 노조원 교육 수료식이 진행되었다. 이 3주간의 교육은 국제
자유노련의 아시아대학에서 주최한 것으로 40여 명이 참가했다.

내레이션

서울 미국공보원 강당에서 노동총연맹 교육계획의 일부인 노조원 교육과정의 두 번째
수료식이 거행됐습니다. 국제자유노련의 아시아대학 주최하에 이 강습에는 약 40명 노
조대표가 모여 노조의 자유와 민주 그리고 책임성을 강조하는 동시에 한국산업계의 민
주주의를 증진시키기 위한 교육을 받았습니다. 서울 철도 공작창 노조대표인 백은회
씨는 두 주일 동안 강습 받은 내용을 다른 노조원에게 설명하고 있습니다.

화면묘사

00:00   자막 "노조원 교육"
00:04   강연 중인 강연자의 모습
00:10   강연장에 "短期勞動講座(단기노동강좌) 國際自由勞聯亞洲勞動大學(국제자유노
        련아주노동대학), 韓國勞動組合總聯盟(한국노동조합총연맹)"이라고 쓰여 있음
00:12   노조대표에게 수료증을 전달하는 장면
00:21   철도 기관차에서 수리작업을 하는 노동자들의 모습
00:29   서울공작창 노동조합에서 강습회 교육내용을 공유하는 장면. 노동조합 건물 앞
        에 "대한노총 전국철도노동조합연맹 서울공작창노동조합"이라고 적힌 간판이
        붙어 있음

연구해제

   해당 영상은 국제자유노련 아주노동대학에서 노조원 교육을 진행하는 모습을 담고
있다. 전후 국제노동운동단체의 흐름을 이해하기 위해서는 세계노련(WFTU)와 국제자

유노련(ICFTU)에 대한 이해가 필요하다. 1941년 제2차 세계대전의 포화 가운데 영국과 소련의 노동조합위원회는 반파시즘 연합의 차원에서 '영/소 노동조합위원회'를 결성하였는데, 이것이 확대되어 전쟁이 종결된 후 55개국 56개 노총과 20개의 국제산별노련이 참석한 '세계노동조합연맹'이 창립되었다. 세계노련은 비사회주의 노동조합부터 공산주의 경향 노동조합까지 총망라한 국제조직이었다. 하지만 국제노련 내에서는 식민지 국가의 독립을 둘러싼 논쟁과 대립, 미국의 마샬플랜에 대한 찬반논리가 대립하였다. 여기에 미국노총(AFL)과 CIA가 분열공작에 나서면서 1949년 런던에서 영국노총, 미국노총, 네덜란드노총 등 51개국 67개 노총이 참석하여 '국제자유노련'을 창립하였다. 국제자유노련의 모토는 빵(Bread), 자유(Freedom), 평화(Peace)였다. 이후 국제자유노련은 마샬플랜을 지지하면서 반공주의에 기초하여 세계노련과 적대적 경쟁관계를 형성하기 시작하였다.

국제자유노련은 창립 후 20여 년 동안 반공주의 및 노사협조주의 경향의 노동운동을 전개하였으나 1960년대 말 유럽을 휩쓴 68혁명의 영향으로 반공주의를 폐기하고 사회민주주의 노선을 채택하였다. 2000년 제17차 총회에서 21세기 시대변화에 부합하는 변화와 개혁을 모색하였으며, 국제노동기구(ILO) 내에서 실질적인 영향력을 행사하고 있다. 이밖에도 국제자유노련은 유엔과 친화적인 태도를 보이면서 유엔경제사회위원회 자문기구, 유네스코와 유엔식량농업기구 등 산하 전문기관에 공식적으로 참여하였다. IMF, WTO 등 국제기구와 EU, APEC, ASEM 등 지역경제 협력체에도 개입하고 있다.

이처럼 국제자유노련은 1950~60년대 반공주의와 노사협조주의에 기반하였기 때문에 한국노총이 가입회원이 아니었음에도 교육원조를 지원하였다. 국제자유노련 아시아 담당자는 한국을 자주 방문하였으며 한국노총 지도부는 이들을 면담하고 노동운동에 대한 의견을 나누었다. 국제자유노련은 냉전체제의 한 축을 담당하는 노동조직으로서 보수성을 갖고 있었으나 한국에서 이들의 지위는 다른 양상을 보이기도 하였다. 1961년 5·16군사쿠데타로 노동조합 및 정당의 활동이 정지되자 한국노총은 국제자유노련을 통해 자신들의 이해관계를 관철시키고자 하였다. 1962년 10월 서울국민회당에서 열린 한국노총 전국대의원대회에서 이들은 "노총의 정치적 중립"을 선언하면서도 "정부는 노동자들의 유일한 자위수단인 쟁의권을 부활하고 개정헌법에 근로자의 이익균점권과 노동재판소 설치조항을 삽입하라"고 결의하였다. 또한 한국노총은 '노동운동 기본방침에 관한 결의문'을 채택하였는데 내용 중에는 교육훈련의 강화와 국제자유노련 가입 촉구

등이 포함되어 있었다. 그리고 대통령 및 국제자유노련 사무총장에게 보내는 메시지를 발표하기도 하였다. 이처럼 국제자유노련의 한국노총에 대한 교육지원은 반공주의와 노사협조주의의 연대에 기초하였지만 다른 한편 한국노총의 입장에서는 노동조합의 정당한 활동을 복구시키는 데 중요한 국제 연대의 기회가 될 수 있었다.

▌참고문헌

「정치적 중립을 선언」,『동아일보』, 1962년 10월 30일.
강춘호,「국제노동운동의 현황과 전망」,『한국노동조합총연맹 세미나』, 2007.

해당호 전체 정보

395-01 도지사 및 군수회의

상영시간 | 01분 23초

영상요약 | 1961년 2월 16일 많은 한국인들에게 혜택을 줄 국토개발사업의 목적을 설명하기 위해 서울시장을 비롯한 모든 행정단체장 회의가 열렸다. 이 회의에서 장면 총리는 중요한 연설을 했다. 3일 후 국토건설사업에 대한 설명을 위해 전국의 26명의 시장과 138명의 군수들이 참석한 도지사 및 군수회의가 개최되었다. 신현돈 내무부장관과 태완선 부흥부장관이 회의에서 보고를 했다.

395-02 화이트대장에 건국공로훈장

상영시간 | 00분 39초

영상요약 | 미 태평양지구 사령관 I. D. 화이트 대장이 퇴역하면서 사령관으로서 마지막으로 한국을 방문하여 윤보선 대통령에게 건국공로훈장을 받았다. I. D. 화이트 대장은 1961년 3월 31일부로 38년간의 군생활을 마치고 전역을 한다. 매카나기 주한미국대사가 그와 동행했다.

395-03 노조원 교육

상영시간 | 00분 41초

영상요약 | 서울 미국공보원 강당에서 노조원 교육 수료식이 진행되었다. 이 3주간의 교육은 국제자유노련의 아시아대학에서 주최한 것으로 40여 명이 참가했다.

395-04 베이든 경 탄신 104주년 기념

상영시간 | 00분 52초

영상요약 | 서울여자기독청년회관에서 대한소년단 총재 백낙준의 기념사로 소년단 창설자 베이든 파월 경 탄생 104주년 기념식이 거행되었다. 이 기념식에서 유년단원의 노래공연, 구급법 시범, 춤 공연 등이 진행되었다.

395-05 새로 발명된 한글 텔레타이프

상영시간 ㅣ 00분 29초

영상요약 ㅣ 처음으로 한글 텔레타이프가 제작되어 공개되었다. 이 기계를 고안한 전남대
학교 송계범 교수는 삼일문화상을 받았다.

395-06 필리핀 박람회의 한국관

상영시간 ㅣ 00분 53초

영상요약 ㅣ 호세 리잘 탄생 100주년을 기념하여 필리핀 정부는 필리핀국제박람회를 개최
했다. 이 박람회는 마닐라의 루네타 광장에서 열렸는데 한국전시관에서는 한
국의 음식, 음료, 인삼제품과 대나무와 옷으로 만든 수공예품 등을 진열하고
있다. 이 박람회의 특징은 원하는 사람에게 전시물을 판매한다는 점이다. 한
국제품 중에서 인삼주, 인삼차, 백삼, 수공예품이 잘 팔리고 있다.

395-07 나토군의 동계기동훈련

상영시간 ㅣ 01분 08초

영상요약 ㅣ 2차 세계대전 이후 서유럽에서 가장 큰 군사훈련인 윈터쉴드(Wintershield)가
진행되었다. 서독 국방상 스트라우스(Strauss)가 참관하는 가운데 6,000명의 미
군, 프랑스 군, 독일군이 참가한 훈련이었다. 이 작전은 로젠버그(Rogenberg)
남부의 바바리아(Bavaria)에서 7일 동안 실시되었다. 이 훈련에서 어네스트존
(honest John)이라는 핵무기 탑재 가능 미사일과 무인정찰기가 선보였다.

395-08 기아에 떠는 중공 양곡 수출

상영시간 ㅣ 01분 06초

영상요약 ㅣ 식량이 부족한 중공에서 식료품을 홍콩에 판매하는 현상이 나타나고 있다. 중
공이 기아에 허덕이고 있지만 공산주의자들은 식량 수출을 계속하고 있다. 매
달 천만 달러로 추정되는 식량이 홍콩으로 수출되고 있다. 그런데 중공에 친
척을 둔 홍콩 사람들이 중공으로 식료품을 우편발송하고 있다. 중공은 식량을
수출해 돈을 번 후에 그들이 판 식량이 다시 중공으로 보내지고 있는 것이다.
기아에 시달리는 중공이 아이러니하게도 식량 수출로 이익을 올리고 있다.

395-09 영리한 돌고래

상영시간 ㅣ 00분 57초

영상요약 ㅣ 돌고래가 인간보다 지능이 뛰어나다는 속설이 있다. 이를 해명하기 위해 돌고래의 지능을 실험하는 영상이다. 돌고래는 지능뿐만 아니라 해군이 보유하려고 하는 속도와 음파탐지 능력을 소유하고 있다. 미국 캘리포니아(California)의 마린랜드(Marineland)에서 노티(Notty)라는 이름을 가진 돌고래를 시험하여 이 문제에 대한 답을 얻으려고 한다.

395-10 3만 5천불의 정구시합

상영시간 ㅣ 01분 37초

영상요약 ㅣ 뉴욕에서 상금으로 3만 5,000달러가 걸린 프로테니스대회가 열렸다. 페루 출신 전 세계 아마추어 선수권 우승자가 우승을 했다.

쥐를 없애자 (1961년 3월)

제작정보

출　　　처	:	리버티뉴스 398호
제 작 사	:	주한미공보원
제 작 국 가	:	미국

영상정보

제 공 언 어	:	한국어
컬　　　러	:	흑백
사 운 드	:	유

▍ 영상요약

대전에 있는 충청남도 농사원에서 쥐잡기 운동이 진행되었다. 전국의 운동 대표들이 이 자리에 참석했다. 이 운동은 농민과 주민, 4-H클럽 구성원 등 사이에서 전개되고 있다. 농사원의 전문가들은 쥐 박멸 계획에 대해서 설명을 했는데 이 계획에 대해서 미국의 전문가들도 지원하고 있다.

▍ 내레이션

대전에 있는 충청남도 농사원에서 전국 여러 도의 농사교도원들이 모여 쥐잡기 운동의 발표회를 가졌습니다. 특히 이들은 구서일을 정하고 여러 농촌사람들과 4H클럽 회원들에게 쥐 잡는 법을 가르쳐주었는데 현재 한국에 있는 쥐는 우리나라에서 생산되는 곡식의 약 5분지 1을 소모시키고 있습니다. 농사원에서 나온 전문가는 쥐잡기운동의 계획을 설명했으며 이 방면의 미국인 전문가는 현재 미국원조로서 들어오고 있으나 앞으로 한국에서 생산될 새로운 쥐약 공급에 대해서 얘기했습니다.

▍ 화면묘사

00:00	자막 "쥐를 없애자". 마을 입구에 "쥐잡기 전시부락"이라고 선전간판이 서있음
00:03	쥐잡기 관련 포스터와 전시해놓은 도구들을 구경하는 주민들의 모습. "쥐 잡는 것도 식량의 증산이다"라고 쓴 표어
00:11	전시되어 있는 쥐 잡는 도구들. "쥐덫 TRAP"라고 써 있음
00:20	죽어 있는 쥐 세 마리 모습
00:22	쥐약을 놓는 주민의 모습
00:29	농사원에서 나온 전문가가 쥐잡기운동 발표를 하고 있는 장면
00:25	쥐잡기운동에 관해서 설명하고 있는 미국인 전문가
00:29	미국인 전문가 얘기를 듣고 있는 마을 주민들
00:31	"충남도원 쥐잡기 전시결과"라고 쓴 그림을 보며 설명하는 한국 전문가

연구해제

이 영상은 1961년 3월 진행된 대전 소재 충청남도 농사원의 쥐잡기운동에 관한 내용을 담고 있다. 쥐잡기운동은 농사원 전문가의 지도 아래 농민과 주민, 4-H클럽 구성원들을 대상으로 전개되었는데, 미국의 전문가들도 이를 지원했다.

쥐잡기사업은 이후 박정희 군정기에도 이어졌다. 1961년 최고회의 예산심사특별위원회에서는 농림부 통계 약 4,368만 마리로 추산되는 쥐를 제거하기 위해 8억 2,900만 환의 쥐잡기운동 예산을 계획했고, 이를 원안대로 통과시켰다. 이 자리에서 장경순 농림부장관은 쥐로 인한 피해가 연간 182만 섬으로 대일수출미곡보다 많은 양이라고 주장하며 이 운동의 중요성을 강조했다. 한 신문의 논자는 지금까지 실시한 방식을 양성화시키는 것이 필요하다고 하며, 정부가 쥐의 매상가격을 정해 이에 대해 보상을 하면 실업자 구제 및 보건위생상 실질적인 성과를 거둘 수 있을 것이라고 제안했다.

한국 근현대사에서 쥐를 퇴치하기 위한 노력은 여러 차례 되풀이되었다. 1960년대 박정희 정부가 들어선 이후에만도 쥐잡기사업은 거의 매년 열리는 낯익은 행사였다. 하지만 대부분의 쥐잡기사업은 일부 지역에서만 실시되거나 설령 전국적 규모로 시행되더라도 한두 해만에 흐지부지되곤 했다. 넘치는 의욕에 비해 쥐잡기운동은 지속성과 실효성을 생각만큼 거두지는 못했다. 실질적인 효과가 없어도 외형적으로 엄청난 쥐를 잡는 전과를 과시할 수 있는 탓에 일 년에 한 번 이상 열리는 전시행사가 되었다.

아울러 쥐는 당시 한국인들이 이데올로기적 측면에서 가장 적대관계에 있던 공산주의, 북한과 유사한 존재로까지 묘사되었다. 쥐를 북한에 비유한 표현은 그만큼 쥐가 사악하고 위험하다는 점을 강조하기 위해서였다. 북한이 국가의 근간을 위협하는 존재로 여겨졌듯이 쥐 또한 국민들의 생명을 갉아먹는 존재로 부각되었다.

1970년에는 농림부 차관을 책임자로 하고 정부부처의 국장들이 가세하는 쥐잡기사업 추진본부가 결성되었다. 이때 참여한 정부부처 및 산하기관은 농림부를 비롯하여 보건사회부, 내무부, 문교부, 문화공보부, 국방부 등 거의 모든 부서를 망라한 대규모 조직으로 만들어지기도 했다.

참고문헌

「전국에 7천5백 만 마리 年間양곡 182만 섬 뺏겨」, 『경향신문』, 1961년 12월 22일.
「쥐잡기運動은 이렇게」, 『동아일보』, 1962년 1월 24일.
「서울서 쥐잡기운동」, 『경향신문』, 1963년 12월 26일.
김근배, 「생태적 약자에 드리운 인간권력의 자취」, 『사회와 역사』 87, 2010.

해당호 전체 정보

398-01 노동절

상영시간 ∣ 01분 28초

영상요약 ∣ 1961년 3월 10일 3만 명의 노동자가 노동절을 맞아 서울운동장에서 대한노련
주최로 세 번째 노동절을 기념했다. 기념식에 장면 국무총리, 김판술 보건사
회부장관, 김상돈 서울시장 등이 참석했다. 대구에서는 1만 명의 노동자와
5,000명의 시민들이 경북노련이 주최하는 기념식에 참석했다. 기념식 이후 노
동자들은 거리 행진을 했다.

398-02 3·15의거 한돌

상영시간 ∣ 01분 08초

영상요약 ∣ 3·15의거 1주년을 맞아 15만 명의 마산시민들이 기념식에 참석했다. 장면 국
무총리와 백낙준 참의원의장, 곽상훈 민의원의장이 이 행사에 참여했다. 기념
식 이후 시민들은 시가행진을 했다.

398-03 쥐를 없애자

상영시간 ∣ 00분 49초

영상요약 ∣ 대전에 있는 충청남도 농사원에서 쥐잡기운동이 진행되었다. 전국의 운동 대
표들이 이 자리에 참석했다. 이 운동은 농민과 주민, 4-H클럽 구성원 등 사이
에서 전개되고 있다. 농사원의 전문가들은 쥐 박멸 계획에 대해서 설명을 했
는데 이 계획에 대해서 미국의 전문가들도 지원하고 있다,

398-04 분망한 미 대통령

상영시간 ∣ 02분 27초

영상요약 ∣ 불구아동과 불구자 구호사업가들이 미국 백악관을 방문했다. 연예클럽 대표
에드워드 엠마누엘(Edward Emanuel)과 헐리우드 여배우 다카 미코(Miiko Tako)
는 불구아동 구호활동에 공헌한 케네디 대통령을 위해 불구아동 구호사업회
명예회원증을 전달했다. 더불어 대통령은 불구아동을 위한 부활절 실 판매를

지원했다. 미국극장연합회의 여배우 헬렌 힐스(Helen Hayes)도 대통령과 만났다. 이처럼 바쁜 가운데 케네디 대통령은 미국 국무성 회의실에서 열린 기자회견에서 임시평화군 창설을 명령하고 저개발국가를 지원하는 상설평화군 설치를 위한 교서를 의회에 제출했다고 밝혔다.

398-05 영국여왕의 인도방문

상영시간 | 01분 10초

영상요약 | 인도 방문 기간 동안 엘리자베스 영국여왕은 많은 시민들의 환영을 받았다. 식민지 시기 영국인들의 휴양지였던 방갈로(Bangalore)에서도 여왕과 필립 공은 환대를 받았다. 여왕은 랄바(LalBagh) 식물원을 방문하고 기념식수를 했다. 이후 캘커타(calcutta)를 방문했는데 200만 명의 시민들이 그 일행을 맞이했다. 이곳에서 여왕은 증조모인 빅토리아(Victoria) 여왕을 기리는 빅토리아 기념비를 참배했다.

398-06 시카고에 회오리바람

상영시간 | 00분 54초

영상요약 | 미국 시카고에 강한 돌풍이 불어 1명이 사망하고 90명이 다쳤다. 이 바람은 북동쪽 레이크 미시건(Lake Michigan)으로 이동해 시카고 미드웨이대학(the University of Chicago) 주변을 파괴하였고 건물, 차량 등을 훼손시켜 5만 달러가 넘는 큰 피해액이 예상되고 있다.

398-07 볼링 경기

상영시간 | 00분 52초

영상요약 | 미국 디트로이트에서 미국 볼링 선수권대회가 개최되었다. 대회는 올해 볼링왕 조 베이트(Joe Bates)의 시구로 시작되었는데 앞으로 이 대회가 진행되는 80일 동안 32,000명의 선수들이 참가한다.

한미행정협정 예비회담 (1961년 4월)

제작정보

출   처 : 리버티뉴스 403호

제 작 사 : 주한미공보원

제작국가 : 미국

영상정보

제 공 언 어 : 한국어

컬   러 : 흑백

사 운 드 : 유

영상요약

1961년 4월 7일 외무부장관실에서 한미행정협정 체결을 위한 예비회담이 개최되었다. 이날 한국 측 대표로는 김용식 외무부 사무차관이, 미국 측 대표로는 마샬 그린(Marshall Green) 미국공사가 참석하였다. 마샬 그린 미국공사가 회담에서 발언을 하는 모습이다.

내레이션

한미 두 나라는 행정협정체결을 위한 예비회담을 열었습니다. 이 회담의 한국 측 대표로서는 김용식 외무부 사무차관, 그리고 미국 측 대표로서는 마샬 그린 미국공사가 참석했습니다. 그린 공사는 한미 두 나라의 방위를 위해서 한국에 주둔하고 있는 미국군인의 신분과 한국의 독립과 인간의 자유를 보호하기 위해서 이 자리에 모인 것이라고 말했습니다.

화면묘사

00:00   자막 "한·미 행정협정 예비회담". 한미행정협정 체결을 위한 예비회담이 개최됨. 예비회담에 참석한 한국과 미국의 인사들
00:08   예비회담에서 한국 측 대표 김용식 외무부 사무차관이 일어서서 한국 측의 회담 참여 인사들을 소개하고 있음
00:15   마샬 그린 미국공사가 미국 측 회담 참여 인사를 소개하는 모습
00:19   예비회담에 참석한 한국 및 미국 측의 인사들
00:24   마샬 그린 미국공사가 예비회담에서 발언을 하고 있음

연구해제

이 영상은 1961년 4월 7일 개최되었던 한미행정협정 체결을 위한 '예비회담'을 담고 있다. 이날 회담에는 한국정부 대표로서 김용식 외무부 사무차관, 미국정부 대표로서 마샬 그린 공사가 참석하였다. 한미행정협정은 미군의 한국주둔에 따라 주한미군의 신

분과 행정처리 등에 대한 한미 간의 합의에 따른 협정이었다.

정확한 명칭은 '주둔군 지위협정(Status of Forces Agreement, SOFA)'인 이 협정이 정식으로 체결된 것은 영상에서 보여주는 예비회담에서 5년여가 지난 1966년 7월이 되어서이다. 따라서 이 협정에 대해 설명하자면 미군과 관련한 한미관계에 대한 이해가 우선되어야 한다.

미군과 관련한 한미 간 최초의 협정은 1948년 '과도기에 시행될 잠정적 군사안전에 관한 행정협정'이었다. 이 협정에서는 한국정부 수립 이후에도 주둔하고 있는 미군을 점차적으로 철수할 것이며, 미군이 주둔하는 동안에는 미군정기에 보유하고 있던 특권을 계속해서 유지하게 된다고 규정하고 있다. 그런데 1950년 6·25전쟁의 발발로 전시라는 특수상황을 맞이하게 되자 미국 당국에게 일방적으로 형사재판권을 부여하는 '주한 미군의 형사재판권에 관한 대한민국과 미합중국 간의 협정', 일명 '대전협정'이 체결되었다. 휴전 이후에는 1953년 10월 '한미 상호방위조약'이 체결되었으며, 이에 따라 '주둔군 지위협정'의 필요성이 대두되었다.

1960년대 '주둔군 지위협정'은 한미 간의 군사원조, 경제원조 등과 같은 군사·안보 영역 및 경제영역과 달리 정치적 사안이었다. 이승만 정권 말기 미국은 형사재판권 논의를 제외하고, 미군이 사용하는 시설 및 부지에 대한 비용 및 책임을 한국정부가 부담한다는 선결조건을 제안하였다. 하지만 곧 4월혁명이 발발함으로써 본격적인 논의도 하지 못한 채 한미 간 논의가 중단되었다. 이후 장면 정권 시기 미군사건들로 인해 여론이 악화되면서 위와 동일한 조건으로 '주둔군 지위협정'에 대해 논의할 것을 합의한 바 있지만 1961년 5·16군사쿠데타로 중단되었다. 영상에서 제시된 예비회담은 바로 5·16 군사쿠데타 발발 이전에 재개된 한미 간의 논의 자리였다고 할 수 있다.

1961년 5·16군사쿠데타로 집권한 박정희 정권은 민정이양 등을 둘러싸고 미국과 대립하고 있었다. 박정희는 초반에는 복잡한 한미관계를 고려하여 '주둔군 지위협정'에 소극적으로 대처하였으나 1962년부터 이를 중요한 대외정책 현안 중 하나로 간주하며 본격적으로 제기하기 시작했다. 박정희 정권이 '주둔군 지위협정'에 대해 본격적으로 논의하기 시작한 것은 잇따른 GI사건들로 인해 미군에 대한 여론이 악화되었기 때문이었다. 대표적으로 1962년 1월 초 '임진강 나무꾼 피살사건', 2월의 신원불명 청년 총격 사망사건과 파주군 위안부 폭행치상사건, 3월의 민간인 상해사건 등이 있었다. 이처럼 미군병사들의 한국민에 대한 불법행위가 빈발하자 국제인권옹호연맹 한국지부도 한미 우호관계에 끼칠 악영향을 고려하여 1962년 3월 10일 미국 대통령 및 유엔군 사령관에 건의문을 발송했다. 아울러 한국노동조합총연맹도 국무부 해리만 차관보의 방한에 대한 기대감에서 '주둔군 지위협정' 체결을 촉구했다.

이에 주한미대사 버거(Samuel D. Berger)는 '주둔군 지위협정'을 중심으로 한 국내외의 전방위 압력을 의식하여 미국정부에 협상재개를 요청했다. 그러나 이때 한미 간 '주둔군 지위협정'은 다른 맥락에서 국내의 반발을 야기했다. 1961년 집권한 이후 민정이양을 약속했던 박정희 군부가 아직 민정이양을 하지 않은 상황에서 '주둔군 지위협정'을 체결할 수 없다는 것이었다. 이에 미국은 '주둔군 지위협정'을 민정이양 이후에 체결하자고 제안하였고, 최종적으로 1966년 7월 9일에 체결되었다.

그런데 1966년의 협정은 미군 당국이 형사재판권을 갖는다는 것을 보장함으로써 이후 미군과 관련한 범죄를 처벌하는 데 한계를 갖고 있었다. 이러한 문제는 1991년 체결된 개정협정에서 한국 측의 형사재판권 자동포기조항 삭제, 미군 범죄의 재판대상범죄의 확대 등 미군에 대한 형사처벌 범위를 확대함으로써 다소 완화되었다. 또한 미군 우편물에 대한 세관검사, 면세물품 불법 유통 강화, 한국 노무자 노동조건의 개정 등의 내용이 포함되었다. 그러나 한국 측의 권리행사를 제한하는 '합의의사록'과 '합의양해사항' 규정을 그대로 존속시킴으로써 한국의 주권을 침해하고 미군에 지나친 특권을 부여하는 등 불평등한 요소가 상당히 많이 남아있다고 평가되었다. 2001년과 이후 2004년에도 형사재판권에 대한 내용이 개정되어 한국 사법부가 미군 범죄를 재판할 수 있게 되었다. 그러나 한미관계 속에서 이 같은 법안이 현실화되기 위해서는 여전히 제도적 보안이 더욱 필요하다.

▌ 참고문헌

김호근, 「한미 행정협정에 관한 연구」, 동국대학교 석사학위논문, 2003.
서현주, 「케네디 행정부와 박정희 정권의 주둔군지위협정(SOFA) 협상개시를 둘러싼 갈등 분석, 1961-62」, 『한국정치외교사논총』 27, 2005.
이장희, 장주영, 최승환, 「한미 주둔군 지위협정의 문제점과 개정방향」, 『국제법학회논총』 46, 2001.

해당호 전체 정보

403-01 4.19 한돐 기념

상영시간 ㅣ 01분 40초

영상요약 ㅣ 4월혁명 1주년을 맞이하여 기념식이 거행되었다. 윤보선 대통령, 장면 국무총리가 기념식에서 연설을 하고 있다. 기념식에 참석한 수많은 학생, 시민들의 모습이다. 4월혁명 당시 희생된 희생자들의 영정 사진 앞에서 유가족들이 슬퍼하고 있고 윤보선 대통령은 묵도를 하며 추념하고 있다. 더불어 여러 학생, 시민들도 희생자 영정 사진들 앞에서 묵념을 하고 있다. 한편 4월혁명 1주년을 맞이하여 시가행진, 기념연주회 등이 열렸다. 고려대학교에서는 윤보선 대통령을 비롯한 여러 국내 귀빈들이 참석한 가운데 4월혁명 기념비 제막식이 거행되었다.

403-02 삼척지구의 도로공사 착공식

상영시간 ㅣ 00분 41초

영상요약 ㅣ 1961년 4월 17일 강원도 삼척에서 국토건설사업의 일환으로 시행되는 삼척지구 도로 확장공사의 착공식이 거행되었다. 착공식에는 여러 노동자들, 마을 주민들이 참석하였으며, 국내외 인사들이 치사를 하는 모습이다. 아울러 착공식장에 있는 불도저, 군용차 등을 보여주고 있다.

403-03 피난민 정착 사업

상영시간 ㅣ 01분 01초

영상요약 ㅣ 북한에서 월남한 피난민들이 전라남도 장흥군 안양면에 정착하여 간척지 개발공사를 하고 있는 공사현장이다. 돌을 캐내어 운반한 후 돌을 이용하여 간척지에서 둑을 쌓고 있다. 아울러 유솜 등 원조단체에서 제공한 건축재료 등이 피난민 마을 한 곳에 쌓여 있는 모습이다.

403-04 한·미행정협정 예비회담

상영시간 ㅣ 00분 36초

영상요약 | 1961년 4월 17일 외무부장관실에서 한미행정협정체결을 위한 예비회담이 개최하였다. 이날 한국 측 대표로는 김용식 외무부 사무차관이, 미국 측 대표로는 마샬 그린 미국공사가 참석하였다. 마샬 그린 미국공사가 회담에서 발언을 하는 모습이다.

403-05 쥬리아드 4중주단 내한

상영시간 | 00분 59초

영상요약 | 이화여자대학교 강당에서 미국의 줄리아드 현악 4중주단이 연주회를 개최하였다. 줄리아드 현악 4중주단원들의 연주 장면과 연주를 감상하는 관객들의 모습이다.

403-06 이주일의 케네디 대통령

상영시간 | 02분 48초

영상요약 | 미국 국무성 회의실에서 나토군 참모회의가 열렸다. 케네디 미국대통령은 나토군 참모회의에 참석한 각국 대표들과 인사를 나눈 후 회의에서 연설을 하고 있다. 한편 헬렌 켈러 여사가 백악관으로 케네디 대통령을 방문하여 케네디 대통령과 대화를 나누는 모습이다. 아울러 케네디 대통령은 워싱턴 뉴 프론티어 세네토 팀과 시카고 화이트 삭스 팀의 야구 경기에 참석하여 시즌 시작을 알리는 시구를 한 다음 야구 경기를 관람하고 있다.

403-07 늘어가는 동독 피난민

상영시간 | 00분 22초

영상요약 | 부활절 휴일을 맞이하여 수많은 동독 피난민들이 서독으로 건너오고 있다. 동독 피난민들이 피난민 수용을 처리하는 서독의 관청을 방문하는 모습이다.

403-08 태국 권투

상영시간 | 01분 20초

영상요약 | 태국식 권투 경기 장면이다. 권투 경기 시작 전에 선수들이 음악에 맞추어 기도를 드리고 있다. 시합장에서 음악을 연주하는 악대의 모습을 보여주고 있다. 권투경기 장면과 경기를 관람하는 관중들의 모습을 보여주고 있다.

충주비료공장 (1961년 5월)

제작정보

출   처 : 리버티뉴스 404호
제 작 사 : 주한미공보원
제 작 국 가 : 미국

영상정보

제 공 언 어 : 한국어
컬   러 : 흑백
사 운 드 : 무

1961년 4월 29일 충청북도 충주에서 충주비료공장 준공식이 거행되었다. 윤보선 대통령, 장면 국무총리가 준공식에 참석하여 치사를 하고 있다. 아울러 마샬 그린 주한미국대리대사가 준공식에서 연설을 하는 모습이다. 준공식에는 여러 마을 주민들이 참석하였다. 뒤이어 준공식에 참석한 국내외 인사들이 비료공장시설을 시찰하고 있다. 공장에서 기계를 가동시키며 요소비료를 생산하는 노동자들의 모습과 요소비료를 과수원에서 사용하는 농민의 모습을 보여주고 있다.

■ 내레이션

(내레이션 없음)

■ 화면묘사

00:05 　자막 "리버티 뉴스". "404-511-". "국내소식".
00:20 　"충주비료공장 준공식". 충주비료공장 전경
00:28 　충주비료공장 준공식에 참석하는 국내외 귀빈들을 태운 헬리콥터가 비행장에 착륙함. 비행기에 "ARMY"가 적혀 있음
00:30 　비행기에서 내리는 윤보선 대통령, 장면 국무총리 등의 모습. 준공식에 참석한 여러 국내외 인사들이 서로 인사를 나누고 있음
00:34 　"축 준공 충주비료공장 단기 四二九四년 四月 二十九일"(4294년 4월 29일) 푯말
00:36 　준공식 단상 벽에는 미국 성조기와 태극기가 붙어 있음. 윤보선 대통령이 준공식에서 치사를 하고 있음
00:42 　준공식에 참석한 여러 마을 주민들의 모습
00:45 　충주비료공장시설이 가동되는 장면. 공장 굴뚝에서 연기가 피어 오르고 있음
00:53 　윤보선 대통령이 치사를 하고 있음. 준공식에 참가한 국외 인사들
01:05 　장면 국무총리가 준공식에서 치사를 하고 있음
01:16 　마샬 그린 주한미국대리대사가 연설을 하고 있고 그 주위로 단상에서 사진을

찍는 취재진들의 모습을 보여줌

01:25 준공식에 참석하여 연설을 듣고 있는 한국 측 관계자들의 모습

01:27 충주비료공장시설이 가동되는 모습

01:52 준공식에 참석한 관계자들의 모습을 보여줌

01:54 마샬 그린 주한미국대리대사가 연설을 하고 있음

02:00 준공식 행사장의 전경

02:02 한미협조를 기념하는 기념비가 제막됨

02:05 여러 국내외 인사들이 공장시설을 시찰하고 있음

02:08 공장에서 노동자들이 비료를 생산하고 있음. 기계를 가동시키면서 포대에 비료
를 담은 후 포대를 밀봉하고 있음

02:18 충주비료공장에서 생산된 요소비료 포대 모습

02:20 과수원에서 한 농민이 충주비료공장에서 생산된 요소비료를 뿌리고 있음

02:31 공장에서 컨베이어 벨트를 통해 비료 포대가 운반되고 있음

02:40 충주비료공장에서 생산된 요소비료가 창고에 쌓여져 있음

02:45 충주비료공장의 전경

▌ 연구해제

본 영상은 1961년 4월 29일 진행된 충주비료공장의 준공식 장면이다. 당시 국내총생산에서 차지하던 농업의 비율은 압도적이었던 만큼, 농업생산과 직결된 비료는 가장 중요한 물품 중의 하나였다. 하지만 일제시기 비료 총생산량의 90%를 차지하던 '흥남비료공장'은 북한에 소재하고 있었고, 남한에 있던 소규모 비료공장은 시설이 빈약할 뿐 아니라 6·25전쟁으로 남아있던 시설마저 대부분 파괴된 상황이었다. 결국 남한의 비료 수요량은 그 전량을 미국 원조에 의한 도입비료에 의존하고 있었고, 미국의 총경제원조액에 대한 비료도입액의 비율은 1954년에서 1957년까지 평균 19%에 이르렀다. 양적으로는 1951년에서 1960년까지 연간 평균 70만 톤을 수입했다.

이에 따라 정부는 미국의 동의 아래 미국 원조 지원에 의한 요소비료 공장 건설을 추진했다. 충청북도 충주 목행동이 공장부지로 선정되었고, 미국 McGraw-Hydrocarbon사가 건설업자로 선정되고 공사계약을 체결하여 1955년 9월 5일 기공에 들어갔다. 하지만

3차에 걸친 추가 자금 투입이 불가피할 만큼 계획보다 공장건설은 지연되었고, 6여년 만인 1961년 4월 29일에야 준공식을 개최할 수 있었다. 연생산 요소비료 8만 5천 톤을 생산할 수 있는 이 공장의 총 건설자금에는 외화 3,338만 불과 한화 27억 환이 소요되었다.

본 영상에서 확인되는 바와 같이 이날 준공식에는 윤보선 대통령, 장면 국무총리를 비롯한 정부 각계 인사와 주한미국대사대리 마샬 그린, 모이어 유솜 처장 등 다수가 참석하였고, 충주비료 공장의 준공은 한국경제의 앞날에 큰 공헌을 할 것이며, 한미경제협조의 커다란 성과라고 치사했다. 특히 충주비료 자체가 미국의 대한원조로 건설될 수 있었던 만큼, 공장 내에 미국원조 기념물이 제막되는 모습도 영상에서 확인할 수 있다.

충주비료는 준공식 이후 본격적 생산을 시작했고, 뒤를 이어 1963년에는 제2비료공장(호남비료)이 준공되었다. 이후 제3비료공장(영남화학), 제4비료공장(진해화학), 제5비료공장(한국비료)이 잇따라 건설되기 시작하여 1967년에 모두 준공, 한국 비료산업의 충실을 기했다. 이 가운데 충주비료는 축적된 기술력 및 업무경험을 바탕으로, 여타 비료공장 건설과정에 기술자 파견 및 건설자금 투자 등을 하였으며, 기술원양성소와 기술연구소를 설립하는 등 당시 화학공업계에 대한 기술적 지도부로서 막대한 역할을 했다.

▎ 참고문헌

「충주비료 수준공식 거행」, 『경향신문』, 1961년 4월 30일.
「'충비' 6년 만에 낙성」, 『동아일보』, 1961년 4월 30일.
김성조, 「1950년대 기간산업공장의 건설과 자본가의 성장」, 연세대학교 석사학위논문, 2003.

귀환어부들 북한실정 폭로 (1961년 4월)

제작정보

출   처 : 리버티뉴스 404호
제 작 사 : 주한미공보원
제 작 국 가 : 미국

영상정보

제 공 언 어 : 한국어
컬   러 : 흑백
사 운 드 : 무

영상요약

1961년 4월 7일 동해에서 북한 함정에 의해 납북된 어부 43명이 4월 22일 남한으로 귀환하였다. 귀환 어부들은 서울 시내 한 호텔에서 기자회견을 하고 있다. 기자회견에서 발언하는 어부들과 이를 받아 적는 기자들의 모습을 보여주고 있다.

내레이션

(내레이션 없음)

화면묘사

00:00   자막 "귀환어부들 북한실정 폭로". 기자회견장에 마련된 자리에 앉아 있는 귀환
         어부들의 모습. 이들 중 대표 한 명의 남성이 이야기를 하고 있음
00:17   기자회견에 참석한 귀환 어부들의 모습
00:26   귀환 어부들이 기자회견에서 북한에서의 생활에 대해 발언을 하고 있음
00:30   어부들의 발언 내용을 메모하는 기자들
00:32   대표로 발표를 하고 있는 귀환어부의 모습을 다양한 각도와 사이즈로 보여줌

연구해제

　이 영상은 1961년 4월 25일 서울에 소재한 초동호텔에서 있었던 납북 어부들의 기자회견에 관한 것이다. 영상에는 납북되었다가 귀환한 어부들이 북한에서의 생활에 대해 발언하는 모습과 그것을 취재하는 기자들의 모습이 담겨 있다.

　1961년 4월 7일 오전 10시 37분, 동해 해상분계선 남쪽 해상에 북한 전투함 2척과 어뢰정 6척이 어로 중인 어부 43명이 탄 남한 어선 6척을 납치해간 사건이 발생하였다. 해군 발표에 의하면, 북한 전투함정이 휴전선 남방 10마일 해상인 동해 대진리 앞바다까지 침입하여 때마침 경계 중인 해군 함정과 약 40분에 걸쳐 교전을 벌였는데, 교전 도중 혼란한 틈을 타 북한 함정이 어로작업 중이던 어선 22척 중 6척을 나포해갔다고 한다.

4월 11일 판문점에서 열린 군사정전위원회 139차 회담에서는 동해상에서 벌어진 교전과 어부들의 납치사건에 관한 논의가 진행되었다. 북한대표 장병환은 이 사건에 대해, 남한 함정이 북위 38도선을 넘어 동해 해상을 침입한 것으로 남한의 정전협정 위반이자 침략행위라고 주장했다. 이에 대해 유엔 측 대표 코린스는 북한 측이 휴전협정을 위반한 사안으로 납치한 어부의 조속한 송환을 요구한다고 말했다.

4월 22일 열린 군사정전위원회에서 북한 측 대표는 "지난 7일 영해를 침범한 혐의로 구속했던 어부들을 보호하고 있으며 이들 어부 43명과 어선 6척은 각기 그들의 고향으로 이날 아침 돌려보냈다"고 말했다. 국방부도 이날 오전 7시 50분쯤 이들 어선이 동해를 경비 중이던 우리 해군함정에 발견되어 즉시 묵호항으로 인솔하였다고 발표했다.

이들 어부들은 4월 23일 서울로 인계되어 관계기관에서 조사를 받은 후, 영상에서 보는 것처럼 4월 25일 기자회견을 가졌다. 이날 기자회견에서 귀환 어부 43명은 "다시 우리 고향에 돌아오니 기쁘기 한량없다"면서, "납북 14일 동안의 생활은 괴뢰들의 감시를 줄창 받으면서 이곳저곳 강제로 끌려 다니며 그들의 선전무대만 구경하고 돌아왔다"고 말했다. 그들은 평양의 모습에 대해 "거리는 한산하고 살벌하기 짝이 없었으며 거리를 왕래하는 사람들은 검은 색깔의 작업복 차림이었고 여자들이 남자보다 많았다"고 말했다. 또한 "평양시내에서 노인 거지를 많이 보았으며 큰 거리의 건물은 3, 4층의 건물이서 있었으나 상점이나 시장에는 물건이 전혀 없었다"고 말했다. 아울러 "괴뢰들이 가자는 곳만 끌고 가 하기 싫은 구경을 실컷 하고 왔다"고 말하면서 "심지어 김일성 부모의 묘지까지 구경시키더라"고 하였다.

납북 어부들은 북한에 머물면서 후한 대접을 받았다는데, 그들의 이야기는 다음과 같다. 먼저, 금강산 온정리에서 목욕을 하고 내의, 양말, 솜옷, 운동화 등을 배급받고, 북한에 있는 친척들의 유무를 조사받은 후 체코제 버스를 타고 평양으로 이동했다. 평양에서는 강선제강소와 트랙터 공장을 구경하고 밤에는 〈꽃피는 평양〉이라는 영화를 보기도 했다. 함경도 신포 미랑도를 관광하고 흥남비료공장을 견학하였으며, 함흥극장에서 춤과 노래를 구경하였다. 다시 평양으로 와서는 곡산공장에서 만든 과자와 설탕을 맛보고 제리를 선물로 받았다. 김일성종합대학도 방문하여 기숙사를 둘러봤는데 그곳에는 쿠바유학생이 머물고 있었다. 평양도립공원과 김일성 부모의 묘지, 항일투쟁박물관도 구경하였다. 돌아오기 사흘 전에는 모란봉극장에서 최승희가 직접 공연하는 무용도 관람하였다.

이들의 북한 생활에 대해 치안국 정보당국자는 "지금까지의 조사결과 그들이 간첩사명을 띠었거나 불순성은 전혀 없다"고 밝히고 북한에서의 생활은 의식적이 아닌 강제여행이었다고 말했다.

▎참고문헌

「괴뢰함 8척 동해에 침입」, 『동아일보』, 1961년 4월 8일.
「북한해역 침범 운운」, 『동아일보』, 1961년 4월 11일.
「납북한 어부 어선을 송환」, 『경향신문』, 1961년 4월 22일.
「보고 온 북한 송환된 어부들의 말」, 『경향신문』, 1961년 4월 26일.

해당호 전체 정보

404-01 충주비료공장 준공식

상영시간 | 02분 47초

영상요약 | 1961년 4월 29일 충청북도 충주에서 충주비료공장 준공식이 거행되었다. 윤보선 대통령, 장면 국무총리가 준공식에 참석하여 치사를 하고 있다. 아울러 마셜 그린 주한미국대리대사가 준공식에서 연설을 하는 모습이다. 준공식에는 여러 마을 주민들이 참석하였다. 뒤이어 준공식에 참석한 국내외 인사들이 비료공장시설을 시찰하고 있다. 공장에서 기계를 가동시키며 요소비료를 생산하는 노동자들의 모습과 요소비료를 과수원에서 사용하는 농민의 모습을 보여주고 있다.

404-02 귀환어부들 북한실정 폭로

상영시간 | 00분 50초

영상요약 | 1961년 4월 7일 동해에서 북한 함정에 의해 납북된 어부 43명이 4월 22일 남한으로 귀환하였다. 귀환 어부들은 서울 시내 한 호텔에서 기자회견을 하고 있다. 기자회견에서 발언하는 어부들과 이를 받아 적는 기자들의 모습을 보여주고 있다.

404-03 상이용사회관 준공

상영시간 | 00분 36초

영상요약 | 1961년 4월 22일 서울 회현동에서 상이용사회관 낙성식이 열렸다. 이날 낙성식에는 윤보선 대통령, 장면 국무총리를 비롯한 여러 국내외 인사들이 참석하였다. 장면 국무총리가 치사를 하는 모습과 아서 리 주한미국공보원 부원장이 표창장을 받는 모습을 보여주고 있다. 아울러 준공된 상이용사회관 건물 외관의 모습이 담긴 영상이다.

404-04 국토건설소식 새로운 땜 공사

상영시간 | 00분 43초

영상요약 | 1961년 4월 27일 국토건설사업 고문 딜론 마이어 박사가 내한하였다. 국토건
설사업의 일환으로 전라남도 영암군에서 관개사업이 실시되고 있다. 마을 주
민들이 댐 공사를 하는 모습이다.

404-05 스포쓰소식

상영시간 | 01분 00초

영상요약 | 서울 휘문중학교 운동장에서 개 레슬링시합이 열렸다. 개들이 레슬링 경기를
하는 장면과 경기를 관람하는 관중들의 모습이다. 마산에서는 당수도 시합이
개최되었다. 당수도 경기 장면과 심사위원과 관중들의 모습을 보여주고 있다.

404-06 케네디 대통령 큐바사태에 언급

상영시간 | 01분 59초

영상요약 | 미국 신문편집인들이 모인 자리에서 케네디 대통령이 쿠바사태를 언급하며
연설을 하는 모습이다. 아울러 쿠바 혁명군들이 사격훈련을 하고 군사작전을
세우는 장면과 하바나 해안가 지역에서 반란이 일어나 군수 창고가 파괴된 모
습이다.

404-07 오스카상 시상식

상영시간 | 01분 25초

영상요약 | 오스카상 시상식에서 남우주연상, 여우주연상을 시상하는 모습을 보여주고
있다. 여우주연상을 수상한 여배우가 수상소감을 이야기하는 모습이다.

404-08 아시아 소년축구대회

상영시간 | 01분 11초

영상요약 | 제3회 아시아 청소년 축구대회가 태국 방콕 국립경기장에서 열렸다. 한국과
일본의 축구 경기 장면을 보여주고 있다.

지역 사회 개발 국제회의 (1961년 5월)

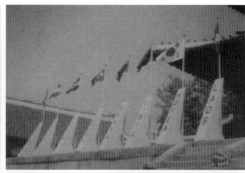

제작정보

출   처 : 리버티뉴스 405호
제 작 사 : 주한미공보원
제 작 국 가 : 미국

영상정보

제 공 언 어 : 한국어
컬   러 : 흑백
사 운 드 : 유

1961년 5월 6일 창덕궁 인정전에서 지역사회개발 국제회의가 개최되었다. 회의에 참석한 각국 대표들과 관계자들의 모습이다. 개회식에서 주요한 부흥부장관, 모이어 유솜처장, 장면 국무총리 등이 연설을 하고 있다. 아울러 지역사회개발 시범부락으로 지정된 경기도 광주군 관동부락과 충청남도 천안군 부대리 부락의 모습을 보여주고 있다.

내레이션

지난 주일 서울 시내 창덕궁에서는 처음으로 국제회의가 열렸습니다. 농촌 사람에게 도움이 될 문제를 의논하기 위해서 모인 지역사회 국제회의에는 아시아, 아프리카, 그리고 남북 미주로부터 열다섯 명의 대표와 여러 옵서버들이 참석했습니다. 그런데 개회식에서 장 국무총리와 주 부흥부장관, 그리고 유솜 처장 모이어 박사 등이 연설을 했는데, 장 국무총리는 다음과 같이 말했습니다. 지역사회개발은 우리 농촌과 나아가서는 우리나라에 새 희망을 주는 것입니다. 항구에 있어서 우리는 농산물 증산과 농촌생활개선이라는 끊임없는 과제에 당면하고 있습니다. 이러한 문제는 농촌 사람들의 요구를 만족시켜주기 위해서 뿐만 아니라 국민의 생계와 안녕의 증진을 돕는다는 것은 민주주의 정부의 의무이기도 한 것입니다. 한 주일의 회의가 열리는 동안 각국 대표들은 한국의 지역사회개발 시범부락을 시찰하기로 됐습니다. 그중의 하나로서 경기도 광주군에 있는 관동부락을 들 수 있는데, 이곳 주민들은 수력발전소를 건설했습니다. 그리고 충청남도 천안군에 있는 부대리 부락에서는 정미소를 새로 지었으며, 이 밖에도 부락민들은 위생적이며 큰 우물을 파고 있습니다.

화면묘사

00:06 자막 "리버티 뉴스"

00:14 자막 "405-521-"

00:16 자막 "국내소식"

00:22 자막 "지역사회개발 국제회의". 창덕궁 전경

00:26 지역사회개발 국제회의에 참가하기 위해 방한한 아시아, 아프리카, 남미, 북미 국가의 여러 대표들이 창덕궁에 도착함

00:33 지역사회개발 국제회의에 참가한 참가국들의 깃발이 창덕궁 인정전 앞에 휘날리고 있음. 한국, 라오스, 리비아, 케냐, 요르단 등의 국기 모습

00:35 지역사회개발 국제회의 전경. 회의에 참가한 각국 대표, 관계자들의 모습. 개회식에서 주요한 부흥부장관, 유솜 처장 모이어 박사, 장면 국무총리 등이 연설을 하고 있음. 연설을 듣고 있는 각국 대표와 관계자들

01:31 "환영 국제지역사회개발회의 WELCOME DELEGATES OF COMMUNITY DEVELOPMENT CONFERENCE" 푯말과 "환영 지역사회개발 국제회의" 푯말이 자동차가 지나다니는 도로 위에 세워져 있음

01:37 한국의 지역사회개발 시범부락인 경기도 광주군 관동부락의 모습. 관동부락민이 물가에서 큰 돌을 운반하고 있음

01:45 경기도 광주군 관동부락의 전경. 주민들이 건설한 수력발전소가 가동되는 모습. 관동부락의 가정집과 전봇대 사이에 송전선이 연결되어 있음

02:01 충청남도 천안군 부대리 부락의 새로 지은 정미소 모습. 마을 사람들이 정미소 시설을 손질하고 있음

02:10 부대리 부락민들이 우물을 파고 있음

▌ 연구해제

1961년 5월 6일 창덕궁 인정전에서는 7개국 공식대표단과 3개국의 미 고문단, 국내외 고위 관계자가 참석한 가운데 '국제 지역사회개발회의' 개막식이 거행되었다. 일주일간 진행된 이 회의는 한국에서 열린 최초의 가장 큰 국제회의로서 한국의 위상을 국제사회에 알릴 수 있는 좋은 기회였다. 개막식에서 대회의장인 주요한 부흥부장관이 개식사를 하였고, 정일형 외무장관과 유솜 처장 모이어 박사가 환영사를 하였다. 각 국가별 대표들은 일주일간 회의를 비롯하여 지역사회개발 시범부락인 경기도 광주군 관동부락과 충청남도 천안군 부대리 부락을 직접 시찰하였다. 특히 시범부락 시찰에서는 마을 주민들이 자력으로 농산물 증강과 농촌생활개선에 나서고 있는 모습을 강조하여 보여주었다.

1950년대부터 한국에서 전개된 지역사회개발사업은 냉전과 미국의 대외정책의 맥락

에서 접근할 필요가 있다. 미국은 1956년 한국의 전후복구가 일단락되었다고 판단하고, '반공 보루' 강화와 '미국식 제도와 가치' 확대를 전제로 한 국가발전 노선을 다각적으로 모색하였다. 1957년부터 미국과 소련이 '저개발국', '신생독립국'을 자신의 진영으로 포섭하기 위한 경쟁이 치열해졌는데, 미국은 동아시아 냉전의 최전선인 한국에서 강력한 근대화 프로젝트를 집행하기 시작했다. 미 원조당국은 대다수 인구가 거주하였던 농촌사회에 주목하였으며 1957년부터 기존의 다양한 지역사회개발사업을 통합하여 전개하였다.

미국은 제3세계 '후진국'들에 대한 지원을 약속하면서 근대화 노선의 필요성을 강조하였다. 미국의 기술원조를 통한 신생국가의 '직립' 지원은 미국의 대외정책 속에서 '위계적 관계'를 구축하는 방식이었다. 한국의 지역사회개발사업은 추진경비를 원조물자와 대충자금에서 조달하였기 때문에 특히 기술원조의 성격이 강하였다. 1957년 이전의 지역사회개발사업이 미 원조당국, 국제기구 등 다양한 주체들에 의하여 구호 및 사회복지 활동에 집중되었다면, 그 이후에는 미 원조당국이 전면에 나서 피난민들의 정착, 동화사업이나 자선단체들에 대한 물질적·기술적 지원에 초점이 맞춰졌다.

미국의 근대화론자들이 주도한 이 같은 방식의 제3세계 지원정책은 분명히 효과적이었다. 미국이 강조하던 '근대화와 민주주의' 달성이라는 담론은 미 원조당국자에서 국내 지역사회개발사업 추진 관료들에 의해 그대로 반복되었다. 1961년 5·16군사쿠데타가 발생하고 미국식 자유주의를 부인하던 군정세력이 집권하면서 미국이 의도하였던 지역사회개발의 성격은 점차 희석되었지만 그 내용은 농촌진흥청에 그대로 계승되었다. 해당 영상에서 보여주는 국제대회는 5·16군사쿠데타 이전, 즉 1950년대 후반에 강화된 미국식 지역사회개발사업의 정점을 보여주고 있다.

▌참고문헌

「지역사회개발 국제회의 개막」, 『동아일보』, 1961년 5월 6일.
허은, 「1950년대 후반 지역사회개발사업과 미국의 한국 농촌사회 개편 구상」, 『한국사학보』 17, 2004.

405-01 지역 사회 개발 국제회의

상영시간 | 02분 21초

영상요약 | 1961년 5월 6일 창덕궁 인정전에서 지역사회개발 국제회의가 개최되었다. 회
의에 참석한 각국 대표들과 관계자들의 모습이다. 개회식에서 주요한 부흥부
장관, 모이어 유솜 처장, 장면 국무총리 등이 연설을 하고 있다. 아울러 지역
사회개발 시범부락으로 지정된 경기도 광주군 관동부락과 충청남도 천안군
부대리 부락의 모습을 보여주고 있다.

405-02 독일 발레단 공연

상영시간 | 00분 56초

영상요약 | 이화여자대학교 대강당에서 독일 발레단 공연이 개최되었다. 독일 발레단의
여러 공연 장면들과 공연을 본 뒤 박수를 치는 관람객들의 모습을 보여주고
있다.

405-03 국토건설소식 - 저수지 공사

상영시간 | 00분 43초

영상요약 | 국토건설사업의 일환으로 경북 달성군 현풍면 마을 주민들이 저수지 공사를
하고 있다. 완공된 황지 저수지의 모습이다. 아울러 마을 주민들이 갈산 저수
지 공사현장에서 저수지 수로 확장공사 작업을 하고 있다.

405-04 광주 사범대학 낙성

상영시간 | 00분 42초

영상요약 | 광주사범대학 별관 건물 낙성식이 개최되었다. 낙성식에 참가한 학생들의 모
습이다. 별관 건물에 입장하기 전에 귀빈들이 테이프 커팅을 하고 있다. 그 후
별관 내부 실험실, 도서관 등을 둘러보고 있다.

405-05 케네디 - 아이크 회담

상영시간 ㅣ 00분 34초

영상요약 ㅣ 워싱턴 근교에 있는 미국 대통령의 산장 캠프 데이비드에서 케네디 미국 대통령과 아이젠하워 전 미국 대통령이 회담을 가지기 위해 만났다. 이 영상은 회담을 하기 전에 수많은 취재진들 앞에서 취재진들의 질문에 응하는 케네디 미국 대통령과 아이젠하워 전 미국 대통령의 모습을 보여준다.

405-06 다라이라마 인도 수도방문

상영시간 ㅣ 00분 53초

영상요약 ㅣ 달라이라마를 만나기 위해 티베트 피난민들이 뉴델리 기차역에서 꽃다발을 들고 기다리고 있다. 달라이라마가 뉴델리에 도착하여 기차에서 내리는 모습이다. 달라이라마는 인도 수상 네루 집을 방문하여 네루와 이야기를 나누고 있다.

405-07 새로운 여름철의 의상

상영시간 ㅣ 01분 23초

영상요약 ㅣ 도미니카 공화국에서 여성 패션모델들이 비행기를 타고 도착하였다. 해변가에서 여성 모델들이 1961년 여름에 유행할 의상을 입고 화보촬영을 하는 모습이다.

405-08 로데오 경기

상영시간 ㅣ 01분 17초

영상요약 ㅣ 미국 텍사스에서 말타기, 소타기 시합이 벌어졌다. 남성, 여성 참가자들이 말과 소를 타다가 땅에 굴러 떨어지는 모습을 보여주고 있다. 박수를 치며 말타기, 소타기를 구경하는 관중들의 모습이다.

국가재건최고회의 (1961년 5월)

제작정보

출   처 : 리버티뉴스 407호
제 작 사 : 주한미공보원
제작국가 : 미국

영상정보

제공언어 : 한국어
컬   러 : 흑백
사 운 드 : 무

영상요약

5·16군사쿠데타 이후 국가재건최고회의가 설치되었다. 장도영 국가재건최고회의 의장이 기자회견을 하고 있다. 아울러 5·16 군사정부 인사들이 서울시청에서 업무보고를 받고 있는 모습이다. 윤보선 대통령과 장면 국무총리는 기자회견에서 사퇴의사를 밝혔다. 마샬 그린 주한미국대리대사와 매그루더 장군도 기자회견을 열었다. 5·16군사정부 내각 구성원과 사진을 보여주고 있다.

내레이션

(내레이션 없음)

화면묘사

00:04   자막 "리버티뉴스". "407-541-". "국내소식"

00:19   "국가재건최고회의". 서울 국회의사당 건물 외관

00:26   국회의사당 건물 앞에 군용차와 군인들이 서 있음

00:28   "국가재건최고회의" 현판

00:31   국가재건최고회의 건물 앞에 수많은 자동차가 주차되어 있음

00:36   장도영 국가재건최고회의 의장이 기자회견을 하고 있음. 기자회견에서 취재를 하는 취재진들의 모습

00:50   군인들이 거리에서 교통지도를 하고 있음

00:54   서울시청사 건물 외관

00:57   서울시청사에서는 5·16 군정기 인사들이 경찰 등으로부터 업무보고를 받고 있음

01:14   장면 전 국무총리가 기자회견에서 내각 사퇴 의사를 밝히고 있음

01:29   상공에는 비행기가 떠다니고 경찰, 군인들이 거리에서 행진을 하고 있음

01:46   마샬 그린 주한미국대리대사와 매그루더 장군이 기자회견을 하는 모습. 촬영을 하는 취재진들

01:59　윤보선 대통령이 기자회견에서 사임의사를 밝힌 후 기자회견장을 떠나고 있음

02:10　"國家再建最高會議 革命內閣 發表"(국가재건최고회의 혁명내각 발표)를 제목으로 하는 신문기사

02:16　5·16 군정기 내각 구성원과 사진들. 장도영 수반 겸 국방장관, 김홍일 외무장관, 한신 내무장관, 고원중 법무장관, 백선진 재무장관, 문희석 문교장관, 장경순 농림장관, 박기석 건설장관, 정래혁 상공장관, 김광옥 교통장관, 장덕승 보사장관, 배덕진 체신장관, 심흥선 공보부장, 김병삼 사무처장

연구해제

이 영상은 5·16군사쿠데타로 설치된 국가재건최고회의 장도영 의장, 윤보선 대통령과 장면 국무총리, 마샬 주한미국대리대사와 매그루더 주한미군사령관 등의 기자회견, 군사정부의 내각 구성원 등의 모습을 담고 있다. 특히 서울 국회의사당 건물 앞의 군용차, 거리에서 교통지도 하는 군인들 등 군사쿠데타로 변한 서울의 모습을 볼 수 있다는 점에서 인상적이다.

5·16군사쿠데타는 1961년 5월 16일 박정희 소장 주도하에 육사 8기 출신, 육사 5기 출신, 그리고 만주군 출신과 그 외 군부와 민간인들의 참여하여 일으킨 것이었다. 이 사건은 6·25전쟁 이후 축적된 군부의 불만이 4월혁명 직후 군 내부에서 전개된 '정군운동'으로 표출되었으나 해결되지 못하자, 이에 불만을 품은 일부 정치화된 군인들이 무력을 동원하여 7·29 총선을 통해 합법적으로 성립된 장면 정부를 전복한 것이었다.

5·16쿠데타 직후 박정희와 쿠데타 주도세력은 군사혁명위원회를 조직하였다. 그리고 그 아래 혁명 5인위원회(박정희, 윤태일, 송찬호, 채명신, 김동하)를 중심으로 정치·경제·문화·정보·행정·보도의 실무반을 편성하고, 군사혁명위원회 위원장에 육군참모총장 장도영을 추대하였다.

그러나 쿠데타 직후 상황은 여전히 유동적이었다. 주한미군사령관 매그루더는 장면 정권 지지 성명을 발표한 후 야전군을 동원하여 쿠데타를 진압하려 했다. 하지만 5월 18일 육군사관학교 생도들이 쿠데타 지지 시가행진을 벌이고, 군 전반에서 쿠데타 지지를 표명하는 등 분위기가 반전되었다. 미국도 쿠데타 불개입으로 입장을 바꿨다. 결국 장면 총리가 5월 18일 국무회의를 개최하고 내각 총사퇴를 발표하는 성명을 발표하면서

마침내 쿠데타는 성공하였다. 군사혁명위원회는 5월 19일 그 명칭을 국가재건최고회의로 개칭하였다.

5월 20일 국가재건최고회의는 장도영을 수반으로 하는 첫 내각을 구성했는데, 임명된 모든 장관들이 현역 또는 예비역 군인 출신들이었다. 이 영상에는 그들의 모습이 담겨 있다.

▌ 참고문헌

도진순, 노영기, 「군부엘리트의 등장과 지배양식의 변화」, 『1960년대 한국의 근대화와 지식인』, 선인, 2004.

박태균, 『갈등하는 동맹 – 한미관계 60년』, 역사비평사, 2010.

해당호 전체 정보

407-01 국가재건최고회의

상영시간 ㅣ 03분 05초

영상요약 ㅣ 5·16군사쿠데타 이후 국가재건최고회의가 설치되었다. 장도영 국가재건최고
회의 의장이 기자회견을 하고 있다. 아울러 5·16군사정부 인사들이 서울시청
에서 업무보고를 받고 있는 모습이다. 윤보선 대통령과 장면 국무총리는 기자
회견에서 사퇴의사를 밝혔다. 마샬 그린 주한미국대리대사와 매그루더 장군
도 기자회견을 열었다. 5·16군사정부 내각 구성원과 사진을 보여주고 있다.

407-02 휴전선 근방의 고기잡이

상영시간 ㅣ 00분 52초

영상요약 ㅣ 초여름 서해안 연평도 앞바다에서는 조기잡이가 한창이다. 해군 함정이 어선
들의 어로작업을 시찰하며 북한의 공격에 대비하여 경비를 서고 있는 모습이
다. 해군 함정에 서는 북한의 상황에 대해 브리핑이 이루어지고 있다. 한편 국
내 기자들과 관계관들이 해군 함정에서 쌍안경으로 연평도 앞바다를 둘러보
고 있다.

407-03 국토개발소식 부산 - 도로공사

상영시간 ㅣ 00분 44초

영상요약 ㅣ 국토개발사업의 일부로 부산 교외 양정지구의 도로공사가 진행되고 있다. 공
사현장에서 일하는 인부들의 모습을 보여주고 있다.

407-04 분주한 케네디 대통령

상영시간 ㅣ 03분 44초

영상요약 ㅣ 케네디 미국 대통령이 미국에서 유학하는 외국 유학생들을 백악관에 초청하
였다. 케네디 대통령이 외국 유학생들 앞에서 연설하는 모습이다. 한편 케네
디 대통령은 백악관에서 우주인 세파드 중령에게 훈장을 수여하고 있다. 세파
드 중령이 훈장 수여 소감을 밝혔다. 아울러 세파드 중령은 워싱턴에서 오픈

카를 타고 거리행진을 하였다. 세파드 중령은 이후 미국항공우주국에서 가족, 동료 우주인들이 참석한 가운데 기자회견을 하였다.

407-05 타이탄 유도탄 발사

상영시간 | 00분 35초

영상요약 | 미국 반덴버그 공군기지에서 대륙간 탄도탄 타이탄호가 발사되는 장면을 보여준다.

407-06 역사를 장식한 영국축구

상영시간 | 01분 10초

영상요약 | 영국 런던 웸블리 운동장에서 영국판 세계축구선수권대회가 열렸다. 토트넘 핫스퍼 팀과 라이세스터 팀 간의 축구경기 장면이다. 이날 경기에서는 핫스퍼 팀이 두 골을 넣고 승리하였다. 경기를 관람하는 관중들의 모습을 보여주고 있다.

송충이 잡이 (1961년 6월)

제작정보

출   처 : 리버티뉴스 409호
제 작 사 : 주한미공보원
제 작 국 가 : 미국

영상정보

제 공 언 어 : 한국어
컬   러 : 흑백
사 운 드 : 유

영상요약

서울 남산에서 중부경찰서 대원들과 남산 사회단체 회원들이 송충이 구제작업을 실시하는 모습을 보여주고 있다.

내레이션

서울 시내 남산에서는 약 50여 명의 중부경찰서 서원들과 남산 애림단 회원들이 모범적으로 송충이 구제작업에 나섰습니다. 송충은 봄에 한창 위세를 떨쳐 소나무를 갉아먹고 가을에 가서는 많은 알을 소나무에 실어 놓으면 이듬해에 대 번성을 한다고 합니다. 그런데 지난 5월 29일부터 이틀 간에 걸쳐서 실시한 송충이 잡이에서는 29일 하루만 해도 송충을 한 드럼이나 잡았다고 하는데 올해에 번식한 송충이 수는 작년보다 스무 배나 많다고 합니다.

화면묘사

00:00   자막 "송충이 잡이". 서울 남산에서 중부경찰서 대원들과 남산 사회단체 회원들이 송충이 구제작업을 하고 있음. 소나무 가지에서 핀셋으로 송충이를 잡는 모습

연구해제

이 영상은 1961년 5월 29일 남산에서 진행된 송충이 잡이 행사를 담고 있다. 중부경찰서 서원과 남산 애림반 회원 약 50여 명이 송충이 구제작업에 참가했다. 이들은 29일 하루 동안 한 드럼 이상의 송충이를 잡았다. 당시 남산의 큰 소나무에는 평균 200마리 이상의 송충이가 달라붙어 나무에 해를 끼치고 있다는 보고가 있었다. 이 때문에 남산의 소나무 6할이 솔잎이 누렇게 변색되었고 2할은 사목이 된 상황이었다. 따라서 송충이 방제작업은 곧 산과 나무를 살리는 작업이기도 했다.

송충이 제거사업은 1960~70년대 주로 학생들이 동원되어 진행되었다. 1961년 6월에는 서울시 4개 학교 남녀고등학교 2,000여 명의 학생들이 "금수강산 푸르게 너도나도 송충

잡자"라는 구호를 가슴에 붙이고 남산의 송충이를 제거했다. 충청남도에는 같은 달 5일부터 7월 20일까지 '송충이잡이운동기간'으로 정했는데, 12월 집계에 따르면 그동안 산림계원 96,254명과 학생 66,897명이 동원되어 81,365'리터'의 송충이를 잡았다고 보고되었다. 이 외에도 전국 318교, 18만 3,000명이 소속된 대한적십자사 청소년단의 단원활동 중 하나로 송충이 제거봉사가 있었다. 같은 해 11월 26일 제7회 과학전람회의 '국가재건최고회의의장상'에 배재고등학교 생물반의 「미국 흰불나방의 생태와 송충이와 매미나방의 천적연구」가 선정되기도 했다.

█ 참고문헌

「한 나무에 二百마리 南山서 松蟲잡이」, 『경향신문』, 1961년 5월 30일.
「너도 나도 이 江山 푸르게 二千學生들이 松蟲잡이」, 『경향신문』, 1961년 6월 9일.
「松蟲잡이 한창」, 『경향신문』, 1961년 6월 14일.
「좋은 일 많이 하자 적십자청소년단 활동」, 『경향신문』, 1961년 6월 25일.
「大統領賞에 李炳赫(全南大助教授)씨」, 『동아일보』, 1961년 11월 26일.

해당호 전체 정보

409-01 내각 기자회견
상영시간 ㅣ 01분 00초

영상요약 ㅣ 국가재건최고회의 의장 장도영을 비롯한 5·16 군사정부 내각 구성원들이 기자회견에 임하고 있다. 장도영 의장이 발표자료를 읽으며 발표를 하는 모습이다. 아울러 기자가 질문을 하자 이에 장도영 의장이 답변을 하는 모습을 보여주고 있다.

409-02 미국의 원면원조
상영시간 ㅣ 01분 04초

영상요약 ㅣ 한국에 제공할 원면을 실은 화물선이 미국 텍사스로부터 부산항에 도착하였다. 원면을 화물선에서 바지선으로 하역하는 모습이다. 아울러 조선방직공장에서 노동자가 기계를 작동시키며 원면가공작업을 하는 모습을 보여주고 있다.

409-03 송충이 잡이
상영시간 ㅣ 00분 42초

영상요약 ㅣ 서울 남산에서 중부경찰서 대원들과 남산 사회단체 회원들이 송충이 구제작업을 실시하는 모습을 보여주고 있다.

409-04 어름과 통조림 실습 공장
상영시간 ㅣ 00분 47초

영상요약 ㅣ 유엔한국재건단에 의해 설립된 여수 수산고등학교 제빙실습공장의 내부 기계시설의 모습과 학생들이 기계를 작동시키며 얼음과 생선통조림을 만드는 장면을 보여주고 있다.

409-05 무용 발표회
상영시간 ㅣ 00분 53초

영상요약 ㅣ 1961년 5월 28일부터 사흘 동안 서울시공관에서 방미봉 무용단의 고전무용발표회가 열렸다. 발표회 장면들과 공연을 관람하는 관객들의 모습을 보여주고 있다.

409-06 케 대통령 의회서 연설

상영시간 ㅣ 02분 10초

영상요약 ㅣ 케네디 미국 대통령이 미국 상하 양원 합동회의에 출석하여 제2차 연두교서를 발표하는 모습을 보여주고 있다.

409-07 분주한 영국여왕

상영시간 ㅣ 01분 06초

영상요약 ㅣ 길포드에 있는 영국 국교 대사원에서 낙성식이 거행되었다. 낙성식에는 엘리자베스 영국 여왕, 영국 왕족, 영국 국교 신자들이 참석하였다. 영국 국교 대주교와 엘리자베스 여왕이 낙성문서에 서명을 하는 모습이다. 예식이 끝나자 영국 국교 관계자들과 엘리자베스 여왕, 영국 왕족들이 퇴장하는 모습이다.

409-08 존슨 부통령 인도 방문

상영시간 ㅣ 00분 46초

영상요약 ㅣ 존슨 미국 부통령이 인도를 방문하여 인도 시민들과 인사를 하고 있다. 존슨 미국 부통령 부부는 리치푸리 공과대학 기공식에 참석하여 예식을 치르고 있다. 아울러 존슨 미국 부통령 부부와 케네디 대통령의 누이 부부가 인도 타지마할 묘당을 방문하여 구경하고 있다. 존슨 미국 부통령이 타지마할 묘당에서 케네디 대통령의 누이 부부에게 결혼 5주년을 축하하고 있다.

409-09 알프스 산의 즐거운 스포쓰

상영시간 ㅣ 01분 03초

영상요약 ㅣ 독일 등산학교 학생들이 알프스 산에서 글라이더 비행 연습을 하는 모습을 보여주고 있다.

409-10 경마 캐리백이 우승

상영시간 | 01분 02초

영상요약 | 미국 제85회 프리크니스 경마대회가 열렸다. 경마 경기 장면과 경기를 관람하는 관중들의 모습이다. 이번 대회에서는 캐리백이 우승하였다.

최고의장 및 내각수반 경질 (1961년 7월)

제작정보

출 처	:	리버티뉴스 414호
제 작 사	:	주한미공보원
제작국가	:	미국

영상정보

제공언어	:	한국어
컬 러	:	흑백
사 운 드	:	무

송요찬 내각수반 임명식을 다룬 영상이다.

▌ 내레이션

(내레이션 없음)

▌ 화면묘사

00:00   자막 "최고의장 및 내각수반경질". 박정희의장이 무엇인가를 낭독한 후 송요찬
        내각수반에게 전해주고, 송요찬 내각수반 역시 무엇인가를 낭독한 후 박정희
        의장에게 전달하고 있음
00:26   이어지는 박정희 의장의 연설
00:30   박정희 의장과 송요찬 내각수반의 악수하는 모습
00:32   송요찬 내각수반이 참석자들과 차례로 악수를 함

▌ 연구해제

　　이 영상에는 송요찬 내각수반의 임명식과 박정희 국가재건최고회의 의장의 연설 장
면이 담겨 있다. 국가재건최고회의 박정희 의장이 군복 차림으로 내각수반에게 임명장
을 수여하고 훈시하는 모습에서 나타나듯이, 5·16군사쿠데타 이후 뒤바뀐 박정희－송
요찬의 권력관계와 국가재건최고회의와 내각의 위상이 잘 드러나는 영상이다. 그런데
영상에서는 동일한 내용을 전달하는 〈대한뉴스〉 제321-01호 '박정희 최고회의 의장 송
요찬 내각수반 취임'과 달리 박정희에 대한 소개가 빠져있다.
　　당시 '장도영 일파 반혁명사건'으로 예상되는 군부의 불만을 잠재우기 위해 5·16군사
쿠데타 주체세력들이 선택한 인물은 1960년 4월혁명 이후 자신들이 벌인 정군운동(整軍
運動)의 직접 대상자로 지목해 육군참모총장직에서 물러났던 송요찬이었다. 정군운동
의 결과 군에서 전역한 송요찬은 당시 도미하여 조지워싱턴대학에서 유학 중에 있었는

데, 5·16군사쿠데타가 발생하자 곧바로 군사쿠데타를 '민주주의를 구출하는 거사'라며 지지성명을 발표하는 한편 미국의 정계와 관계를 상대로 지지 로비를 시도하였다. 그리고 6월 12일 국가재건최고회의에서 송요찬을 국방부장관에 임명하자 미 국방부가 마련해준 비행기로 급거 귀국하였다. 이후 송요찬은 국가재건최고회의 기획위원장 서리를 겸직한 뒤 장도영 일파 반혁명사건 직후 내각수반에 취임하였다. 송요찬은 내각 수반 겸 경제기획원장관 등을 역임하고 1962년 6월 내각수반직을 사퇴하였다. 1963년 8월 8일에는 박정희 의장의 대통령 출마에 반대하는 '최고회의 박정희 의장에게 보내는 공개장'을 『동아일보』에 발표하고 8월 11일 구속되었다. 1963년 10월 15일 대통령선거에 자유민주당 후보로 옥중 출마하였으나 선거 1주일 전에 사퇴하며 정계은퇴성명을 발표하였다. 11월 초 석방된 뒤에 인천제철 사장을 역임하였다.

▎ 참고문헌

한국군사혁명사편찬위원회 편, 『한국군사혁명사』, 1963.

김포공항 이양식 (1961년 7월)

제작정보

출　　처 ： 리버티뉴스 414호
제 작 사 ： 주한미공보원
제 작 국 가 ： 미국

영상정보

제 공 언 어 ： 한국어
컬　　러 ： 흑백
사 운 드 ： 무

김포국제공항이 유엔군사령부에서 대한민국으로 그 관할권이 이양되는 식이 거행되었다. 윤보선 대통령을 비롯하여 여러 인사들이 참석하여 축사하는 모습을 보여준다.

■ 내레이션

(내레이션 없음)

■ 화면묘사

00:00   자막 "김포공항 이양식"
00:06   김포공항 비행장의 모습과 그곳에 들어서있는 비행기들의 모습
00:13   유엔군 관할에서 우리나라로 그 권한이 이양되는 식장에 많은 사람들이 참석하여 있음
00:16   관할권을 이양한다는 내용의 선언을 하고 있는 모습
00:27   윤보선 대통령이 연설을 하고 있으며 그 위에는 '경축 김포국제공항인수'라는 현수막이 걸려있음
00:36   이어지는 유엔 인사의 연설

■ 연구해제

이 영상은 1961년 7월 5일 개최된 한미 간 김포공항 관할권 이양식에 대한 것으로, 관할권이 공식적으로 이양되는 모습과 윤보선 대통령이 축사를 전하는 모습이 담겨있다.

이날 김포국제공항 관리권 인수식은 김포공항 종합청사 내에서 시행되었으며, 윤보선 대통령을 비롯하여 박정희 국가재건최고회의의장, 송요찬 내각수반 및 주한미공군사령관 허친슨 준장 등 한미 양국관계 당국자들이 참석한 가운데 성대히 거행되었다.

김포공항은 일제시기 일본이 대륙침략의 발판으로 쓰기 위해 건설했던 공항이었다. 1948년 정부수립 이후 "한미공동운영협정" 아래 국제공항의 면모를 갖추기 시작했고,

1950년 6·25전쟁 당시에는 유엔군의 주요한 군사기지로 사용되었다. 김포공항이 외국 항공기도 이착륙하는 국제공항으로 사용되게 된 것은 1957년 10월 1일부터였는데, 1954년 4월 5일부터는 군용비행장인 여의도공항이 일부 국제공항의 역할을 하였고, 그 이전에는 부산 수영비행장이 사용되었다.

그동안 김포공항은 활주로나 통신소 관제탑, 기상관측소 등 일체의 시설 및 설비를 미 공군이 설치하였고 기술자도 제공하였기에 한국정부는 이에 대한 관할권을 요구하지 못했었다. 그러다 독립국으로서 공항에 대한 관할권을 갖지 못한 것에 대한 비판이 일자 1959년 8월 6일 이승만 대통령이 매그루더 유엔군 사령관에게 김포공항 관할에 대한 이양을 요구하면서 논의가 시작되었다.

1960년 3월 유엔군사령부와 한국정부 사이에 김포공항의 관할책임 이양 및 공동사용 협약이 맺어졌다. 한국정부는 공동사용지구에 대한 운영·유지·보수의 책임을 지는 대신 외국항공기에 대한 착륙료를 징수할 수 있게 되었다. 그러나 매주 5대의 비행기가 내리는 노스웨스트 항공사, CAT, CPA 등 한국에 항로를 가진 3개의 외국항공회사는 한국정부가 관리권을 이양받은 지 8개월이 넘도록 착륙로를 지불하지 않아 총 3,000여만 환이 적체되어 있었다. 외국항공사들은 활주로 및 통신시설, 관재탑 시설이 모두 미 공군이 건설한 것인데 왜 돈을 내야 하느냐며 부정적인 반응을 보였던 것이다.

최종적으로 1961년 7월 5일 김포 국제공항 관할권이 미 공군으로부터 한국정부로 완전 인수되자, 그간 국가의 단 하나뿐인 국제관문을 우리 손으로 관할 못한다는 비판에 따른 정치적 부담을 갖고 있던 한국정부는 비로소 체면을 차릴 수 있게 되었다.

당시 김포공항은 폭 46미터 길이 2,500m의 활주로와 24,231㎡의 유도로와 12,700㎡의 주차장, 1,313㎡의 격납고 및 터미널 빌딩을 갖추고 있었다. 국제수준으로 따지면 B급에 속하기는 하나 한국 최대의 공항이었다. 또한 매년 27,000명 이상의 여객, 수백 대의 민간항공기 및 막대한 양의 화물을 처리하고 있어 경제적인 측면이나 정치적인 상징 측면에서 중요한 기관이었다. 당시 김포공항의 취항선으로는 대한항공사, 에어코리아의 국내선과 서북항공회사의 서울-도쿄선, 서울-시애틀선, CAT회사의 도쿄 경유 타이페이선, CPA회사의 서울-홍콩선이 있었다.

참고문헌

「한국의 타향(5) 국제공항」, 『동아일보』, 1961년 3월 19일.
「우리 손에 돌아올 김포공항(상)」, 『경향신문』, 1961년 7월 4일.
「관리권 우리 손에」, 『동아일보』, 1961년 7월 6일.

해당호 전체 정보

414-01 능의선 개통식
상영시간 ㅣ 01분 00초
영상요약 ㅣ 경원선, 경의선에 이은 능의선 개통식 현장. 이 자리에 참석한 여러 간부들이 마무리 못질을 통해서 그 공사를 완료하고, 첫 기차가 지나갔다.

414-02 최고의장 및 내각수반 경질
상영시간 ㅣ 00분 38초
영상요약 ㅣ 최고의원 자리와 내각수반이 경질되어, 그 자리에 참석한 박정희 의장과 송요찬 내각 수반의 모습이 보인다.

414-03 미·비 독립기념일
상영시간 ㅣ 01분 27초
영상요약 ㅣ 미국의 독립기념일 행사가 치러져 많은 사람들이 모여든 가운데 사무엘. D. 버거 대사 부처가 그들을 맞이하고 있다.

414-04 새로운 양수장치
상영시간 ㅣ 01분 02초
영상요약 ㅣ 논에 물을 공급할 새로운 양수장치가 완공되어, 여러 사람들이 함께 한 가운데 그 첫 물을 뿜어내는 모습을 보여주고 있다.

414-05 김포공항 이양식
상영시간 ㅣ 00분 44초
영상요약 ㅣ 김포국제공항이 유엔군사령부에서 대한민국으로 그 관할권이 이양되는 식이 거행되었다. 윤보선 대통령을 비롯하여 여러 인사들이 참석하여 축사를 했다.

414-06 한국 생산품 전시관
상영시간 ㅣ 00분 56초

영상요약 | 한국에서 생산되는 생산품 전시회가 열려 많은 사람들이 그것을 구경하기 위해 모였다. 생산품들은 그릇부터 마네킹까지 많은 종류가 있었다.

414-07 평화 봉사단 훈련
상영시간 | 01분 16초
영상요약 | 평화 봉사단에 참여한 젊은 남성들을 훈련하고 있는 모습. 그들의 건강상태를 체크하고 기초 체조와 구보를 통해 체력을 훈련시키는 모습들이 보인다.

414-08 자유를 택한 소련 무용가
상영시간 | 01분 21초
영상요약 | 소련의 무용가가 자유를 택해 소련을 탈출하였는데, 그 무용가를 인터뷰하기 위해 많은 기자들이 모여 있다.

414-09 미 대통령 백림위기에 언급
상영시간 | 00분 31초
영상요약 | 미국 케네디 대통령이 베를린 위기 문제에 대해 언급을 하기 위해 식장에 들어서 많은 사람들이 자리한 가운데 그 연설을 하고 있다.

414-10 미국육상경기 대회
상영시간 | 01분 49초
영상요약 | 미국에서 육상 경기대회가 열려, 단·중·장거리 달리기 시합, 높이뛰기 시합 등의 경기가 열렸다.

414-11 어린이 로데오
상영시간 | 00분 57초
영상요약 | 어린이 로데오 대회의 모습이다. 대다수의 어린 참가자들은 일찌감치 소의 등에서 버티지 못하고 탈락하는 모습, 여자 어린이들의 참가 모습도 보이며, 어른의 로데오 모습도 보여준다.

쌍십절 (1961년 10월)

제작정보

출   처 : 리버티뉴스 428호
제 작 사 : 주한미공보원
제 작 국 가 : 미국

영상정보

제 공 언 어 : 한국어
컬   러 : 흑백
사 운 드 : 유

영상요약

중국의 쌍십절을 기념하는 모습이다. 기념 행사장에 수많은 학생들과 관계자들이 참석하였다. 저녁 연회에는 박정희 의장과 육영수 여사가 참석한 가운데 중국 고위 관계자들과 악수를 하며 축배를 드는 장면이다.

내레이션

서울에 있는 화교들은 지난 주에 제50회 쌍십절 기념행사를 가졌습니다. 이날 화교들은 체육대회를 비롯한 여러 가지 행사를 했으며, 윤보선 대통령은 한국 정부와 국민들이 자유중국의 발전을 빈다는 축전을 장개석 총통 앞으로 보냈습니다. 우리나라에 있는 화교들은 본국이나 세계 도처에 있는 그들의 동포들과 같이 뜻깊은 이날을 즐겼는데 저녁에 류어만 중국대사가 베푼 축하 파티에는 약 200명이나 되는 한국 정부 지도자들과 외국 사신들이 참석했습니다.

화면묘사

00:00   자막 "쌍십절"
00:04   "中華民國五十年國慶"(중화민국오십년국경)이라고 적힌 간판의 모습
00:07   기념식에 참가한 학생들의 모습과 화교들의 모습
00:17   화환들이 놓여있고 뒤에는 장개석 총통의 사진이 걸려있음. 대만 관계인사들이
         모여 서있음
00:20   웃으며 행사를 보고 있는 여학생들의 모습
00:22   류어만 대만대사가 연설하는 모습
00:26   참석한 관계자들의 모습
00:33   박정희 의장이 방문한 중국 관계자들과 악수 인사를 하고 있음
00:40   연회에 참가한 외국 관계자들의 모습
00:44   참석한 관계자들과 함께 축배를 드는 박정희 의장과 육영수 여사의 모습

연구해제

쌍십절은 중화민국(대만)의 건국기념일로, 국경절, 쌍십국경, 쌍십경전으로도 불린다. 쌍십절은 신해혁명의 발단이 되었던 1911년 10월 10일 우창봉기를 기념하고 있다. 매년 이날이면 대만정부가 주최하는 축하행사가 이뤄지며, 세계 곳곳의 화교들이 주최하는 행사들도 행해지고 있다. 한국에 거주하는 화교들도 매년 쌍십절이면 성대한 행사를 열었는데, 그 시기마다 시대적 상황을 반영하였다.

1961년 쌍십절은 대만에게 신해혁명 50주년으로 의미가 깊었고, 한국은 군사쿠데타 이후 처음으로 맞이하는 쌍십절로서 의미가 있었다. 10월 10일 서울 한국화교중학교 운동장에서는 류어만(劉馭萬) 주한중국대사를 비롯한 1,000여 명의 화교가 참석한 가운데 기념식이 거행되었다. 이 기념식에서 류어만 대사는 중공에 대한 "복국(復國)의 결의"를 다짐하면서 반공(反共)을 강조하였다. 같은 날 저녁에는 주한중국대사관에서 서울에 주재하는 외교사절들이 모인 리셉션이 개최되었다. 이날 리셉션에는 박정희 의장과 육영수 여사 등 정부 요인들이 참석하였다. 이처럼 한국 화교에게 쌍십절은 단순한 국경일을 넘어 반공국가에서 반공국민으로서 정체성을 재확립하고, 한국의 반공전선을 자신의 조국의 상황과 연결시키는 일련의 행위였다.

냉전체제의 같은 진영에 속하는 한국과 대만의 관계에서 쌍십절은 한국에게도 중요한 의미를 가졌다. 국내에서는 쌍십절 행사가 상대적으로 작게 열렸지만 대만에서 쌍십절 행사는 매우 성대하게 거행되었다. 박정희 의장은 김종필 중앙정보부장과 김신 공군참모총장을 대통령 특사의 자격으로 대만에 파견하였다. 이들은 대사 자격으로 대만을 방문하였는데 〈대한뉴스〉는 이들의 동선과 활동을 촬영하여 국내에 다시 전파하였다. 대만에 도착한 김종필 일행은 곧바로 대만군 의장대를 사열하고, 곧장 장개석 총통을 예방하였다. 이 자리에서 김종필 일행은 장개석 총통에게 훈장을 수여받았으며, 아시아 반공연맹 중국본부 회장 등을 차례대로 접견하였다.

김종필 일행의 쌍십절 행사 파견은 대만과 한국 양측 정부의 이해관계가 맞닿는 부분을 보여 준다. 먼저 대만과 한국은 동아시아 자유진영의 일원이자 분단국가로서 정체성을 공유하였다. 대만의 "복국"과 한국의 "북진"은 단순히 냉전으로 설명하기 어려운 공통점을 갖고 있었다. 한편 대만은 자신들의 국가정체성을 상징하는 쌍십절 50주년 행사를 여러 외교사절들의 방문 속에서 성대하게 거행할 수 있었고, 한국의 군정세력은 쿠데타 이후 외교관계를 수립하는 데 이를 활용할 수 있었다. 이처럼 1961년 쌍십절 행사는 동아시아 냉전체제의 양상과 분단국가의 정체성, 그리고 양국의 정치적 이해관계가 모두 교차하는 가운데 치러졌다고 평가할 수 있다.

▋ 참고문헌

「대통령 특사 파견」, 『경향신문』, 1961년 10월 8일.
「우방중국의 국경일, 쌍십절 오십주년」, 『경향신문』, 1961년 10월 10일.
「박의장 등 참석, 쌍십절 축하성대」, 『경향신문』, 1961년 10월 11일.
〈대한뉴스〉, 제336호 「김종필 특사, 중국 쌍십절에 참가」.
왕언메이, 『한국화교 : 냉전체제와 조국 의식』, 학고방, 2013.

428-01 제42회 전국 체육 대회

상영시간 I 02분 11초

영상요약 I 대한체육회의 주최로 열린 42회 전국체육대회에 관한 영상이다. 윤보선 대통령 내외, 박정희 의장이 참석하였다. 성화식 이후에 시작된 대회에서는 장애물 넘기, 장대높이뛰기, 권투, 씨름, 철봉 등 다양한 종목이 진행되었고 남녀노소 다양한 선수들이 참가한 모습이다. 수많은 관중들이 참석하여 대회를 구경하고 있다.

428-02 쌍십절

상영시간 I 00분 47초

영상요약 I 중국의 쌍십절을 기념하는 모습이다. 기념 행사장에 수많은 학생들과 관계자들이 참석하였다. 저녁 연회에는 박정희 의장과 육영수 여사가 참석한 가운데 중국 고위 관계자들과 악수를 하며 축배를 드는 장면이다.

428-03 하바드 대학교 총장 내한

상영시간 I 00분 49초

영상요약 I 하버드대학 총장이 한국을 방문하여 서울대학교 총장인 유홍렬 박사로부터 명예 박사학위를 수여받는 장면이다. 관계자들 모두 학사모와 가운을 입고 있다.

428-04 새로운 주산기

상영시간 I 00분 53초

영상요약 I 주산 검정고시에 참가한 학생들이 주산기를 들고 열심히 문제를 푸는 모습이다. 고시가 끝난 후 한 강당에서 황의규 대위가 대형 주산기를 놓고 계산법을 설명하고 있다. 참석한 학생들이 열심히 듣고 있다.

428-05 한·일 발전증설 계약

상영시간 I 00분 40초

영상요약 | 한국 전력 주식회사의 발전기들의 모습이 나오고 있다. 관계자들이 서로 계약을 끝낸 후 이야기를 나누고 있는 장면이다.

428-06 교통안전 가장 행렬대회

상영시간 | 00분 43초

영상요약 | 부산에서 경상남도 경찰국의 주최로 교통안전 가장행렬대회를 가졌다. 교통안전에 대한 행렬을 표현한 다양한 장면들이 나오고 있다. 많은 시민들이 모여 이 대회를 구경하였으며, 평소 사람들과 차가 도로를 지나가는 일상적인 모습이 나오고 있다.

428-07 고 함마슐드씨 장례식

상영시간 | 01분 07초

영상요약 | 1961년 9월 29일 함마슐드 유엔사무총장의 장례식이 열렸다. 스웨덴의 웁살라 대성당에서 진행되었고, 스웨덴의 왕인 구스타프 아돌프 6세와 루이즈 여왕, 그 외 황실 가족들이 그를 애도하기 위해 장례식에 참석하였다. 미국 케네디 대통령을 대신하여 존슨 부통령이 장례식장에 참석하였다. 대성당에서 영결식을 끝낸 후 아프사라 공동묘지로 이동하여 관을 공동묘지에 안착하였다.

428-08 말레이의 메추리 사육

상영시간 | 01분 21초

영상요약 | 말레이의 한 메추리 사육장의 모습이다. 매우 많은 메추리들이 사육장에서 먹이를 먹거나 놀고 있으며, 메추리들이 낳은 알을 부화시켜 사람이 직접 알을 까서 메추리가 나오는 모습이다.

428-09 자동차 경주

상영시간 | 01분 09초

영상요약 | 제32회 세계자동차경주대회의 모습이다. 경기가 시작되자 자동차들이 무서운 속도로 경주장을 돌고 있다. 그 와중에 우승 후보였던 본트립스 선수의 차가 전복되어 즉사하였고, 다른 우승 후보였던 미국의 필 힐 선수가 우승 트로피를 차지하여 기뻐하는 모습이다.

한미 합동 교통정리대회 (1961년 10월)

제작정보

출　　처 : 리버티뉴스 429호

제 작 사 : 주한미공보원

제 작 국 가 : 미국

영상정보

제 공 언 어 : 한국어

컬　　러 : 흑백

사 운 드 : 유

▍ 영상요약

1961년 10월 14일 세종로 네거리에서 한미합동교통정리대회가 열렸다. 일일 교통순경으로 여배우 윤인자, 이빈화, 김희갑 등 14명이 참가하였다. 대회 우승은 전병묵 해병이 차지하였고, 2등은 홍사일 순경, 3등은 엔젤 상병이 각각 차지하였다.

▍ 내레이션

수도경찰국이 주최한 한미 군경 합동 교통정리대회에서는 해병 서울지구헌병대에 전병묵 해병이 우승의 영예를 차지했습니다. 2위는 수도경찰국에 홍사일 순경과 미8군 728헌병 대대 제3중대 엔젤 상병이 각각 차지했습니다. 소설가와 문인, 만화가, 영화배우 그리고 택시운전수들이 하루의 교통순경이 된 이 대회에는 희극배우 김희갑 씨도 한 몫 끼어 관객의 웃음보따리를 터트렸습니다. 또한 여배우 이빈화 양의 맵시 있는 교통정리는 교통순경을 무색케 하여 인기 만점이었습니다.

▍ 화면묘사

00:00 자막 "한·미 합동 교통정리대회"
00:04 세종로 네거리에서 단상 위에 올라 호루라기를 불며 차량들의 교통정리를 하는 교통경찰과 그의 옆에 서있는 "헌병"이라고 적힌 군모와 완장을 차고 있는 헌병의 모습. 세종로 네거리 전봇대에 "한미합동추계교통안전기간"이라고 적힌 현수막이 걸려있음. 교통경찰이 교통정리를 위해 수신호를 하고 있음
00:21 심사위원석에 앉아 심사를 하고 있는 한국인 관계인사와 미군장교
00:24 차량들이 지나가고 단상 위에 올라 교통정리를 하는 미군의 모습. 교복 입은 여학생 무리, 어린이들 등 시민들이 교통정리대회를 구경하고 있음
00:36 갓을 쓰고 한복을 입은 김희갑이 우스꽝스럽게 교통정리를 하는 모습. 차량들이 지나감
00:42 이빈화가 수신호하며 교통정리를 하는 모습. 차량들이 지나감
00:51 "교통"이라고 적힌 완장과 "一日 교통"(일일교통)이라고 적힌 가슴띠를 하고 시

민들에게 전단지를 뿌리는 이빈화의 뒷모습과 웃으면서 전단지를 받으려고 하는 남성 시민들의 모습

연구해제

이 영상은 1961년 10월 14일 세종로 사거리에서 진행된 한미합동교통정리대회 행사를 담고 있다. 서울시경에서는 한미합동 교통안전기간 중 시민의 교통법규 준수와 교통도덕심을 함양하기 위한 목적으로 이 대회를 개최했다고 밝혔다. 이 행사의 참가선수는 미군헌병, 육군헌병, 해군헌병, 공군헌병 각 2명씩에 경찰관 6명이었고, 언론인 김창문, 소설가 정비석, 만화가 신동헌, 배우 김지미, 윤일봉, 김희갑 등이 일일교통순경이 되어 교통시범정리를 했다. 대회 우승은 전병묵 해병이 차지하였고, 2등은 홍사일 순경, 3등은 엔젤 미헌병이 차지하였다. 영상 속에 등장하는 구경하는 사람들의 즐거워하는 표정에서 오락거리가 딱히 없던 시절, 유명연예인이 행사에 참여함으로써 오락거리도 제공하고 교통안전에 대한 관심도 높이는 역할을 했던 것으로 이해된다. 서울에서는 1950년대 중반부터 자동차 교통이 대중적으로 등장하기 시작했다. 교통안전에 대한 인식이 일반적이지 않은 상태에서 급작스러운 차량의 증가는 당연히 차도의 무질서와 교통사고를 증가시키는 원인이 되었다. 교통사고로 인한 인명피해가 속출하고 교통안전에 대한 요구가 급증하자 이를 해결하기 위한 방안으로 교통정리 평가대회, 교통안전 시범, 교통안전영화선발대회 등 각종 교통안전 캠페인이 잇따라 열렸다. 이 대회는 초기 교통문화를 형성하는 차원에서 진행되었고, 이후 1960년대 중반부터는 도로확장 공사, 교차로, 육교 건설 등 교통구조를 바꾸기 위한 당국의 노력이 시작된다.

참고문헌

「교통정리대회 을지로입구서」, 『동아일보』, 1961년 10월 10일.
「韓美合同交通整理대회」, 『동아일보』, 1961년 10월 14일.
「오늘韓·美交通整理大會」, 『경향신문』, 1961년 10월 14일.
「珍風景이룬妙技」, 『동아일보』, 1961년 10월 15일.
윤해동, 『근대를 다시 읽는다: 한국 근대 인식의 새로운 패러다임을 위하여』, 역사비평사, 2005.

해당호 전체 정보

429-01 박의장 2차 기자회견

상영시간 ┃ 01분 04초

영상요약 ┃ 1961년 10월 18일 국가재건최고회의 박정희 의장이 기자회견을 갖고 다가올 미국 케네디 대통령과의 회담 준비와 총선거 계획, 한일문제 등을 이야기하였다.

429-02 최장관 사이공에서 도착

상영시간 ┃ 00분 50초

영상요약 ┃ 1961년 10월 11일 외무장관으로 임명된 주월남전권대사로 근무하던 최덕신 예비역 중장이 1961년 10월 17일 김포공항에 도착하여 귀국 성명을 발표하였다.

429-03 광주 건전지 공장

상영시간 ┃ 00분 56초

영상요약 ┃ 1946년 광주시에서 창립된 호남전기공업사는 미국의 기술원조로 미군에 건전지를 군납할 정도로 발전하였는데, 이 영상은 호남전기공업사에서 최신식 건전지 기술로 노동자들이 일하는 모습이다.

429-04 한·미 합동 교통정리대회

상영시간 ┃ 00분 53초

영상요약 ┃ 1961년 10월 14일 세종로 네거리에서 한미합동교통정리대회가 열렸다. 일일 교통순경으로 김지미, 윤인자, 이빈화와 김희갑 등 14명이 참가하였다. 대회 우승은 전병묵 해병이 차지하였고, 2등은 홍사일 순경, 3등은 엔젤 상병이 각각 차지하였다.

429-05 한·일 야구시합

상영시간 ┃ 01분 07초

영상요약 ┃ 대한야구협회 초빙 본사후원으로 내한한 일본 신미쓰비시중공업 야구단이 1961년 10월 17일 내한하여 서울, 인천, 대구, 부산 등지에서 한국 야구팀과 10

회의 한일친선 경기를 가졌다. 이 영상은 첫 경기로 서울운동장 야구장에서 10월 20일 일본 신미쓰비시 야구팀과 육군의 친선야구대회가 열렸다. 오후 1시 20분에 개회식을 갖고 2시부터 대전을 시작했는데 10 대 4로 한국 육군 팀이 패전하였다.

429-06 미국 베르린 정책추구

상영시간 | 01분 42초

영상요약 | 1961년 10월 6일 백악관에서 케네디 대통령과 안드레이 그로미코(Andrei Gromyko) 소련외상이 독일문제에 관해 회담을 가졌던 영상과 뉴욕에서 1961년도 자유상을 받은 빌리브란트 서베를린 시장의 시상식과 연설 장면을 다룬 영상이다.

429-07 수단 대통령 워싱톤 도착

상영시간 | 00분 56초

영상요약 | 1961년 10월 4일 공식방문차 수단의 이부라힘 아부드(El Ferik Ibrahim Abboud) 대통령이 워싱턴에 도착하여 11일 동안 머물렀다. 머무는 동안 이부라힘 아부드 대통령은 케네디 대통령과 회담을 갖고 카 퍼레이드, 백악관 만찬회를 즐겼다.

429-08 존슨 부통령 우주항공연구소 시찰

상영시간 | 00분 47초

영상요약 | 린든 존슨(Lyndon B. Johnson) 미국부통령이 캘리포니아주 모페트 필드 우주연구소를 방문하여. 우주비행장치와 X-15 로켓트 비행기 등을 시찰한 영상이다.

429-09 엑스15기 40마일 고도 비행

상영시간 | 00분 39초

영상요약 | 1961년 10월 11일 에드워드 미 공군기지에 로버트 M. 화이트(Robert M. White) 소령은 22만 피트의 고도에 올라 세계신기록을 세웠다.

429-10 양키즈팀 세계선수권 찾이

상영시간 ㅣ 01분 44초

영상요약 ㅣ 1961년 10월 9일 월드시리즈 제5차전 신시내티 레즈와 뉴욕 양키즈의 경기가
열렸다. 이날 뉴욕 양키즈는 13 대 5로 신시내티 레즈를 이기고 1961년도 월드
시리즈 챔피언이 되었다.

서울시민회관 개관 (1961년 11월)

제작정보

출　　　처 : 리버티뉴스 432호
제 작 사 : 주한미공보원
제 작 국 가 : 미국

영상정보

제 공 언 어 : 한국어
컬　　러 : 흑백
사 운 드 : 유

영상요약

1961년 11월 7일 서울시민회관 개관식이 거행되었다. 이날 행사에 박정희 의장, 한신 내무부장관, 윤태일 서울시장 등을 비롯하여 시민 다수가 참석하였다. 시립교향악단의 연주로 시작된 식은 국기에 대한 경례, 혁명공약 등의 순으로 진행되고 윤태일 서울시장으로부터 개관을 축하하는 식사가 있은 후 공사 관계자에 대한 공로표창과 감사장 수여식이 이루어졌다.

내레이션

지난주 25만 서울시민을 위한 새로운 서울시민회관이 박정희 최고회의의장에 의하여 개관됐습니다. 박 의장은 개관식에서 이 건물이 한국문화예술활동의 중심부가 될 것이라고 말했습니다. 4,000이라는 많은 좌석을 가지고 있는 이 거대한 건물이 완성되기까지는 5년이라는 세월과 20억 환의 자금이 소요됐는데 이 건물이 극동에 있는 문화전당으로서는 가장 좋은 것의 하나가 될 것입니다.

화면묘사

00:00   자막 "서울시민회관 개관"
00:04   건물 외관. 건물 벽에 "밤을 통곡한다"라는 문구가 적혀있음
00:10   박정희 의장과 정부관계인사가 리본 커팅식에서 리본을 자름
00:15   시민회관 내부. 무대 위에서 박정희 의장이 연설함. 그의 말을 경청하는 개관식 참석자들의 모습
00:25   한신 내무부장관이 연설함. 자리에 앉아 연설을 듣고 있는 참석자들
00:31   시민 대표로 김활란 여사가 축사를 함
00:35   서울시립교양악단이 연주하고 합창단이 노래를 부름
00:40   건물 내부 천정
00:50   어두운 밤 불 켜진 서울시민회관 외관

연구해제

이 영상에서는 현재 서울의 세종문화회관 자리에 있던 서울시민회관 개관식의 이모저모를 소개하고 있다.

서울시민회관 공사에는 우여곡절이 있었다. 1956년 6월 2일 착공 당시 시민회관의 공식명칭은 당시 대통령이었던 이승만의 호를 딴 우남회관이었다. 이승만 정부는 한국에서 가장 웅대한 규모를 갖춘 최신식 구조의 회관을 짓는다는 구상을 가지고 있었다. 그렇지만 공사 예산을 확보하는 과정에서 서울시 의회와 정부 당국 간의 마찰이 빈번하게 일어났던 것으로 보인다. 서울시 의회의 입장은 '주택난과 학급난' 등 현실적이고 시급한 현안을 먼저 해결해야 하므로 막대한 예산을 필요로 하는 대형 호화 회관 건설은 중지하는 것이 마땅하다는 것이었다. 이후 논쟁은 시의회 내부에서도 진행되어 1958년에는 비민주당계와 민주당의 갈등으로까지 번졌고, 결국은 예산 심의를 둘러싼 논쟁 끝에 동년 12월 우남회관의 상량식이 거행되었다. 우남회관으로 시작된 건축 공사는 1960년 이승만이 사퇴하고 제2공화국이 수립된 뒤, 또다시 1961년 5·16군사쿠데타로 인해 정권이 급변하는 과정에서도 계속 진행되어 1961년 11월 4일 서울시민회관으로 개관하였다.

개관 당시 서울시민회관은 동북아시아 최대 규모의 호화스러운 회관으로 소개되었다. 모두 20억 환에 달하는 공사비가 소요되었으며, 건물 평수만 1,124평으로 당시 국회의사당 크기의 2배에 달했다. 설계와 실내디자인에는 이천승과 이순석과 같은 전문인력들이 참여하였고, 또한 에어컨 등의 냉방장치와 엘리베이터, 이중회전무대, 전자식 조명조정장치 등을 비롯한 최신식 구조와 장치를 갖추고 있었다. 화려한 건물인 만큼 개관식도 성대하게 개최되었다. 시립교향악단의 주악으로 시작되었으며, 국기에 대한 경례, 애국가 봉창, 혁명공약 낭독, 경과보고, 윤태일 서울시장의 축사와 공사관계자들에 대한 표창 수여식이 연이어 진행되었다. 이날 박정희 최고회의의장은 치사를 통하여 민족문화 창조의욕을 촉구하는 한편 시민의 혈세로 이룩된 시민회관은 시민의 공회당으로, 또 민족문화의 전당으로 십분 활용되어야 한다고 말하였다. 계속해서 시민을 대표하여 김활란과 박종화의 축사가 있은 다음 덕성여자중고교의 교향합창단의 재건의 노래 합창 공연이 이어졌다. 아울러 저녁에는 서울시립교향악단과 각 대학연합합창단 등의 공연이 열렸다.

이후 시민회관은 초창기 운영비 확보에 어려움이 있었으나 점차 한국의 대표적인 문화예술회관으로 자리 잡아갔다. 1972년 12월 2일 대형 화재사고가 발생하여 전소되었다가 6년 뒤인 1978년 세종문화회관으로 재건되어 현재까지 한국의 대표적인 문화회관으로 활용되고 있다.

▌ 참고문헌

「우남회관공사중지」, 『동아일보』, 1956년 10월 31일.

「시예산 통과 결의」, 『경향신문』, 1958년 4월 2일.

「파란 많은 우남회관 공사」, 『경향신문』, 1958년 6월 19일.

「우남회관 상량식」, 『경향신문』, 1958년 12월 28일.

「활짝 열린 문화의 전당 어제 시민회관 개관식 성대」, 『동아일보』, 1961년 11월 8일.

「시민회관운영 딜레마 화중지병될 우려」, 『동아일보』, 1961년 11월 21일.

「화마가 삼킨 72년 10대 가수 청백전 53명 사망 문주란은 복합골절 입원」, 『스포츠 동아』, 2010년 12월 2일.

해당호 전체 정보

432-01 박의장 방미

상영시간 | 01분 05초

영상요약 | 국가재건최고회의 박정희 의장은 케네디 미국 대통령과 이케다 하야토 일본 수상의 초청을 받아 1961년 11월 11일 한국을 떠나 미국과 일본을 방문하였다.

432-02 내각기자회견

상영시간 | 00분 36초

영상요약 | 1961년 5월 29일 중앙청 소회의실에서 장도영 국가재건최고회의의장이 내외 기자들과 만나 첫 기자회견을 열었다. 이날 장도영 의장은 민간인에게 조속한 시일 내에 정권을 이양할 것이고, 미국 등 자유세계와 유대증진에 힘쓰겠다고 밝혔다.

432-03 서울시민회관 개관

상영시간 | 00분 52초

영상요약 | 1961년 11월 7일 서울시민회관 개관식이 거행되었다. 이날 행사에 박정희 의장, 한신 내무부장관, 윤태일 서울시장 등을 비롯하여 시민 다수가 참석하였다. 시립교향악단의 연주로 시작된 식은 국기에 대한 경례, 혁명공약 등의 순으로 진행되고 윤태일 서울시장으로부터 개관을 축하하는 식사가 있은 후 공사 관계자에 대한 공로표창과 감사장 수여식이 이루어졌다.

432-04 반공전시회

상영시간 | 00분 46초

영상요약 | 육군본부의 주최로 1961년 11월 9일부터 11월 30일까지 화신 백화점 서쪽 건물 4, 5층 전시장에서 반공전시회가 열렸다. 전시회에서 공산주의의 전략, 전술, 목표 등을 설명해놓고 국민들의 반공의식을 높이고자 하였다.

432-05 한·미 사격대회

상영시간 ㅣ 01분 05초

영상요약 ㅣ 1961년 11월 6일 개막하여 3일간 열전을 벌인 제5회 한미대항사격대회는 9일 오후 5시 태릉 육사 사격장에서 폐막되었다. 한국 팀은 네 종목에서 우승했다.

432-06 소의 핵실험 규탄

상영시간 ㅣ 02분 11초

영상요약 ㅣ 소련의 지속적인 핵실험을 놓고 유엔은 50메가톤 핵폭탄실험을 중지하라는 세계의 항의를 무시한 것에 대해 크게 비난하였다. 한국에서도 서울에서 약 3만 명의 시민들이 시청 앞 광장에 모여 소련의 핵실험을 규탄하는 시민대회를 열었다.

432-07 강력한 로켓 "새턴"

상영시간 ㅣ 00분 50초

영상요약 ㅣ 미국 나사에서 엔진 8개를 장착한 20층 높이의 새턴 로케트를 발사했다. 실험 과정에서 보이는 여러 문제점들을 보완하기 위해 시용 전 9번 더 실험을 했다.

432-08 평화를 위한 기도

상영시간 ㅣ 00분 42초

영상요약 ㅣ 미국의 워싱턴 기념비 앞 광장에서 세계평화를 위한 기도대회가 열렸다. 수많은 신도들이 찾아와 자리를 빛냈고, 이들은 스펠만 대주교에게 설교를 들었다.

한미유대강화국민대회 (1961년 11월 10일)

제작정보

출　　　처 : 리버티뉴스 433호
제 작 사 : 주한미공보원
제 작 국 가 : 미국

영상정보

제 공 언 어 : 한국어
컬　　　러 : 흑백
사 운 드 : 무

영상요약

박정희 의장의 방미를 하루 앞두고 1961년 11월 10일 세종로 시민회관에서 한미유대강화국민대회가 열렸다. 일일신문 사장인 이관구가 개회사를 하였고 유진오 고려대 총장이 강연하였다.

내레이션

(내레이션 없음)

화면묘사

00:00 자막 "한·미 유대강화 국민대회"
00:05 "한미 유대강화 국민대회 및 강연회"라고 적힌 현수막이 걸려있고 많은 사람들이 앉아있는 강당이 나오고 있음. 태극기와 성조기와 나란히 걸려있음
00:09 개회사를 하고 있는 이관구 대회장의 모습
00:13 경청하고 있는 참가자들의 모습
00:17 낭독을 끝내고 자리를 내려가는 한 낭독자의 모습
00:22 자리에 앉아 있는 윤갑수, 오종식, 유진오 고대총장, 이관구 대회장의 모습
00:24 낭독자의 뒷모습을 배경으로 참가자들이 앉아 있는 대회장의 모습이 나오고 있음
00:28 강연을 하고 있는 유진오 고대총장의 모습
00:33 열심히 강연을 듣고 있는 시민들의 모습

연구해제

이 영상은 1961년 11월 10일 세종로 시민회관에서 시행된 '한미 유대강화 국민대회'에 대한 것이다. 박정희 국가재건최고회의의장의 방미를 하루 앞두고 개최된 이 대회에는 3,000여 명의 시민이 참석하였으며, 〈일일신문〉 사장인 이관구가 개회사를, 유진오 고려대 총장이 한미관계의 유대강화를 촉구하는 내용의 강의를 하였다.

'한미 유대강화 국민대회'는 1961년 5·16군사쿠데타로 집권한 박정희 군사정부가 정권을 유지하기 위해 미국과의 관계를 얼마나 의식하고 있었으며, 이를 대중적으로 선전하고자 하였는지를 드러낸다고 할 수 있다. 5·16군사쿠데타 직후 미국정부는 실질적으로 쿠데타 세력의 권력 장악을 용인하는 방향으로 가닥을 잡았다. 그러나 국제여론이나 한국의 정치적 안정을 위해서 가능한 빠른 시일 안에 군부 직접통치가 끝나고 기본적인 민주주의 절차가 복원되기를 희망하였다.

이에 쿠데타 발생 이후 새로 부임한 주한미국대사 버거는 미국정부가 군사정권에 대해 '우호적인 유보' 태도를 견지할 것을 제안하였다. 즉 군사정권을 인정하고 안정화하는 방향으로 정책을 추진하지만, 거리를 두고 지켜보면서 점차 군사정권에 대한 승인을 높여 나간다는 정책이었다. 그리고 1961년 8월 12일 군사정부가 1963년 민정이양을 하겠다는 일정을 공포하자 미국정부는 11월 박정희 의장을 워싱턴으로 초청했다. 방미 중인 박정희에 대한 미국정부의 공개적인 지지와 우호적인 영접이 상황을 안정시키는 데 결정적으로 기여했다는 버거 대사의 평가처럼 박정희의 방미는 실질적으로 군사정권에 대한 미국의 승인을 한 단계 높인 것이었다.

박정희는 방미를 하루 앞두고 '한미 유대강화 시민대회'를 개최함으로써 군사정권에 대한 미국의 지지를 강조하고, 본격적으로 이를 선전하고자 했다. 이 대회의 명칭은 마치 민간인들에 의하여 마련된 것처럼 보이지만, 실제로 이는 유진오, 윤갑수, 이상백, 김옥길, 장내원, 김길창, 노기남, 이규철, 임중길, 박홍서, 장기영, 고재욱, 이관구, 홍종인, 김팔봉, 조동건 등 교육, 문화, 언론 등 각계인사가 발기한 것으로, 재건국민운동 본부에서 회합을 가지고 개최한 것이었다.

이 자리에서는 박정희 의장 및 케네디 미 대통령에게 보내는, 한미 간의 우호적인 관계 유지를 바란다는 내용의 메시지를 채택하기도 하였다. 이와 함께 결의문도 낭독되었는데, "공산주의에 대항하기 위한 군사력을 증강할 것, 공산주의를 실력적으로 능가하기 위하여 한국의 경제재건 계획에 적극 협조할 것, 민주주의 이념에 투철하기 위하여 양국 간의 문화교류를 더욱 추진할 것"이라는 내용을 담고 있었다.

5·16군사쿠데타 이후 미국정부는 이처럼 박정희 군사정권이 민정이양을 결정하도록 유도하는 과정에서 영향력을 발휘하였다. 하지만 이후 한일협정의 체결과 베트남 파병을 둘러싼 이해관계 속에서 실질적으로 군사 독재정권을 지지하는 쪽으로 기울어 갈 수밖에 없었다.

▌ 참고문헌

「한미유대강화시민대회」, 『동아일보』, 1961년 11월 5일.

「한미유대강화국민대회」, 『경향신문』, 1961년 11월 5일.

「박의장 방미 앞두고 한미유대강화국민대회」, 『동아일보』, 1961년 11월 11일.

홍석률, 「1960년대 한미관계와 박정희 군사정권」, 『역사와 현실』 56, 2005.

해당호 전체 정보

433-01 박정희 의장 케네디 대통령 방문

상영시간 | 03분 01초

영상요약 | 1961년 11월 13일에 박정희 의장이 유양수 외무국방위원장, 최덕신 외무부장
관, 천병규 재무부장관 등과 함께 미국 워싱턴 DC에 있는 알링턴 국립묘지를
들른 후, 백악관을 방문하고 케네디 대통령과 존슨 부통령, 러스크(David D.
Rusk) 국무부장관과 만나 이야기를 나누었다.

433-02 신임 유엔 사무총장

상영시간 | 00분 45초

영상요약 | 1961년 11월 유엔 사무총장으로 선출된 우 탄트(U Thant)가 정책 성명에 참가
한 내용이다. 회의장에 참석한 관계자들이 박수로 우 탄트를 맞이하고 있으
며, 우탄트는 선서를 한 후 착석해 정책 성명을 하는 장면이다.

433-03 혼드라스에 태풍내습

상영시간 | 00분 42초

영상요약 | 1961년 11월 온두라스 공화국에서는 태풍 해티로 인해 99명이 사망하였고, 여
러 해안도시들은 산산이 파괴되었다.

433-04 말들의 쑈

상영시간 | 00분 30초

영상요약 | 외국 관객들로 가득 찬 운동장에 말들이 등장하여 묘기를 부리는 내용이다.
혼자 등장하여 높은 장애물을 쉽게 건너기도 하고, 여러 말들이 한 마차를 끌
며 조련사의 지휘에 따라 앞발을 들기도 하는 등 여러 재주를 보여주고 있다.

433-05 부산 국제시장에 불

상영시간 | 00분 43초

영상요약 | 1961년 11월 9일 오후에 부산 국제시장에서 화재가 발생해 이를 진압하는 소

방관들과 이에 안타까워하는 상인들의 모습이다.

433-06 한·미 유대강화 국민대회

상영시간 ∣ 00분 36초

영상요약 ∣ 박정희 의장의 방미를 하루 앞두고 1961년 11월 10일 세종로 시민회관에서 한
미유대강화 국민대회가 열렸다. 〈일일신문〉 사장인 이관구가 개회사를 하였
고 유진오 고려대 총장이 강연 하였다.

433-07 결핵예방 강조주간

상영시간 ∣ 01분 02초

영상요약 ∣ 1961년 11월 16일부터 22일까지 보건사회부가 지정한 결핵예방강조주간에 대
한 내용이다. 전국 치료기관에서 건강 상담 및 진찰을 실시하는 장면이다. 어
린이부터 중년 남성들까지 많은 시민들이 진찰을 받고 있다.

433-08 서울시서 경로잔치마련

상영시간 ∣ 00분 38초

영상요약 ∣ 1961년 11월 10일부터 3일간 80세 이상 고령자에 대한 경로회가 각 구에서 베
풀어졌다. 10일에는 동대문구 오스카극장, 성동구 무학여고 강당, 용산구 상명
여고 강당, 영등포구 중앙예식장 등에서 경로잔치가 열렸는데 영등포에서 박
종섭 구청장이 최고령자인 최 할머니에게 은수저를 수여하였다.

433-09 존세바스챤 하모니카독주

상영시간 ∣ 00분 47초

영상요약 ∣ 1961년 11월, 미국 케네디 대통령의 국제문화사절로 순회공연 중인 하모니카
의 거장 존 세바스챤(John Sebastian)이 서울 진명여고 강당인 삼일당에서 공연
을 하는 모습이다. 피아노 반주에 맞춰 혼신을 다해 하모니카를 연주하는 존
세바스챤의 모습이 나오고 있다.

박장군의 방미와 귀국 (1961년 11월)

제작정보

출   처 : 리버티뉴스 434호
제 작 사 : 주한미공보원
제 작 국 가 : 미국

영상정보

제 공 언 어 : 한국어
컬   러 : 흑백
사 운 드 : 유

영상요약

1961년 11월 방미한 박정희 장군의 일정을 설명하는 내용이다. 박정희 장군은 케네디 대통령과 두 번째 회담을 한 뒤, 여러 고위층 관계자들을 만나 오찬회를 가졌다. 뉴욕을 떠나 샌프란시스코에 방문한 박정희 장군은 샌프란시스코를 구경한 후 한국에 귀국하였는데, 공항에서부터 서울 시내까지 수많은 시민들이 태극기를 흔들며 그를 맞이하였다.

내레이션

11월 15일 대한민국 최고 회의장 박정희 장군은 케네디 대통령과 두 번째 회담을 했습니다. 박 장군은 깊은 인상과 많은 격려를 받고 한국에 돌아갈 것인데, 귀국하면 미국이 한국 국민 뒤에 단호히 서있다는 것을 국민들에게 알리겠다고 말했습니다. 워싱턴에 머무르는 동안 박 장군은 이 밖에도 여러 미국 고위층과 회담을 했는데, 그중에는 농무장관 프리맨 씨와 국방성에서 만난 맥나라마 국방장관과 렘니쩌 합동본부의장, 그리고 상무성에서 만난 하치스 상무장관 등이 있습니다. 이와 같은 회담을 결론지어 케네디 대통령은 말하기를, 자기와 다른 미국 관리들은 박 장군의 미국방문에 의해서 크게 고무되었다고 하면서 이러한 회의는 한국의 현재와 미래를 이해하는 데 많은 도움을 주었다고 말했습니다. 다음날 박 장군은 그를 만나러 온 워싱턴지구의 한국사람들을 영접했습니다. 그들은 한국의 새로운 의장을 만나러 여자나 어린이 할 것 없이 줄지어 찾아왔습니다. 11월 17일 박 장군은 뉴욕의 라칼디아 비행장으로 (…) 받았습니다. 그 후 뉴욕 시장 로버트 와그너 씨가 오찬회를 베풀었으며, 박 장군에게 뉴욕시의 열쇠를 드렸습니다. 다음날 박 장군은 맥아더 퇴역장군을 만나고 그가 한국 국민을 위해서 공헌한데 대해서 한국은 심심한 경의를 표한다고 말했으며, 이어 한미재단에서 300명의 (…) 미국 민간지도자들을 만났습니다. 한국의 최고 지도자인 박 장군은 또 샌프란시스코로 비행했는데, 그곳에서는 미 제6군 사령관 존엘 라이언 중장과 역시 많은 한국사람들의 환영을 받았습니다. 조지 (…) 시장은 유명한 세인트 크리스토퍼 호텔에서 박 장군을 위한 오찬회를 열었습니다. 이날 오후 박 장군은 금문교와 미국의 대표적인 대 식료품공장을 방문했으며, 또 배편으로 샌프란시스코만을 횡단하는 등 단시간에 시가지 구경을 했습니다. 드디어 박 장군은 샌프란시스코 시민들과 작별을 고하고 서울을 향해서 귀국의 도에 올랐는데 도중 하와이에 잠시 들렀습니다. 11월 25일 박장군은 연 15만 리 여행을 마치고 귀국했습니다. 공항과 수도 서울에 이르는 연도에는 박 의장을 환영하는 열광적인 시민들이 나와있었습니다. 박 의장은 국민에 대한 보고로써 미국은 번영된 나라로 만들려는 한국의 요구에 대해서 충분한 예를 보여주었고 또 우리를 몹시 격려해주었다고 하면서 자기는 이번 미국 방문이 가장 성공적이었으며 또 유익하고도 고무적인 것으로 믿는다고 말했습니다.

▌ 화면묘사

00:00 자막 "리버티 뉴스"

00:08 자막 "434 -1151-"

00:09 자막 "외국소식"

00:16 자막 "박장군의 방미와 귀국"

00:20 백악관의 입구가 나오고 있음

00:22 백악관으로 들어서는 리무진의 모습과 많은 기자들의 모습

00:25 리무진에서 내려서 러스크 국무장관과 악수를 하고 백악관으로 들어서는 박정희 장군의 모습

00:33 케네디 대통령과 담소를 나누는 박정희 장군의 모습

00:40 농무장관 오빌 프리먼과 악수를 나누는 박정희 장군의 모습

00:43 "DEPARTMENT OF DEFENSE UNITED STATES OF AMERICA"라고 적힌 현판의 모습

00:45 로버트 맥나마라 국방장관, 박정희 장군, 라이먼 렘니처 의장이 나란히 서있는 모습

00:47 로버트 맥나마라 국방장관과 악수를 하는 박정희 장군의 모

00:52 "DEPARTMENT OF COMMERCE UNITED STATES OF AMERICA" 미국 상무부를 나타내는 현판이 나오는 모습

00:54 안으로 들어서며 하지스 상무장관과 악수를 나누는 박정희 장군의 모습

00:56 하지스 상무장관과 나란히 앉아 대화를 하는 박정희 장군의 모습

00:58 케네디 대통령과 함께 백악관 밖으로 나오는 박정희 장군의 모습. 따라나오는

관계자들과 정일권 주미대사의 모습

01:08 박정희 장군이 케네디 대통령과 악수 후 차에 올라타는 장면. 케네디 대통령과 관계자들, 많은 기자들이 배웅하고 있음

01:21 백악관을 떠나는 리무진의 모습

01:26 박정희 장군과 정일권 주미대사, 그 외 관계자들이 서서 방문객과 인사를 나누는 장면

01:30 어린이를 품에 안고 있는 박정희 장군의 모습

01:33 행사장에 가득한 참석자들의 모습

01:36 활주로에 "US AIR FORCE"라고 적힌 비행기가 다가오는 모습

01:39 비행기에서 내려 사람들과 악수를 나누는 박정희 장군의 모습

01:43 시민들이 태극기를 흔들고 있고, 그들과 악수를 나누는 박정희 장군의 모습

01:51 리무진 여러 대가 이동하는 장면

01:53 화려한 조명이 있는 큰 오찬회장의 모습

01:56 로버트 와그너 뉴욕시장이 박정희 장군에게 열쇠를 건네는 장면

02:01 "THE WALDOFR－ASTORIA"라고 적혀있는 호텔의 입구

02:03 맥아더 사령관과 함께 한 박정희 장군의 모습

02:07 박정희 장군, 맥아더 사령관, 유양수 외무국방위원장의 모습

02:09 식탁에 앉아 있는 박정희 장군의 모습

02:11 관계자들이 참석한 가운데 오찬식이 진행되는 장면

02:14 샌프란시스코 금문교의 모습

02:18 비행기에서 내려 존엘 사령관과 인사하는 박정희 장군의 모습

02:28 태극기를 들고 서있는 시민들의 모습

02:33 리무진을 타고 이동하는 박정희 장군의 모습

02:36 관계자들과 오찬을 즐기는 박정희 장군의 모습

02:39 죠지 크리스토퍼 시장이 잔을 들고 말하는 장면

02:43 차들이 도로를 달리고 있음

02:46 식료품점을 방문하는 박정희 장군과 여러 관계자들의 모습

02:48 배가 이동하는 장면과 금문교를 비추는 모습

02:58 사람들에게 손을 흔들며 비행기를 올라타는 박정희 장군의 모습

03:02   이륙하는 비행기의 모습

03:05   비행기에서 내리는 박정희 장군과 육영수 여사의 모습. 박정희 장군이 마중 나
         온 관계자들과 악수하는 장면

03:27   관계자들과 국민의례를 하는 박정희 장군의 모습

03:34   많은 시민들이 태극기를 흔들고 있고, 박정희 장군이 손을 흔들며 차를 타고
         지나가는 모습

03:40   수많은 시민들이 거리에서 태극기를 흔들고 있고, 경찰들의 엄호를 받으며 차
         가 이동하는 모습

03:46   태극기를 흔드는 수많은 시민들의 모습

연구해제

이 영상은 1961년 11월 미국을 방문한 박정희 국가재건최고회의의장의 활동 모습을
담고 있다. 쿠데타의 성공으로 정권을 장악한 박정희 의장은 미국을 방문해서 케네디
대통령과 정상회담을 가졌고, 러스크 미 국무부장관, 호지스(L. H. Hodges) 상무장관, 렘
니처(Lyman L. Lemnitzer) 합참본부의장 등 미국 정부 인사들과도 회담하였다. 그리고
박정희는 뉴욕과 샌프란시스코를 방문하였는데, 이 과정에서 맥아더 전 유엔군사령관
과 미국 교포들을 만났다. 〈대한뉴스〉 336호, 340호, 343호, 344호 등에서도 박정희의 미
국 방문과 관련한 영상을 볼 수 있다.

박정희 국가재건최고회의의장은 1961년 11월 11일 미국 케네디 대통령의 초청으로 유
양수 국가재건최고회의 외무국방위원장, 천병규 재무부장관, 송정범 경제기획원 부원장
등 수행원과 이병철 삼성물산 사장을 단장으로 하는 민간경제사절단을 대동하고 미국
방문 길에 올랐다. 미국에 가기 전에 일본에 들려 이케다(池田勇人) 일본 수상과 한일회
담에 대한 의견을 교환하기도 하였다.

박정희 미국 방문은 국내외에 박정희의 위신을 높이고 양국 간 현안 문제에 관해 의
견을 교환하고자 하는 양국의 의도가 맞물리면서 성립될 수 있었다. 박정희는 6월 14일
(미국 시각) 케네디와 정상회담을 갖고 공동성명을 발표하였다. 박정희는 회담에서 혁
명의 불가피성을 역설하고 군사정부가 취한 적극적인 조치들을 강조했다. 케네디는 박
정희가 1963년 여름에 민정이양을 단행하겠다는 1961년 8월 12일의 성명을 재확인하자

만족하고, 공동성명을 통해 미국의 경제 원조와 협조를 계속 제공할 것을 박정희에게 확약하였다. 박정희는 미국정부로부터 자신의 체제에 대한 지속적인 지원과 경제개발 계획에 대한 미국의 협조를 얻어냈으며 대신 미국은 민정이양의 확약을 받은 것이다.

　박정희는 미국 방문을 마치고 11월 25일 귀국하였는데, 이 영상에서는 송요찬 내각수반과 함께 하는 카 퍼레이드와 환영하는 시민들의 모습이 담겨 있다.

▌참고문헌

기미야 다다시, 『박정희 정부의 선택』, 후마니타스, 2008.
이완범, 『박정희와 한강의 기적』, 선인, 2006.

해당호 전체 정보

434-01 박장군의 방미와 귀국

상영시간 ㅣ 04분 04초

영상요약 ㅣ 1961년 11월 방미한 박정희 장군의 일정을 설명하는 내용이다. 박정희 장군은 케네디 대통령과 두 번째 회담을 한 뒤, 여러 고위층 관계자들을 만나 오찬회를 가졌다. 뉴욕을 떠나 샌프란시스코에 방문한 박정희 장군은 샌프란시스코를 구경한 후 한국에 귀국하였는데, 공항에서부터 서울 시내까지 수많은 시민들이 태극기를 흔들며 그를 맞이하였다.

434-02 영국공주 홍콩방문

상영시간 ㅣ 00분 32초

영상요약 ㅣ 엘리자베스 여왕의 조카인 알렉산드라 공주가 영연방국인 홍콩을 방문하였고, 로버트 브레크 경이 공주의 방문을 맞이하였다.

434-03 일요일의 베르린 경계선

상영시간 ㅣ 00분 44초

영상요약 ㅣ 베를린의 일요일 풍경을 담은 영상이다. 동서로 나뉜 강을 사이에 두고 서로의 모습을 바라보며 손을 흔드는 독일인들의 모습이 담겨있다.

434-04 4H클럽소식

상영시간 ㅣ 01분 22초

영상요약 ㅣ 4H 경진대회 관련 영상이다. 전라남도 광주 전남농사원에서 제7회 중앙경진대회를 1961년 11월 8일부터 10일까지 열어 동 회원 1,500여 명이 출품한 757점의 농산물, 요리제품 등을 전시하였다. 또한 대구에서 경상북도 농사원 주최로 4H 경진대회가 11월 10일부터 열려 500여 명의 회원들이 참석하였다. 11월 18일 오전 10시에는 수원 농사원 강당에서 제7회 4H 경진대회 개막식이 열렸으며, 농사원장 정남규 박사가 4H클럽 회원들에게 표창장을 수여하였다.

434-05 버거 미국대사 귀임

상영시간 ㅣ 00분 47초

영상요약 ㅣ 1961년 11월 20일 한국으로 귀임한 사무엘 버거 대사에 관한 영상이다. 공항에 도착한 사무엘 버거 대사는 기자들 앞에서 박정희 의장의 미국 방문에 대해 설명하였다.

434-06 행운의 관람객에 기념품

상영시간 ㅣ 00분 47초

영상요약 ㅣ 1961년 11월 9일 서울 화신백화점 전시장에서 반공전시회가 열렸다. 전시회 13일차에 30만 번째로 입장한 고교생 박우동에게 이극성 준장이 기념품을 증정하였다.

434-07 재민들에게 새로운 주택

상영시간 ㅣ 01분 02초

영상요약 ㅣ 1961년 11월 19일 여름 홍수로 인하여 피해를 입은 남원 효기리 마을의 수재민을 위한 남원 수해복구 주택 입주식이 열렸다. 총 2억 2,800만 환의 예산으로 국토건설청 주관 아래 공병대의 중장비가 투입되어 567동을 준공하였다. 이날 입주식에 송요찬 내각수반이 참석하여 이를 축하하였다.

434-08 부산 - 서울 대역전경주

상영시간 ㅣ 01분 27초

영상요약 ㅣ 1961년 11월 14일부터 6일간 육상경기연맹 주최로 9 · 28수복 기념 제7회 부산 서울 간 대역전 경주대회가 열렸다. 전국 7개 팀이 참가하였는데 부산을 출발하여 서울 구 중앙청 정문 앞까지 500.2km를 87명의 선수들이 달렸고, 1등은 충북 팀 한재덕 선수가 차지하여 장기영 한국일보 사장에게 우승패를 받았다.

재일한국실업가들 내한 (1961년 12월)

제작정보

출   처 : 리버티뉴스 438호

제 작 사 : 주한미공보원

제 작 국 가 : 미국

영상정보

제 공 언 어 : 한국어

컬   러 : 흑백

사 운 드 : 유

영상요약

한국을 방문한 재일교포 실업인 모국시찰단 일행이 인천의 대한제분 공장 내부를 견학하고 청와대에서 윤보선 대통령을 예방하는 모습을 보여주는 영상이다.

내레이션

재일교포 실업인 모국시찰단 일행 61명이 모국의 공장시설을 시찰하고 이곳의 실업가들과 경제개발계획을 논의하기 위해서 나흘 동안의 여정으로 지난 주 서울에 도착했습니다. 시찰단장 권일 씨가 말한 바에 의하면 일본에 있는 우리 교포들은 우리의 경제개발5개년계획에 감명을 받고 큰 관심을 갖고 있다고 하며 또한 권일 씨는 모국의 경제개발을 위해서 물심양면으로 도와줄 용의가 있다고 말하고 그 제1단계로 공과대학 졸업생 200명을 초청하여 일본에서 실제 기술교육을 시킬 생각이라고 말했다고 전해졌습니다. 그런데 일행은 여러 공장들을 시찰하고 고국에서 이룩된 발전에 큰 관심의 뜻을 표명했습니다. 그들은 나흘 동안 본국에 머무르면서 청와대로 윤보선 대통령을 예방하고 본국 방문 인사를 드렸습니다.

화면묘사

00:00 자막 "재일 한국실업가들 내한"
00:05 "大韓製粉株式會社 仁川工場(대한제분주식회사 인천공장)" 건물로 들어서는 재일교포 실업인 모국시찰단 일행
00:12 모국시찰단 일행이 공장 내부를 둘러보는 다양한 장면들
00:23 공장 내에서 가동 중인 여러 생산 설비들의 모습
00:33 공장 관계자가 모국시찰단 일행에게 공장 설비에 대해 설명함
00:39 공장 시설을 둘러보는 모국시찰단 일행을 다양한 화면으로 보여줌
00:50 윤보선 대통령이 모국시찰단 일행 앞에 서서 대화하고 악수하는 장면

연구해제

본 영상은 1961년 12월 20일 한국을 방문한 재일교포 실업인 시찰단의 모습을 담고 있다. 장면 정부에 이어, 5·16군사쿠데타로 집권한 군사정부 역시 국내의 자본 부족 속에서, 경제개발을 추진할 자금 확보를 위해 성공한 재일교포 재력가들의 국내 투자와 재산 반입을 유도하고자 했다. 이미 한일관계 개선 조짐이 본격화 한 4월혁명 직후부터 재일교포들의 모국 방문이 시작되었고, 투자 유치를 목표로 한 한국정부와 국내 기업인들과의 연계 활동 속에 교포 실업인들의 방한 역시 점차 증가했다. 이러한 동향은 5·16 군사쿠데타 직후 잠시 위축되었으나 군사정부가 경제개발 기치를 본격적으로 내세우면서 다시금 본격화하였다.

본 영상의 재일교포 실업인 시찰단 60여 명의 경우는, 전국경제인연합회의 전신인 한국경제인협회와 대한상공회의소가 공동 초청하여 입국하였으며, 대부분 일본 내에 비교적 규모가 큰 사업체를 운영하는 이들이라 평가받았다. 이들은 모국으로의 재산반입이나 투자를 위한 자료 수집을 시찰 목적으로 내걸었다. 또한 국내 공과대학 졸업생 약 200여 명을 일본으로 받아들여 기술훈련을 시킬 계획도 세우고 있다고 밝히며 큰 기대를 모았다.

재일거류민단장 권일을 단장으로 한 본 시찰단은 영상에도 등장하는 대한제분 공장 이외에도, 동양방직, 대한중공업 등 국내 중요산업시설을 시찰하였다. 윤보선 대통령과 박정희 최고회의의장, 송요찬 내각수반 등 정부 수반을 만난 자리에서는 모국 경제개발에의 협력을 요청받았고, 국내 경제인들과 간담회도 가지며 투자전망을 논의했다.

이후에도 재일교포 실업인들의 모국 시찰은 이어졌고, 국내로의 거액 투자의사를 밝히는 이들도 생겼다. 교포 재산투자의 가장 큰 난관이던 한일 간의 국교 문제가 한일협상타결 분위기로 해소되어 가면서는 재일교포 사업가 유치를 내건 구로공단의 건설이 추진되기도 했다.

하지만 사업 환경의 차이 및 제도상의 문제, 국내 기업의 경계 등에 따라 기대했던 것보다 재일교포의 한국 투자는 크게 활성화되지는 못했고, 대부분 공단 지역을 중심으로 중소기업 단위로 한국에 진출했다. 물론 일부는 롯데 등과 같이 크게 성공한 기업체도 생겨났다.

참고문헌

「모국방문차입경. 재일교포실업인시찰단 일행」, 『경향신문』, 1961년 12월 20일.
「교포실업단 입경 "모국경제개발에 협조"」, 『동아일보』, 1961년 12월 21일.
「사설. 재일교포실업인 시찰단을 환영한다」, 『경향신문』, 1961년 12월 21일.
「송수반 예방. 교포실업시찰단」, 『동아일보』, 1961년 12월 22일.
「"조국에 이바지될 수 있는 일... 연구실천해주도록"」, 『경향신문』, 1961년 12월 23일.
나가노 신이치로, 『한국의 경제발전과 재일한국기업인』, 말글빛냄, 2010.

해당호 전체 정보

438-01 한미친선음악회

상영시간 ㅣ 01분 40초

영상요약 ㅣ 1961년 12월 21일 서울시민회관에서 열린 한미친선음악회에 참가한 미군 합창
단원들의 아리랑 합창과 한국인 가수들의 공연 등을 보여주는 영상이다.

438-02 버거 대사와 유솜 처장 전방부대 방문

상영시간 ㅣ 01분 30초

영상요약 ㅣ 버거 주한미국대사와 킬렌 유솜 처장이 미1군단, 한국군 6군단, 미7사단, 유엔
군사령부 등의 부대 사령부를 방문하고 최홍희 6군단장을 비롯한 부대장들을
만나는 모습에 이어서 전방 관측소에서 비무장지대를 시찰하는 장면을 보여
주는 영상이다.

438-03 재일 한국실업가들 내한

상영시간 ㅣ 01분 08초

영상요약 ㅣ 한국을 방문한 재일교포 실업인 모국시찰단 일행이 인천의 대한제분 공장 내
부를 견학하고 청와대에서 윤보선 대통령을 예방하는 모습을 보여주는 영상
이다.

438-04 권투 시합

상영시간 ㅣ 00분 55초

영상요약 ㅣ 1961년 12월 16일 연세대학교 체육관에서 고봉아동지회의 주최로 열린 권투시
합에서 배용민 선수와 윤석길 선수가 권투 경기를 하는 모습을 보여주는 영상
이다.

438-05 한국의 성탄절

상영시간 ㅣ 00분 45초

영상요약 ㅣ 성탄절을 맞아 멜로이 유엔군 사령관이 한국 학생들에게 크리스마스 카드를

받는 모습, 그리고 한국인과 미국인 어린이 성가대원들이 주한미국대사관저 뜰에서 버거 주한미국대사 부부와 함께 성가를 부르는 장면 등을 보여주는 영상이다.

438-06 케네디 대통령 체육을 권한 연설

상영시간 ㅣ 01분 10초

영상요약 ㅣ 뉴욕에서 열린 미국 미식축구재단 관련 행사에서 케네디 대통령이 맥아더 장군 등의 내빈들과 함께 참석하여 연단에서 메달을 받고 연설하는 장면을 보여주는 영상이다.

438-07 알렉산드라 공주 버마 방문

상영시간 ㅣ 00분 44초

영상요약 ㅣ 영국의 알렉산드라 공주가 버마의 쉐다곤 파고다를 방문하여 예절에 따라 신을 벗고 맨발로 사원 내부를 돌며 참관하는 모습을 보여주는 영상이다.

438-08 큐피가 주는 크리스마스 기분

상영시간 ㅣ 01분 26초

영상요약 ㅣ 미국의 한 여자어린이가 큐피라는 이름의 인형과 함께 소꿉놀이를 하는 모습을 잡지 속 사진들과 함께 보여주는 영상이다.

438-09 세계유도선수권대회 화란선수우승

상영시간 ㅣ 01분 08초

영상요약 ㅣ 파리에서 열린 세계유도선수권대회 결승전에서 소네 코지 선수와 안톤 케싱크 선수가 유도 경기를 하여 케싱크 선수가 우승하는 장면을 보여주는 영상이다.

신라유물 발견 (1962년 1월 31일)

제작정보

출　　　처 : 리버티뉴스 443호

제 작 사 : 주한미공보원

제 작 국 가 : 미국

영상정보

제 공 언 어 : 한국어

컬　　　러 : 흑백

사 운 드 : 유

영상요약

경주시 황오리 팔우정 로타리 개축공사 중 발견된 적석총 유물 발굴장에서 통일신라시대 전후의 것으로 보이는 유물 수십 점이 발굴되었다. 1962년 1월 12일부터 시작된 유물 발굴 작업은 중앙박물관 직원 김정기와 경주박물관장 홍사준의 현장지휘로 이루어졌으며 무덤은 왕비능이나 귀족의 무덤으로 추측된다.

내레이션

지난 주 경주시 황오리 팔우정에서는 홍 경주박물관장의 지휘 아래 고적의 발굴 작업이 이루어졌습니다. 수많은 관람객들이 운집한 이 발굴 작업에서는 순금제 팔찌 한 쌍, 금가락지 한 개, 토기 등을 비롯하여 여러 가지 유물들이 많이 발굴됐는데 관계관들의 말에 의하면은 이 유물들은 약 1,500여 년 전 신라시대 것이라고 하며 유물들이 발굴된 장소는 왕비가 아니면 왕족의 여자 무덤으로 추측된다고 합니다.

화면묘사

00:00 "신라유물 발견" 자막
00:04 경주시 황오리 팔우정 고분에서 발굴한 여러 점의 토기가 바닥에 놓여있음
00:08 발굴 작업을 하는 다양한 모습들
00:21 시민들이 모여앉아 발굴 작업을 지켜보고 있음
00:23 땅 속에 묻혀 절반 정도 모습을 드러낸 토기
00:26 발굴 작업 중에 촬영한 팔찌, 귀걸이 등 귀금속의 모습
00:29 발굴 작업의 다양한 모습들
00:37 작업 중인 인부가 발굴된 청동제 그릇의 뚜껑을 열어보고 있음
01:24 발굴 작업을 사진기로 촬영하고 있음
01:48 발굴 현장 전경

연구해제

이 영상은 1962년 1월 경주 지역 고분 발굴 장면을 담고 있다. 이 고분은 신라시대의 적석총으로, 1961년 12월 5일 경주역 남쪽에서 약간 떨어져 있는 황오리 팔오정 로타리의 하수구를 공사하는 과정에서 우연히 발견되었다. 본격적인 유물발굴은 국립박물관 직원 김정기와 경주박물관 홍사준의 현장 지휘 아래 이루어졌다. 1월 12일 처음 발굴을 시작한 이래 1월 15일 6평 규모의 적석총이 모습을 드러냈으며, 이곳에서 신라시대의 것으로 추정되는 청동장검과 진주목걸이, 금제 귀고리, 철제 솥, 토기 등 수십 종이 연달아 발굴되었다. 이 영상은 얇은 붓으로 조심스럽게 작업하고 있는 발굴단의 모습과 도자기 등의 출토품뿐만 아니라, 팔오정 주변의 주민들이 모여들어 발굴현장을 주의 깊게 바라보는 모습을 보여주고 있다. 영상은 발굴단의 조심스러움과 유물출토에 대한 호기심으로 흥분된 주민들의 교차하는 감정을 고스란히 전달해주고 있다.

1962년 1월 발굴을 시작한 황오리 적석총은 상당한 유물이 매장되어 있는 것 이외에도, 적석총의 원형이 그대로 남아 있으며, 현재까지 한국에서 발굴한 고분 중 가장 큰 규모로 알려져 세간의 관심을 끌었다. 그렇지만 발굴 작업이 순탄하지는 않았던 것으로 보인다. 1961년 12월 적석총이 발견된 이래 4개월이나 지났지만 50만 환 남짓한 예산이 확보되지 못하여 발굴이 이루어지지 못했기 때문이다. 적석총의 유물들은 방치된 채 도굴의 위험에 놓여 있었다. 그런 와중 1962년 4월 28일 황오리 동사무소 앞에서 도로확장 공사와 배수로 공사를 하는 도중 다시 신라 고분이 우연히 발견되었고, 이후 1963년 1월 21일 이 지역 일대의 고분군을 아울러 사적 제41호로 지정하였다.

황오리 고분군은 오랜 기간 방치되면서 파손되었지만, 현재까지도 50여기에 달하는 봉분들이 남아 있는 신라시대 무덤 밀집지역으로 전해지고 있다. 인근 지역인 황남동이나 노서동에 있는 대형고분들에 비해 규모가 작고, 껴묻거리도 낮은 수준의 것들이 출토되었기 때문에, 4~5세기경 신라시대 귀족들의 무덤이었을 것이라고 추측된다. 무덤의 구조는 정확히 알 수 없으나 목곽 안에 목관과 부장품을 넣은 후 목곽 밖으로 큼지막한 돌을 쌓아 올리고 그 위를 흙을 높이 쌓아 올린 형태로 만든 적석목곽분이었다고 추정된다. 신라 고분 정비 보존의 일환으로 1984년 고분 주위에 있던 민가 14동을 철거하는 등 정비사업을 진행했으며, 현재는 2011년 7월 28일 사적 제512호 '경주 대릉원 일원'으로 통합되어 재지정되었다.

참고문헌

「경주서 신라 때 적석총 발굴 벌써 수십점 나와」, 『동아일보』, 1962년 1월 21일.
「비용 없어 고분발굴 불능」, 『동아일보』, 1962년 3월 30일.
「또 많은 유물 발견」, 『동아일보』, 1962년 4월 29일.
한국문화유산 답사회, 『답사여행의 길잡이』 2, 돌베개, 2012.

해당호 전체 정보

443-01 소푸라노 카밀라 양 독창회

상영시간 | 02분 38초

영상요약 | 3일간의 일정으로 한국을 방문한 미국의 소프라노 카밀라 윌리엄스(Camilla Williams)가 1962년 1월 24일 서울시민회관에서 독창회를 가졌다. 카멜라 윌리엄스가 오페라 춘희 중 "아 그대였던가"를 부르는 영상이다.

443-02 불교분규 종결합의

상영시간 | 00분 40초

영상요약 | 1962년 1월 25일 대처승(조룡명, 박승룡, 황성용, 안흥덕, 이남채)과 비구승(이청담, 손경산, 이행원, 최원허, 박추담) 각 5인이 중앙공보관에 모여 불교분쟁을 끝내고 대한불교 재건을 위한 세 가지 문제에 합의를 보았다.

443-03 신라유물 발견

상영시간 | 00분 51초

영상요약 | 경주시 황오리 팔우정 로타리 개축공사 중 발견된 적석총 유물 발굴장에서 통일신라시대 전후의 것으로 보이는 유물 수십 종이 발굴되었다. 1962년 1월 12일부터 시작된 유물 발굴 작업은 중앙박물관 직원 김정기와 경주박물관장 홍사준의 현장지휘로 이루어졌으며 무덤은 왕비능이나 귀족의 무덤으로 추측된다.

443-04 헤스 대령에 소파상

상영시간 | 00분 44초

영상요약 | 1962년 1월 20일 코리아하우스에서 새싹회 회장 윤석중 등이 참석한 가운데 제5회 소파상 시상식이 열렸다. 한국 어린이 복지사업에 공헌한 사람에게 수여하는 이 상은 6 · 25전쟁 중 고아 900명을 제주도로 피난시킨 미 공군대령 딘 헤스(Dean E. Hess)가 수상하였다.

443-05 스포쓰 소식

상영시간 ㅣ 01분 08초

영상요약 ㅣ 1962년 1월 20일 개막한 제43회 전국체육대회 동계빙상경기대회에서 스피드 스케이팅 경기를 하는 모습을 담은 영상이다. 한편 미군기지 사령부 서비스클럽에서는 한국 여자탁구선수들의 시범경기가 열렸다.

443-06 케 대통령 87차 의회에 참석

상영시간 ㅣ 01분 32초

영상요약 ㅣ 케네디 대통령이 1962년 1월 11일(현지시각)에 양원합동회의에서 의회 연두교서를 발표해 경제성장과 민주주의, 인권에 대한 의지를 밝혔다. 하원의 새 의장으로는 존 맥코맥(John W. McCormack) 의원이 선출되었다.

443-07 무착륙 비행의 신기록

상영시간 ㅣ 00분 40초

영상요약 ㅣ 1962년 1월 10일 오키나와 미군 기지를 출발한 B-524 제트기가 12,519마일을 비행해 스페인 마드리드에 도착했다. 이는 무착륙비행에서 이전의 거리 및 속도 기록을 경신한 것이다.

443-08 페루의 눈사태

상영시간 ㅣ 01분 10초

영상요약 ㅣ 1962년 1월 11일 페루의 우아스카란 산에서 시작된 눈사태가 란라히르카 마을 등을 덮쳐 2천여 명의 사망자가 발생했다. 적십자 구호본부가 융가이에 설치되어 피해자들을 지원하였으며 란라히르카에서는 18명의 합동장례식이 거행되었다.

443-09 어름 위의 재주놀이

상영시간 ㅣ 01분 13초

영상요약 ㅣ 뉴욕 매디슨 스퀘어 가든에서 열린 쉽스타드 앤 존슨 아이스 폴리의 216번째 공연 모습을 담은 영상이다. 이나 바우어, 프릭 앤 프랙, 자코비 부부, 자넷 챔피언 등이 공연을 선보였다.

울산공업지구 기공식 (1962년 2월 14일)

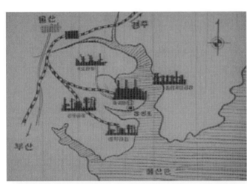

제작정보

출　　　처 : 리버티뉴스 445호

제 작 사 : 주한미공보원

제 작 국 가 : 미국

영상정보

제 공 언 어 : 한국어

컬　　　러 : 흑백

사 운 드 : 유

영상요약

울산공업지구 설정 및 기공식이 1962년 2월 3일 울산군 대현면 고사리 정유공장 대지 앞 식장에서 열렸다. 박정희 국가재건최고회의의장의 기공발파와 함께 시작된 이 행사에는 박정희 의장을 비롯해 송요찬 내각수반, 김유택 경제기획원장, 이병철 경제인협회장, 칼 빙거 서독대사, 사무엘 버거 미국대사, 멜로이 유엔군사령관 등 내외귀빈과 많은 군민들이 참석했다. 울산에는 앞으로 정유공장, 석유화학공장, 비료공장, 종합제철소, 화력발전소 등이 들어설 예정이다.

내레이션

지난주 약 200명의 정부 지도자들과 외국 사신들은 앞으로 비료공장과 제철공장 그리고 정유공장과 화력발전소를 수용할 계획으로 있는 거대한 건설공사의 기공식을 목격하기 위해서 경상남도 울산으로 여행했습니다.
박정희 의장은 5개년계획의 기공식 스위치를 누름으로써 지축을 흔드는 다이나마이트의 폭성과 함께 이 계획은 그 첫발을 내디디게 된 것입니다. 이 자리에 참석한 모든 인사들과 마찬가지로 자기의 소신을 피력하는 가운데 사무엘 버거 미국대사는 우리를 이곳에 모이게 한 이 기회는 한국이 그의 제도를 현대화하고 그의 부원을 증대시키고 국민의 복지를 향상시키기 위하여 전진하는 데 있어서 보여준 정신과 정력을 반향하고 있다고 말한 다음 결론적으로 여러분의 계획의 성공여부는 한국인이 한국자원을 가지고 한국을 위해서 하는 일에 의하여 결정될 것이라고 했습니다.

화면묘사

00:00   "울산공업지구 기공식" 자막
00:04   울산에 건설될 비료공장, 정유공장, 화력발전소, 종합제철공장 등을 그린 울산
        공업지구 계획도
00:08   울산공업지구 부지의 전경
00:14   열차가 서서히 정지하고 있음

00:20   정차한 열차에서 내리는 정부지도자들과 외국인사들

00:28   "경축 울산공업지구설정 및 기공식 WELCOME! ULSAN DISTRICT INDUSTRIAL
         CENTER", "국가부흥은 공업으로"라고 적힌 조형물이 세워진 기공식장 입구로
         차량들이 줄지어 들어오자 군인이 문을 열어주고 있음

00:32   나란히 서서 태극기를 흔들며 박수치는 여학생들의 모습

00:35   송요찬 내각수반이 기공식장을 가로질러 걸어가고 있음

00:37   기공식장에 모인 수많은 인파의 모습

00:42   기공식 스위치를 누르는 손

00:47   다이너마이트가 발파하자 강에 물보라가 일어나고 있음

00:52   단상 꼭대기에서 참석한 외국 사절들의 국기가 바람에 나부끼고 있음

00:57   연설하는 사무엘 버거 주한미국대사의 모습

01:02   운동장에 도열한 여학생들과 멀리 보이는 수많은 인파의 모습

01:04   울산 태화강의 전경

01:18   연설하는 사무엘 버거 대사의 모습

01:22   운동장에 도열한 여학생들과 멀리 보이는 수많은 인파의 모습

▌ 연구해제

본 영상은 1962년 2월 3일 개최된 울산공업센터 기공식 현장을 보여주고 있다.

5 · 16군사정부는 제1차 경제개발5개년계획의 일환으로 1962년 1월 27일 울산을 특정
공업지구로 선포하였다. 울산은 일제 말기 일본인들에 의해 공업단지 지대로 주목받았
지만, 해방 이후 개발은 침체되어 있었다. 5 · 16군사쿠데타 이후 전국경제인연합회의
전신인 '한국경제인협회' 소속 기업가들의 추천을 받아 군사정부가 이를 공업단지 지대
로 선정하였다.

울산공업지구 계획은 인구 50만 명의 문화공업도시를 목표로 하였으며, 본 영상 처음
에 등장하는 조감도와 같이 정유, 비료, 제철 · 제강, 화력발전소 등 주요 기간산업 건설
을 추진하고자 했다. 또한 이들 산업을 뒷받침하기 위해 공업용수, 항만, 철도 등 기반
시설과 공공시설의 건설이 계획되었다. 이 중 제철 · 제강 공장은 투자 확보의 어려움으
로 결국 좌절되었지만, 정유공장은 미국 걸프사와 정부 산하 대한석유공사의 합작으로

1964년 12월 준공하였다. 예정 계획보다 지연되었지만 한국비료공장이 1967년 4월 준공하였고, 영남화학공장, 한국 알미늄공장도 1967년과 1969년 각각 공장을 준공하며, 공업도시 울산의 모습을 갖춰갔다.

한편 본 기공식에는 박정희 국가재건최고회의의장과 송요찬 내각수반 등의 정부 각료, 사무엘 버거 주한미국대사 등의 각국 주한외교사절과 이병철 한국경제인협회장을 비롯한 경제계 인사 등 200여 명의 내빈이 서울에서 내려와 참석했다. 3만여 명의 현지주민들 역시 기공식을 지켜봤다. 기공식은 수많은 이들의 축사와 기공 기념 첫 폭파, 공연 등 많은 행사로 채워졌는데, 그중 본 영상에서는 한국인 스스로의 힘에 의한 경제개발계획의 수행을 강조하는 버거 주한미국대사의 발언을 자세히 보여주며 당시 미국정부의 입장을 드러내 주고 있다.

█ 참고문헌

「울산공업지구 역사적 기공」, 『경향신문』, 1962년 2월 3일.
「울산공업쎈터 현지서 기공식」, 『동아일보』, 1962년 2월 4일.
이민주·한삼건, 「울산 공업단지 개발과정에 관한 연구 ─ 일제강점기 후반부터 1970년대까지」, 『대한건축학회 학술발표대회 논문집』 28-1(통권 제52집), 2008.

해당호 전체 정보

445-01 우박 2호 작전

상영시간 | 01분 25초

영상요약 | 한국, 미국, 터키, 태국 등 주한UN 4개국 부대의 75,000명의 장병이 참가한 우박2호 동계군사훈련이 1962년 2월 5일부터 8일까지 실시되었다. UN군의 준비태세를 시험하기 위한 이번 훈련은 미 제1군단장 휴 P. 해리스 중장이 지휘했으며 G.S. 멜로이 UN군 사령관과 김성은 한국 해병대 사령관이 참석해 강화도에서 벌어진 도하작전과 공수작전을 지켜보았다.

445-02 울산공업지구 기공식

상영시간 | 01분 25초

영상요약 | 울산공업지구 설정 및 기공식이 1962년 2월 3일 울산군 대현면 고사리 정유공장 대지 앞 식장에서 열렸다. 박정희 국가재건최고회의의장의 기공발파와 함께 시작된 이 행사에는 박정희 의장을 비롯해 송요찬 내각수반, 김유택 경제기획원장, 이병철 경제인협회장, 칼 빙거 서독대사, 사무엘 버거 미국대사, 멜로이 UN군사령관 등 내외귀빈과 많은 군민들이 참석했다. 울산에는 앞으로 정유공장, 석유화학공장, 비료공장, 종합제철소, 화력발전소 등이 들어설 예정이다.

445-03 국토건설단 창단

상영시간 | 00분 44초

영상요약 | 단원의 대부분이 병역미필자로 구성된 국토건설단이 1962년 2월 10일 중앙청홀에서 창단식을 가졌다. 조성근 국토건설청장의 식사에 이어 김동하 최고회의 재정경제위원장이 박정희 최고회의의장의 격려사를 대독했으며, 송요찬 내각수반이 훈시를 한 후에 선언문 낭독과 국토건설단기 전달이 이루어졌다. 국토건설단은 3월 15일부터 4월 15일까지 댐, 도로, 철도 등 공공부문의 사업에서 일하게 된다.

445-04 미대사 박 의장께 책선물

상영시간 ㅣ 00분 28초

영상요약 ㅣ 박정희 국가재건최고회의의장은 1962년 2월 7일 신임 인사차 예방한 윌리엄 L. 마치스트레티 주한미부대사와 필립 하비브(Philip C. Habib) 정치담당참사관을 의장실에서 영접했다. 이 자리에서 사무엘 버거 주한미국대사는 존 F. 케네디 대통령이 사인한 대통령의 61년도 연설집 "To Turn the Tide"를 박정희 의장에게 전달했다.

445-05 전기줄 공장

상영시간 ㅣ 01분 02초

영상요약 ㅣ 경기도 시흥에 위치한 대한전선주식회사는 6·25전쟁 당시 파괴되었으나 재건 후에 미국원조 자금으로 현대식 시설을 갖추고 매년 6,000톤의 전선을 생산하고 있다. 대한전선주식회사의 제품은 한국전력주식회사, 체신부, 교통부, 국방부, 미8군 등에 납품되고 있으며 외국에 수출도 할 계획이다.

445-06 대구의 고아결연

상영시간 ㅣ 00분 49초

영상요약 ㅣ 1926년 1월 20일 대구여자중학교 강당에서 126명의 고아를 양자·양녀로 보내는 합동결연식이 열렸다.

445-07 우주인 글렌 중령

상영시간 ㅣ 03분 00초

영상요약 ㅣ 미국의 유인 우주비행 계획인 머큐리 프로젝트로 만들어진 프렌드십 7호가 1962년 2월 20일 발사된다. 탑승자인 존 글렌(John H. Glenn Jr.) 중령은 노련한 우주인으로 60번의 시험을 거치며, 성공할 경우에 첫 지구 주회 비행이 될 이번 비행을 준비하고 있다. 존 글렌 중령은 비행에 앞서 후임 조종사인 스콧 카펜터(Scott Carpenter) 소령과 인터뷰를 하였다.

445-08 개미와 싸우는 농민들

상영시간 ｜ 01분 00초

영상요약 ｜ 이사우라고 불리는 개미떼가 파라과이 전역에 나타나 농토와 농작물을 망치고 있다. 파라과이 농민들은 미국 국제협조처에서 보내온 살충제를 살포하며 개미들을 소탕했다.

445-09 상어와 견주는 수영

상영시간 ｜ 01분 17초

영상요약 ｜ 여름을 맞은 남반구 호주에서 수영과 서핑을 즐기는 인파에게 위협이 되는 상어의 모습과 철사그물 등을 통해 상어의 공격을 막는 모습을 스케치한 영상.

소아마비 예방약 (1962년 3월)

제작정보

출 처	:	리버티뉴스 451호
제 작 사	:	주한미공보원
제 작 국 가	:	미국

영상정보

제 공 언 어	:	한국어
컬 러	:	흑백
사 운 드	:	유

영상요약

서울시는 1962년 3월 19일부터 15만 명의 어린이를 대상으로 일주일간 지역 보건소에서 소아마비 예방약 새빈 백신을 나누어주었다.

내레이션

서울시 각 구의 보건소에서는 어린이들에게 "새빈 왁신"이라고 부르는 소아마비 예방약을 무료로 배부하고 있습니다. 생후 6개월부터 4살까지의 어린이들에게 주는 이 달콤한 예방약은 영국의 새빈 박사가 연구하여 전 세계 1억 어린이들에게 시험한 바 있는데 보건사회부에서는 앞으로 전국의 어린이들에게 접종할 계획이라고 합니다.

화면묘사

00:00 "소아마비 예방약" 자막
00:04 종교동사무소 앞에 모인 어린이들과 이들을 데려온 부모들의 모습
00:08 "유아보건과 Child Health Section"이라고 쓰인 보건소 유아보건과 사무실 입구의 모습
00:17 유아보건과 사무실 안에서 어린이들의 입에 약을 넣어주는 의사들의 모습
00:31 유아보건과 사무실 앞에 길게 줄을 선 어린이들과 부모들의 모습

연구해제

이 영상은 1962년 3월 19일 서울시가 어린이 15만 명에게 소아마비 예방약인 새빈 백신을 복용토록 한 사업에 관한 것이다.

소아마비는 척수나 뇌의 신경에 폴리오바이러스가 침범함으로써 팔다리에 마비가 일어나는 전염병으로, 주로 어린아이에게 발생하는 질환이다. 미국에서 발생빈도가 가장 높았던 것은 1942~53년이었는데, 1950년에는 3만 3,344건에 이르렀다. 1952년에는 덴마크·독일·벨기에에서 심하게 유행되었다. 아시아에서는 봄베이(지금의 뭄바이)·싱가

포르 · 일본 · 한국 · 필리핀에서 크게 발생한 것으로 기록되어 있다. 그러나 1960년대부터 약독화(弱毒化)시킨 경구용(經口用) 생균 소아마비 백신(세이빈백신)과 불활성화 된 사균 백신(솔크 백신) 주사를 사용하여 소아마비의 조절이 가능하게 되었다.

한국에서는 1950년대에 소아마비가 크게 유행하면서 후유증인 사지 마비상태가 평생 간다는 것 때문에 그 위험성이 사회적으로 크게 문제시 되었다. 이에 보건사회부는 영상에서 보듯이 1962년 2월 2일, 새빈 백신을 도입하고 접종할 요원을 훈련시켜 모두 무료로 전국 94만 명의 아동에게 가을 이전에 접종을 완료하겠다는 목표를 세웠다. 그에 따라 우선적으로 3월부터 서울 시내 아동들에게 소아마비 백신 복용을 가능케 하도록 서울시 당국에 지시했다. 보사부는 이 사업 예산으로 1,500만 환을 서울시에 전달했다. 그런데 서울시와 수입대행업자 간 가격 합의가 안 되어 수입 후 5개월 동안 아동에게 접종을 하지 못하는 상태였다. 우여곡절 끝에 서울시는 3월에 예정된 1차 접종을 끝내고 5월 초순 10만 명에게 2차 접종을 준비했다.

1960~70년대를 다루는 소설이나 수필에서 소아마비에 걸려서 후유증으로 다리를 저는 인물이 많이 등장하고 있는 것을 볼 수 있는데, 그만큼 당시에 소아마비가 유행했었음을 알 수 있다. 하지만 경제개발이 어느 정도 성과를 거둔 80년대부터는 소아마비에 걸리는 사람이 줄어들었고 90년대부터는 걸리는 사람이 거의 없어졌다.

이 영상에서 보사부가 어린이들에게 투여하는 새빈 백신은 1957년 인체 무해함이 최종 확인되고 1958년 이후 미국, 영국, 소련 등 여러 나라에서 사용되었는데, 한국에서는 1962년 접종사업을 통해 처음 도입되었다. 이 약은 물약으로 농축된 백신으로 희석해서 극소량을 2회에 걸쳐 복용하면 면역성을 얻는다. 약은 생후 3개월에서 5살 된 아동을 대상으로 하고 있는데, 한 가구 당 한 명만 복용하면 복용자의 호흡과 분비물을 통해서 전 가족이 면역성을 가지게 되는 효율적인 예방약이다. 이전에 사용한 예방약은 1958년 도입한 쏠크 백신 주사약으로 이 약은 3회에 걸쳐 접종해야 하고 면역기간이 2~3년이라는 단점을 가지고 있으며, 혈액 내에만 면역이 생겼던 것에 반해 새빈 백신은 조직면역까지 생겨 마비증을 완전히 막을 수 있었다.

▌ 참고문헌

「3月부터 服用」, 『경향신문』, 1962년 2월 2일.

「예방약無料提供」, 『경향신문』, 1962년 2월 3일.

「먹는 소아마비예방약」, 『경향신문』, 1962년 2월 4일.

「當局·業者싱강이」, 『동아일보』, 1962년 2월 9일.

「輸入한지五個月넘도록配付안되는 '小兒痲痺藥'當局業者　價格에不妥協」, 『동아일보』,
　　　　1962년 3월 10일.

「곧2次를供給 小兒痲痺와크친10萬名分」, 『경향신문』, 1962년 4월 7일.

「「세이빈·와크친」=두번째投藥實施」, 『경향신문』, 1962년 5월 17일.

해당호 전체 정보

451-01 연구용 원자로 임계도달시험

상영시간 ㅣ 00분 41초

영상요약 ㅣ 한국 최초의 연구용 원자로 임계도달시험이 3월 19일 경기도 양주군 노해면 신공덕리에 있는 원자력연구소에서 거행됐다. 착공 2년 6개월만에 이루어진 이 시험은 원자로 제작회사인 "미국 제너럴 아토믹" 원자력부의 윌리엄 L. 화이트에 의해 집행되었다.

451-02 서울 - 김포 도로 확장기공

상영시간 ㅣ 00분 36초

영상요약 ㅣ 1962년 6월 28일 서울 영등포구 양화동과 경기도 김포시 양동면 사이에 있는 양화교 확장공사 기공식이 거행되었다. 이 자리에는 윤보선 대통령과 박정희 국가재건최고회의의장, 사무엘 버거 주한미국대사, 윤태일 서울특별시장 등이 참석했다.

451-03 일본 문화사절단 내한

상영시간 ㅣ 00분 58초

영상요약 ㅣ 한·일 문화교류의 터전을 마련하자는 취지로 한국일보가 초청한 일본 문화인들이 1962년 3월 16일 방한했다. 이들 문화사절단은 오페라 가수 후지하라 요시에 단장 이하 7명으로 구성됐으며 5일간의 방한 일정 동안 한국문화인들과 교류하는 한편 동작동 국립묘지를 참배하고 창덕궁, 남산공원 등을 둘러보았다.

451-04 소아마비 예방약

상영시간 ㅣ 00분 34초

영상요약 ㅣ 서울시는 1962년 3월 19일부터 15만 명의 어린이를 대상으로 일주일간 지역보건소에서 소아마비 예방약 새빈 백신을 나누어주었다.

451-05 스포쓰 소식

상영시간 | 01분 32초

영상요약 | 대한배구협회와 경향신문사 공동주최로 1962년 3월 23일부터 26일까지 서울
운동장에서 열린 제1회 전국남녀우수배구팀 리그전이 열렸다. 조흥은행 팀과
대한실업 팀의 경기 모습이 담긴 영상이다. 한편 부산에서는 연내에 일본에서
개최될 제1회 한·일 친선 오토바이경기대회 파견선수 선발대회가 3월 16일부
터 18일까지 열려 아홉 명의 선수가 선발됐다.

451-06 미국 해안에 겨울 폭풍

상영시간 | 01분 40초

영상요약 | 1962년 3월 초순에 대서양에서 엄습한 폭풍이 미국 동부 지역을 덮쳐 홍수가 발
생하고 건물과 교각이 무너지는 등 많은 피해가 발생한 모습을 스케치한 영상.

451-07 세계 최대의 유조선

상영시간 | 00분 37초

영상요약 | 세계에서 가장 크고 가장 빠른 미국의 유조선 맨하탄호가 6만 톤의 휘발유를
싣고 뉴욕항에 입항하는 모습을 맨하탄호의 규모를 설명하며 스케치한 영상.

451-08 육상 경기에 신기록

상영시간 | 00분 58초

영상요약 | 미국 뉴욕 매디슨 스퀘어 가든에서 열린 밀로스 육상경기대회의 몇몇 경기 장
면을 스케치한 영상이다. 60야드 경주에서는 프랭크 버드(Frank Budd) 선수가,
투포환던지기에서는 게리 J. 거브너 선수가 세계신기록을 세우며 우승했다.
또한 장대높이뛰기에서는 존 웰시스 선수가 우승했다.

451x-09 수크트 경기

상영시간 | 01분 01초

영상요약 | 눈이 많이 내리는 캐나다 북부 온타리오 주의 교통·운송 수단인 스쿠트로 경
주대회를 하는 모습을 스케치한 영상.

북한 괴뢰군 하사 홍성찬 군의 귀순 (1962년 4월)

제작정보

출   처 : 리버티뉴스 454호
제 작 사 : 주한미공보원
제작국가 : 미국

영상정보

제공언어 : 한국어
컬   러 : 흑백
사 운 드 : 유

북한에서 인민군 하사로 있던 홍성찬이 한국으로 귀순하여 반도호텔에서 기자회견을 갖고, 서울시청 앞 광장에서 그를 환영하는 행사를 보여준다.

▌ 내레이션

얼마 전에 대한민국의 품 안으로 귀순해 온 전 북한 괴뢰군 하사였던 홍성찬 군은 북한 사람들의 빈곤 막중한 생활 상태를 폭로했습니다. 그는 서울 반도호텔에서 지난 주에 가졌던 기자회견 석상에서 북한 인민들은 당국의 허가 없이는 여행의 자유조차 보장되지 않았다고 말했습니다. 한편 서울시청 앞 광장에서는 아시아 반공연맹 한국지부가 베푸는 홍 군의 환영대회가 열려 40여 명의 다른 귀순자들도 참석했는데 그에게는 명예시민증도 수여됐습니다.

▌ 화면묘사

00:00 자막 "귀순 용사"
00:04 서울 반도호텔에서 기자회견을 갖는 귀순자 홍성찬 군
00:10 기자회견장에 참석한 여러 기자들
00:24 사진 찍는 기자들
00:33 서울시청 앞 광장에서 열린 홍 군의 환영 대회에 참석한 많은 사람들 위로 '환영, 귀순용사 홍성찬'이라는 현수막이 보임
00:36 환영 행사에 앉아있는 홍성찬의 모습
00:40 환영사를 하고 있는 남성의 모습
00:44 홍성찬 군에게 명예시민증과 여러 선물이 증정되고 있음

▌ 연구해제

이 영상은 북한에서 귀순한 홍성찬 하사가 1962년 4월 9일 반도호텔에서 했던 기자회

견과 4월 13일 서울시청 광장에서 열린 환영대회에 관한 것이다. 홍성찬은 1961년 3월 6일 월남 귀순 했다. 그는 5년 5개월 동안 인민군에 복무하면서 부분대장을 지냈고 "북한 공산학정에 견디다 못해 월남하게 되었다"고 귀순 목적을 밝혔다.

그는 이날 기자회견에서 "날이 갈수록 처참해지는 북한의 사회상과 참을 수 없는 억압 속에 자유가 그리웠다"고 말했다. 그러면서 "북한 동포들은 괴뢰정부의 엄격한 통제 밑에 잡곡밥으로 간신히 연명하며 쉴 사이 없이 노동을 강요당하고 있다"고 하였다. 이어 북한군은 "'현대전은 원자전'이라는 구호 아래 전투훈련에 광분하고 있으며 일반 사병은 복무기간 중 휴가 한 번 없으며 일선과 후방 부대 간의 교체도 없다"고 전하였다. 서울에 와 보니 "딴 세상에 온 것 같다"는 그는 "앞으로 적합한 기술을 배워 직장생활을 하며 마음껏 자유를 누리고 싶다"고 하였다.

4월 13일 오전 11시 서울시청 앞 광장에서는 홍성찬의 귀순을 환영하는 대회가 성대하게 열렸다. 한국 아시아반공연맹 주최로 열린 이 대회에서는 강상욱 문사위원을 비롯하여 오재경 공보부장관, 윤태일 서울시장, 장형 평북도민회장 등 내외인사들이 다수 참석하여 그의 귀순을 찬양했다. 한국 아시아반공연맹 이사장 박관수의 개회사로 시작된 이 행사에 공보부는 기념품으로 금메달을, 평북도민회에서는 손목시계와 만년필을, 서울시에서는 시민증을 각각 수여하였다. 이날 강상욱 문사위원은 축사를 통해 "붉은 지옥에서 신음하고 있는 북한 동포들의 해방을 다짐"했으며 오재경 공보부장관은 "목숨을 걸고 월남한 홍 씨의 장거는 자유는 목숨보다도 귀하다는 것을 말하는 것"이라고 찬양했다. 홍성찬은 답사를 통해 "분에 넘치는 환영과 격려에 뜨거운 감사를 드린다"면서 "앞으로 반공의 선봉에서 싸우겠다"고 말하였다.

홍성찬은 군사원호청의 알선으로 태평양화학에서 일하게 되었고 정착금 100만 원도 지급받았다. 귀순 용사에 대한 이 같은 대대적인 환영행사와 뉴스보도는 남북관계에서 우위를 점하고자 하는 대한민국 정부의 의도적인 행사 중 하나였다.

█ 참고문헌

「"북한동포 잡곡으로 연명"」, 『동아일보』, 1962년 4월 10일.
「장거를 높이 찬양」, 『경향신문』, 1962년 4월 13일.
「13일에 환영대회」, 『동아일보』, 1962년 4월 10일.

「가일층 투철해야 할 방첩의식」, 『경향신문』, 1962년 4월 11일.

해당호 전체 정보

454-01 봄철을 맞은 여러 행사들

상영시간 Ι 01분 18초

영상요약 Ι 봄철을 맞아 서울시에서는 꽃 클럽과 고전무용가 김백봉의 주최로 꽃씨 담은 풍선 날려 보내기 행사를 하였고, 진해에서는 만개한 벚꽃을 보러 온 상춘객들로 붐볐다.

454-02 한국을 방문한 미국 육군장관 엘비스 J. 스타

상영시간 Ι 00분 38초

영상요약 Ι 미국 육군 장관 엘비스 J.스타가 극동 여행 도중 한미지도자들과 3일 동안의 회담을 하기 위해서 한국을 방문하였다. 육군 장관은 박정희 의장을 만나서 여담을 나누었다.

454-03 북한 괴뢰군 하사 홍성찬 군의 귀순

상영시간 Ι 01분 01초

영상요약 Ι 북한에서 인민군 하사로 있던 홍성찬이 한국으로 귀순하여 반도호텔에서 기자회견을 갖고, 서울시청 앞 광장에서 그를 환영하는 행사를 보여준다.

454-04 학생 교환 교육을 실시하는 한·미 학교

상영시간 Ι 01분 01초

영상요약 Ι 대구의 사대부속중학교와 캠프워커 미군 가족 학교의 학생들이 각각 두 명씩 교환 학생을 했다. 미국 여학생들은 한 주에 두 번씩 한국 학교로 등교하여 한국 학생들과 함께 공부하고, 국민체조를 했으며, 한국 학생들 역시 미국 학교로 등교하여, 미국 학생들과 친해지고 함께 춤추는 등의 즐거운 시간을 보냈다.

454-05 사무엘 D. 버거 대사의 충무지방 방문

상영시간 Ι 01분 28초

영상요약 Ι 사무엘 D. 버거 대사 부처가 유엔군사령관 멜로이 대장, 육군참모총장 김정호

대장, 주한 미 해군 사령관 조지 W. 프레시 소장과 함께 충무 지방을 방문해 나전칠기 예술가 김봉룡을 만나 그가 설립한 나전칠기 학교를 둘러보았다.

454-06 한국 회사에서 미군 지프차 재생

상영시간 | 00분 29초

영상요약 | 미군의 지프차들이 한국의 재생공장에서 재생되었다. 경기도에 위치한 이 공장은 미 제7군수기지와 계약하고 미군의 지프차를 재생산하기로 결정하였다.

454-07 남산에 자리 잡은 드라마센터 개관

상영시간 | 00분 38초

영상요약 | 남산 기슭에 드라마센터가 개관. 개관식에는 오재경 공보부장관을 비롯한 여러 연예인들이 참석했으며, 개관식이 끝난 후에는 햄릿이 상영되었다.

454-08 미국의 저명한 시인 로버트 프로스트

상영시간 | 01분 00초

영상요약 | 미국의 저명한 시인 로버트 프로스트(Robert Frost)의 88번째 생일을 맞아 백악관에서는 케네디 대통령이 직접 그를 축하하였고, 국회도서관에서는 그의 작품들이 전시돼 많은 사람들이 그에게 경의를 표하였다.

454-09 자유를 위해 굴을 팠던 동부 베를린 사람들

상영시간 | 00분 40초

영상요약 | 동베를린에서 서베를린으로 건너오기 위해, 지하로 굴이 파진 것이 발견되었다.

454-10 장대쥐고 높이뛰기에서 세계 신기록을 세우는 존 뉴엘스

상영시간 | 00분 41초

영상요약 | 캘리포니아 주에서 열린 부활절 체육대회의 장대높이뛰기 세계 신기록을 가지고 있는 존 뉴엘스가 또다시 세계 신기록을 세워 많은 관중들이 기립박수를 치며 축하해주는 가운데 기뻐하고 있다.

여러 문화제들 (1962년 5월)

제작정보

출   처 : 리버티뉴스 456호
제 작 사 : 주한미공보원
제작국가 : 미국

영상정보

제 공 언 어 : 한국어
컬   러 : 흑백
사 운 드 : 무

영상요약

여러 지역에서 문화제 행사가 개최되었다. 경주 반월동에서는 1,000여 년 전의 신라문화를 되살리고자 하는 신라문화제가 개최되어 경북지구 400여 명의 예술인들이 참가한 가운데 가장행렬 등 3일 동안의 행사가 이뤄졌다. 또한 충무시에서는 이순신 장군의 생일을 맞아 군 점검행사, 산업 전시회 등의 문화행사들이 열렸다.

내레이션

천여 년 전의 신라문화를 되살리기 위한 신라문화제가 박정희 의장을 비롯한 수많은 내외 귀빈들이 참석한 가운데 지난 주 경주 시내 반월동에서 공식적인 개막을 보았습니다. 한국예술가총연맹 경북지구가 주최한 3일간의 문화행사 개회식에 뒤이어서는 신라시대의 화랑들을 방불케 하는 가장행렬이 서라벌 옛 도읍에 등장하여 ***태웠습니다. 그런데 이번 문화제에는 경북지구에서 400여 명의 예술인들이 참가했습니다. 한편 충무시에서는 지금으로부터 370년 전 임진왜란 당시 이순신 장군이 한산 섬에서 왜적을 물리쳐 크게 이긴 것을 기념하기 위한 제1회 한산대첩 기념제가 열렸습니다. 이순신 장군의 탄신일을 맞이하여 열린 3일간의 기념제에는 수많은 인파가 몰려들어 군 점검행사와 산업 전시회, 백일장, 그리고 여러 가지 다른 문화 행사들을 관람했습니다.

화면묘사

00:00   자막 "리버티 뉴스"
00:08   자막 "456 -512-"
00:10   자막 "국내소식"
00:16   자막 "문화제"
00:20   경주 반월동에서 열린 신라문화제에 참석한 다수의 사람들
00:22   신라문화제를 거행 중인 스님들의 모습
00:26   박정희 의장이 절을 드리고 내려오는 모습
00:33   문화제의 행사로, 전통무용과 가야금을 타는 모습

00:40   화랑 가장행렬을 하는 모습

00:45   길을 따라 이동 중인 사람들

00:49   삼각대를 설치하기도 하여 사진을 찍고 있는 사진사들

00:55   洗兵館(세병관) 현판의 모습. 그 아래로 이순신 대역이 가마를 타고 들어서는 모습

00:04   한산대첩 기념제를 맞이하여 한산 섬 앞바다에 보이는 여러 척의 배들

01:10   그중 이순신 장군의 대표적인 것으로 거북선의 모습

01:13   수많은 인파가 몰린 가운데 무대에서 전통무용의 시연 장면

01:18   한산대첩 기념제를 상공에서 찍은 모습

▌연구해제

1962년 4월에 경상도에서 처음으로 개최되었던 두 개의 문화제를 촬영한 영상이다. 첫 번째로 소개된 문화제는 '신라문화제'다. 신라문화제는 경상북도 경주 반월동에서 개최되었는데, 이 영상에서는 문화제에 참석한 국내외 귀빈들과 경주 지역 승려들의 모습, 경상북도 지역의 문화예술인들이 준비한 각종 공연 현황, 신라시대 화랑을 재현한 가장행렬 등을 보여준다. 두 번째 소개하는 문화제는 '한산대첩 기념제'다. 한산도의 세병관에서 출병하고 있는 이순신의 모습, 그리고 한산도 앞 바다에 거북선과 판옥선 모형의 배를 여러 척 띄워 한산대첩을 재현하는 장면이 담겨있다.

흥미로운 점은 〈리버티뉴스〉를 비롯한 각종 매체들이 이 문화제들을 1962년 처음 개최된 지역 축제로 소개하고 있다는 점이다. 그러나 신라문화제와 한산대첩 기념제는 이전 시대부터 내려오던 지역의 축제에서 유래된 것이었다. 신라문화제의 경우 1933년 황성공원에서 삼한시대의 진한 6부 촌장에 대한 제를 올리는 행사인 '신라제'를 기원으로 하고 있다. 한산대첩 기념제의 경우도 지역에서 매해 지냈던 풍어제 기간에 맞추어 개최되었다. 하지만 1962년을 기점으로 공식적인 문화제로서 새롭게 이름을 알리기 시작했고, 이후 매년 같은 시기에 개최되었다.

정례화된 '문화제'는 중앙정부의 관심과 지원에서 시작되었다. 실제로 1962년 당시 신라문화제에는 국가재건최고회의의장이었던 박정희가 공보부 직원들과 함께 방문하였으며, 한산대첩 기념제에는 최고회의부의장이었던 이주일이 해군참모총장과 통제부사령

장관 등과 함께 참여하였다. 또한 신라문화제의 경우 정부에서 열차를 증편하는 등의 임시조치를 취하여 전국 각지의 많은 사람들이 문화제에 참여할 수 있도록 독려하기도 했다.

이 당시 정부가 어떠한 방식과 이유로 지역의 축제를 정례화하며 전국적으로 홍보했는지에 대해서는 정확히 밝혀진 바 없다. 그러나 기록영화의 영상을 분석하고 관련 신문기사들을 살펴보면 그 이유를 유추해 볼 수 있다. 미 공보원에서 제작한 〈리버티뉴스〉는 문화제 행사의 이모저모를 집중적으로 보도하고 행사를 관람하는 군중들을 비중 있게 보여주는 반면, 한국정부가 제작한 〈대한뉴스〉는 신라문화제를 소개하며 행사에 참석해 연설하는 박정희 의장의 모습을 보여주고, 문화제 행사를 흥미진진하게 바라보고 있는 1960년대 지방민들의 모습을 상세하게 보여주고 있다. 이것은 〈대한뉴스〉에서 당시 중앙정부가 개입한 문화제에 많은 사람들이 적극적으로 호응하고 있었음을 강조하는 부분이기도 하다.

같은 시기 한산대첩 기념식에 관해 보도하고 있는 『동아일보』 기사에는 중앙정부의 지역 축제 개입에 대한 의도를 짐작할 수 있는 내용이 등장한다. 이 기사에서는 최고회의 이주일 부의장이 한산대첩 기념식에 참석하여 국민의례와 애국가 봉창, 혁명공약 낭독 등을 한 뒤, '충무공의 전공을 우리들 가슴 속에 아로새겨 조국재건을 이룩하자'는 내용의 축사를 했다는 점을 보도하고 있다. 1961년 5·16군사쿠데타 세력이 '문화제'에 직접 개입하여 그들의 정당성을 적극적으로 홍보하고 정당화하고자 했음을 확인할 수 있는 부분이다.

전통적으로 지역에서 전래되어왔던 축제는 지역공동체의 주민들이 정기적으로 같은 장소에 모일 수 있는 행사였다. 대중매체가 충분히 보급되지 않았던 1960년대의 사회상을 대입해 보았을 때, 지역 축제의 장은 훌륭한 정책 홍보의 장으로 활용될 여지가 높았다. 쿠데타로 집권한 군부세력에게도 지역 축제는 집권의 정당성을 홍보하기 위한 효과적인 수단이었다. 1962년 이후 집권한 이후에도 지방 문화제는 정부의 주목을 받았다. 영상에서 다루고 있는 경주나 통영 이외 전국의 주요한 지역 축제들이 '문화제'로 정례화되었다. 또한 1964년 이후부터는 지방의 중요한 문화제들을 '향토문화'로 보존하였으며, 1974년 이후부터는 한국문화예술진흥원을 세워 지원하며 향토문화의 모습을 띤 정책 홍보와 정권의 정당성 획득을 위한 매체로 문화제를 유지해 왔다.

참고문헌

「군점 행사풍어제와 함께」, 『동아일보』, 1963년 5월 2일.

「한산대첩 기념제 개막」, 『동아일보』, 1962년 4월 26일.

오명석, 「1960~70년대의 문화정책과 민족문화담론」, 『비교문화연구』 4, 1998.

해당호 전체 정보

456-01 여러 문화제들

상영시간 ㅣ 01분 29초

영상요약 ㅣ 여러 지역에서 문화제 행사가 개최되었다. 경주 반월동에서는 1,000여 년 전의 신라 문화를 되살리고자 하는 신라문화제가 개최되어 경북지구 400여 명의 예술인들이 참가한 가운데 가장행렬 등 3일 동안의 행사가 이뤄졌다. 또한 충무시에서는 이순신 장군의 생일을 맞아 군 점검행사, 산업 전시회 등의 문화 행사들이 열렸다.

456-02 찾아오는 관광객들이 느는 것에 따른 준비

상영시간 ㅣ 00분 50초

영상요약 ㅣ 산업박람회와, 영화제 등으로 인해 찾아오는 외국인들이 많아지면서 그 준비를 하고 있다. 순경들의 가슴에 도움을 청할 수 있도록 영어로 표시를 해두었으며, 김포 국제공항에 조흥은행 환전소를 설치하여 외국인들이 쉽게 돈을 환전할 수 있도록 하였다.

456-03 부활절을 맞이해 아동병원을 방문한 버거 대사 부인

상영시간 ㅣ 00분 34초

영상요약 ㅣ 부활절을 맞아 사무엘 D. 버거 대사 부인이 서울시립아동병원을 찾아 어린이들을 함께 돌보며 즐거운 시간들을 보내주었다.

456-04 농촌 진흥원의 발족식

상영시간 ㅣ 00분 30초

영상요약 ㅣ 여러 내빈들이 참석한 농촌진흥원 발족식 영상이다. 농촌진흥원은 여러 방면의 농촌 지도 기관을 통합하여 보다 효과적으로 농촌문제를 취급하기 위한 정부 정책에 호응하기 위해서 설립되었다.

456-05 5일 쥐약

상영시간 ㅣ 00분 26초

영상요약 ㅣ 병균을 옮겨 다니며 인간의 생명을 위협하는 쥐를 없애기 위해 농민부에서는 전라남도를 쥐잡이 시범도로 지정하고 484톤의 쥐약을 배급하기 시작하였다.

456-06 세계의 휴일을 맞이한 음악제전

상영시간 ㅣ 01분 05초

영상요약 ㅣ 세계의 휴일이라는 이름 아래 서울 시민회관에서 인기 가수들이 여럿 참가한 가운데 음악제전이 개최되었다.

456-07 한일간 친선 권투시합

상영시간 ㅣ 00분 31초

영상요약 ㅣ 서울운동장에서 열린 한일 친선 권투시합을 보도하는 내용의 영상이다. 검은 색 트렁크의 일본 오가와 마사오 선수와 흰색 트렁크의 한국 이연개 선수가 10회전까지의 혈전을 벌였다.

456-08 핵 금지조약을 위한 군축회의

상영시간 ㅣ 03분 56초

영상요약 ㅣ 핵 금지 조약을 체결하기 위한 여러 방안이 모색되는 가운데, 소련의 계속 되는 핵실험과, 금지 조약 체결을 방해하는 요인에 대해, 세계 각국이 방안 모색에 힘쓰고 있다. 이에 케네디 대통령은 연설을 통해 빠른 시일 내에 핵 실험에 대한 국제적 감시를 갖출 수 있는 방안을 마련해내겠다고 주장하였다.

중소기업합리화 시범공장 (1962년 4월)

제작정보
출   처 : 리버티뉴스 457호
제 작 사 : 주한미공보원
제 작 국 가 : 미국

영상정보
제 공 언 어 : 한국어
컬   러 : 흑백
사 운 드 : 유

영상요약

이 영상은 '중소기업 합리화 시범공장'으로 선정된 영등포의 금강융단주식회사에서 융단을 제조하는 모습을 담고 있다.

내레이션

영등포에 있는 금강융단주식회사에서는 가정과 호텔에 쓰이는 융단을 생산하고 있습니다. 양털과 염소털 그리고 레이온을 주 섬유로 하여 50여 종의 채색으로 수공업 생산을 하고 있는 이 공장의 제품은 이미 우리나라에 와 있는 외국손님들의 절찬을 받은 바 있습니다. 4년의 역사를 가진 이 공장에서는 주한 유솜 당국과의 계약으로 지난 9월에는 1,500만 원 상당의 융단을 납품했는데 우리나라의 관광사업이 많은 진척을 보아 수많은 관광호텔이 세워질 것으로 보이는 요즘, 이들이 필요한 고급융단의 수량은 날로 증가하고 있는 것입니다.

화면묘사

00:00 "상공부 지정 중소기업합리화시범공장"이라고 적힌 명패가 공장 입구에 걸려있는 모습
00:04 융단 원료를 통에 넣어 갈퀴로 젓는 가공작업을 하는 장면
00:07 대형롤러에서 융단 원료를 직조하는 장면
00:12 융단 원료 더미에서 방직기계 작업을 하는 장면
00:16 짜여진 실을 직조하는 기계작업 장면
00:21 융단 천을 원형으로 마는 기계의 모습
00:26 융단 위에 그림을 그리는 작업 장면
00:31 융단에 자수를 넣는 작업을 하는 장면
00:42 융단 실을 융단 천으로 만드는 작업을 하는 여성노동자들의 모습
00:45 융단 천에 생긴 보푸라기들을 가위로 잘라내는 작업을 하는 장면
00:52 자수를 넣어 완성된 융단 제품들의 모습

연구해제

융단은 수공업으로 제조되고 있었으며, 미국경제협조처(USOM)와 계약하여 융단을 납품하였다. 상공부는 납품실적과 외국 손님들로부터 품질에 대한 칭찬을 받았다는 점을 강조하며 금강융단주식회사를 '중소기업 합리화 시범공장'으로 선정하였다.

박정희 정권하 중소기업은 경제발전을 이루기 위한 동력으로 강조되었는데, 이는 수출지향산업화 정책과 관련이 있었다. 1964년 제1차 경제개발5개년계획의 목표가 수정되며 수출제일주의를 표방하게 되었다. 수출이 중요한 정책변수로 등장하기 시작한 것은 미국의 원조정책이 변화하는 1950년대 후반부터지만, 그것이 수출제일주의로 전환된 데에는 군사정부의 출현이 중요한 계기가 되었다. 최초 군사정부는 수출대체공업화의 성격을 띤 내포적 공업화를 지향하였으나 미국 정부의 반대에 부딪쳐 차관 도입은 계획대로 되지 않았다. 이에 박정희 정부는 1964년 제1차 경제개발5개년계획을 수정하여 수출제일주의를 표방하게 된 것이다.

이에 따라 박정희 정부는 수출에 대한 지원책을 강화하며 기업들을 수출산업에 주력하도록 유도하였다. 특히 수출산업의 대부분을 차지하는 제조업을 담당하는 중소기업의 역할이 강조되기 시작했다. 물론 중소기업 육성책은 1950년대 이승만 정부하에서도 전개되었는데, 1950년대 말 미국이 원조 규모를 감축하기 시작한 것과 관련이 있었다. 하지만 이 시기 중소기업 육성책은 해외시장이 본격적으로 확충되지 않은 상황에서 전개되었던 것이었다는 점에서 수출지향정책과 함께 전개되었던 1960년대의 육성책과는 차이가 있다.

1965년 상공부는 중소기업 육성방안으로 수출산업 전환, 적정산업분야에서의 중점육성 등의 대책을 수립하였다. 이와 함께 박정희 정부는 종래의 단기금융을 장기금융으로 전환하고, '중소기업 신용보증법'을 최대한으로 활용해서 담보 능력이 취약하거나 혹은 없는 기업체라 할지라도 "지원해 줄 가치가 있는 희망적인 업체"에 대해서는 융자하는 제도를 마련하였다. 특히 박정희 의장은 미국과 서독, 일본 등의 차관에 의한 외자와 내자를 중소기업 발전을 위해서 집중적으로 사용할 방침이라고 설명했다.

박정희는 정부의 지원만으로는 중소기업의 발전을 이룰 수 없다면서 중소기업의 자주적인 노력을 촉구하였다. 이를 위해 경영합리화를 강조했는데, 이때의 경영합리화란 경영활동을 합리적으로 영위하려는 노력이나 과정을 뜻한다. 즉, 보다 구체적으로 원가를 절감하고, 이윤을 높이며, 품질을 향상시켜 판매를 촉진하는 것이었다. 이는 한정된 자원하에서 최대의 이윤을 창출해야 하는 것으로 전반적인 노동임금 저하를 수반하는 정책이기도 했다.

이 같은 중소기업 합리화 운동은 정부의 주도하에 계획적으로 시행되었다. 1966년 한국생산성 본부 경기도지부에서는 도내 중소기업경영합리화 시범공장에 대한 기업진단을 실시하였는데, 그 결과 전체 중소기업에 대한 파급효과가 크고, 수출증대에 기여도가 높은 기업들이 시범공장으로 선정되었다. 이렇게 시범공장으로 선정된 공장에 대해서는 종합적인 기술 및 경영지도를 실시하였다. '중소기업합리화 시범공장 선정'은 곧 수출지향산업화의 동력으로서 중소기업의 역할을 고무시키고, 정부의 지원과 함께 중소기업 자체의 노력을 진작시키기 위한 제도였다고 할 수 있다.

▌ 참고문헌

「중소기업 육성방안 마련」, 『경향신문』, 1965년 1월 20일.
「기술경영지도 실시」, 『매일경제』, 1966년 7월 7일.
「수출전환 중소기업 시범공장의 경영지도효과 분석」, 『매일경제』, 1966년 7월 21일.
「시범공장기업진단」, 『매일경제』, 1966년 8월 30일.
박정희, 「중소기업의 발전은 조국근대화의 서광」, 『지방행정』 16, 1967.
양재진, 「산업화 시기 박정희 정부의 수출 진흥 전략」, 『동서연구』 24, 2012.
최상오, 「한국의 수출지향공업화와 정부의 역할, 1965~1979－수출진흥확대회의를 사례로」, 『경영 사학』 25, 2010.

해당호 전체 정보

457-01 국제음악제

상영시간 ㅣ 01분 21초

영상요약 ㅣ 서울 시민회관에서 열리고 있는 국제음악회 4일째 되는 날 밤에 서반아의 하피스트인 니카놀 자바레타(Nicanol Zabaleta)의 연주가 청중들을 매혹하였다.

457-02 청와대 파티

상영시간 ㅣ 00분 39초

영상요약 ㅣ 대통령 권한대행 박정희가 주한외교사절을 위해서 봄맞이 파티를 개최했다. 이 파티에는 사무엘 D. 버거 주한미국대사, 송요찬 내각수상, 김성은 해병대 사령관 등이 참석했다.

457-03 중소기업합리화 시범공장

상영시간 ㅣ 00분 57초

영상요약 ㅣ 영등포에 소재한 금강융단주식회사에서 가정과 호텔에 쓰이는 융단을 생산하고 있다.

457-04 "김치 할머니" 내한

상영시간 ㅣ 01분 00초

영상요약 ㅣ 1962년 4월 말에 김치할머니라고 알려진 오클라호마 주 로튼의 코디 토마스 부인이 방한했다. 코디 토마스 부인은 육군본부를 방한해 김종오 육군참모총장을 예방하고 이어서 육군단을 찾아 군단장 김계원 장군의 환영을 받았다.

457-05 박계조 컵쟁탈 배구시합

상영시간 ㅣ 00분 49초

영상요약 ㅣ 1962년 4월 27일부터 3일 동안 개최된 박계조 컵 쟁탈 배구대회 영상이다. 대한실업 팀과 조흥은행 팀의 배구경기 장면을 담고 있다.

457-06 시애틀의 세계 박람회

상영시간 ｜ 01분 10초

영상요약 ｜ 1962년 4월 21일 시애틀 박람회가 개막되었다. 박람회 개막은 케네디 대통령이 전신 키를 누름으로써 시작되었다.

457-07 유엔 위원 케이프 캐나베랄에

상영시간 ｜ 01분 15초

영상요약 ｜ 국제연합 우주위원회 위원들이 케이프 케나베랄에 로케트 발사본부를 방문했다.

457-08 무너진 베를린 장벽

상영시간 ｜ 01분 15초

영상요약 ｜ 베를린 장벽의 한쪽이 사고로 무너졌는데 동독은 무너진 장벽을 바로 복구하고 있다.

457-09 보스톤 마라톤 대회

상영시간 ｜ 02분 03초

영상요약 ｜ 제66회 보스톤마라톤대회가 개최되어 181명의 선수들이 참가했다. 핀란드 선수 옥사넨과 비스티넨 선수가 각각 1, 2등으로 결승점에 들어왔다.

새로운 화폐에 따른 화폐교환 (1962년 6월)

제작정보

출   처 : 리버티뉴스 463호
제 작 사 : 주한미공보원
제 작 국 가 : 미국

영상정보

제 공 언 어 : 한국어
컬   러 : 흑백
사 운 드 : 유

영상요약

화폐교환을 시행함에 따라 여러 은행으로 사람들이 화폐를 교환하기 위해 몰려드는 모습을 보여주는 영상이다.

내레이션

9년간의 구 한화 유통에 끝을 맺은 통화개혁으로 국내 대부분의 세대가 은행에 구화를 신고하게 되어 지난 주 전국 도처의 각 은행 앞에는 돈을 바꾸기 위해 길게 줄지어 선 사람들이 눈에 띄고 은행 사람들은 모여드는 시민들에게 새 돈을 헤아려 주기 위해 눈코 뜰 새 없이 바빴습니다. 화폐 교환으로 '원'이라는 새 돈이 발행됐는데 이 돈은 구 한화의 10배 가치를 지녔습니다. 따라서 미화와의 환율은 130원이 1불이 됩니다. 리버티뉴스 촬영반은 *** 서울과 또한 이곳 마산 같은 국내 다른 곳에서도 시민들이 데리고 있는 한화 풍경을 사진에 담아 보았습니다.

화면묘사

00:00 자막 "화폐교환"
00:03 화폐 교환의 내용이 적힌 신문 '10환을 1원으로'라는 문구가 보임
00:07 조흥은행 지점 앞에 화폐교환을 하기 위해 온 사람들
00:11 업무가 마비될 정도로 은행 안에 사람들이 들어서 있음
00:14 각 창구에서 화폐교환이 실시되고 있는 모습. 미국 달러의 모습
00:42 한국 국민은행의 간판. 이곳에도 많은 사람들이 화폐교환을 위해 모여 들었음
00:52 화폐교환을 위해 줄을 서서 기다리는 사람들

연구해제

본 영상은 5·16군사정부가 1962년 6월에 행한 통화개혁에 따라 구화폐를 신화폐로 바꾸기 위해 은행을 찾은 시민들의 모습이다.

군사정부는 1962년 6월 9일 밤 10시에 통화개혁을 공표하고 10일부터 즉시 50환 이하의 소액화폐를 뺀 구은행권의 유통과 거래를 금지시켰다. 아울러 음성자금을 분산해서 신고하는 사례를 막기 위하여 서울과 시의 경우는 구은행권 신고를 10일 단 하루 동안 마치게끔 했다. 다만 신권은 17일까지 바꿀 수 있도록 했다. 그럼에도 신권을 바꾸려는 시민들이 몰린 은행 앞은 긴 행렬을 이루며 대혼잡을 이뤘고, 본 〈리버티뉴스영상〉은 그 광경을 드러내주고 있다.

군사정부의 통화개혁은 내자동원을 위한 경제적 조치인 동시에 정치적 조치였다. 즉 통화개혁을 통한 금융통제는 정치적으로 위협이 되는 세력의 경제적 기반을 약화시키는 동시에 민간경제에 대한 통제력을 강화하는 방편으로서도 중요한 것이었다.

하지만 실적은 예상을 훨씬 밑돌았다. 신고액의 경우, 현금으로 퇴장된 거액자금의 비중도 높지 않았고, 그마저 개인이 보유한 것이 아니라 법인·단체가 보유한 것이었다. 그 결과 긴급금융조치대상 534억 원 중에서 봉쇄계정으로 편입된 것은 18.4%인 98.1억 원뿐이었고, 이조차 봉쇄액의 대부분이 기업 등의 법인·단체(봉쇄 대상액의 60.9%) 소유 돈이어서 급격한 경제위축이 불가피했다.

경제성장을 주요 공약으로 앞세웠던 군사정부는 심각한 경제위기 속에 수차의 사후적 보완조치를 강구해야 했다. 미국 역시 사전공지 없던 통화개혁의 철회를 요구했다. 결국 군사정부는 7월 1일자로 저축성 예금의 봉쇄를 전면 해제했고, 7월 13일에는 나머지 봉쇄예금의 1/3은 자유계정으로, 나머지 2/3는 연리 15%의 특별정기예금으로 전환시킬 수 있게 조치했다. 이 역시 금리를 포기하면 중도해약을 할 수 있게 하여 봉쇄계정을 사실상 전면 해제시켰다. 이렇게 통화개혁은 큰 성과 없이 거대한 소동만을 낳은 채 끝나고 말았다.

▌참고문헌

「원 제1일」, 『동아일보』, 1962년 6월 11일.
「사설. 통화개혁을 통해서 나타난 행정력」, 『경향신문』, 1962년 6월 16일.
배영목, 「군사정부의 통화개혁」, 『경제발전연구』 16-1, 2010.

해당호 전체 정보

463-01 농업 회의와 권농일

상영시간 | 01분 27초

영상요약 | 농업회의는 여러 국가의 많은 사람들이 참석한 가운데 진행되었고, 권농일을
맞아 여러 사람들이 함께 모여서 밀짚모자를 받아 들고 논으로 이동해 함께
모내기를 하고 있는 모습을 보여준다.

463-02 새로운 화폐에 따른 화폐교환

상영시간 | 01분 04초

영상요약 | 화폐교환을 시행함에 따라 여러 은행들에 사람들이 화폐를 교환하기 위해 몰
려드는 모습을 보여주는 영상이다.

463-03 영친왕비의 한국 방문

상영시간 | 00분 56초

영상요약 | 영친왕비가 한국을 방문하여 공항에서부터 많은 환영인사들로부터 꽃다발을
받았다. 청와대로 이동해 육영수 부인과 인사 후 차를 마시며 이야기를 나누
었다.

463-04 진해고등학교에서 새로운 교실 낙성식

상영시간 | 00분 55초

영상요약 | 진해고등학교가 새 건물 낙성식을 했다. 학생들이 운동장에 모여 있는 가운데
미군 멜로이 장군과 교장이 새로 지어진 건물 내부를 둘러보고 있다.

463-05 사무엘 D.버거 대사의 로타리 클럽 연설

상영시간 | 00분 42초

영상요약 | 로타리클럽에서 미국 대사 사무엘 D. 버거는 연설을 통해 국가의 가장 중요한
자원은 국민들의 두뇌와 정력, 일에 대한 능력, 의욕으로 정부를 발전시키기

위한 능력이라고 말하였다.

463-06 메이지 대와 한국 육군 팀의 친선 야구시합

상영시간 ㅣ 01분 06초

영상요약 ㅣ 서울운동장에서는 한일 친선 야구경기가 열렸는데, 일본의 메이지대학 팀과 한국의 육군 팀이 대전하였다. 육군 팀과의 경기에 앞서 이미 교통부 팀과 중소기업은행 팀에게 승리를 거둔 메이지대학 팀은 육군 팀과의 경기에서도 승리를 차지해 원정 3전 3승의 승리를 거두고 돌아갔다.

463-07 우주인 카펜터 소령의 복귀

상영시간 ㅣ 01분 23초

영상요약 ㅣ 오로라 7호를 타고 우주여행을 다녀온 스코트 카펜터 소령은 플로리다로 복귀해 비행기에서 내리자마자 가족과 인사를 나누었다. 카펜터 소령의 복귀를 환영하는 수많은 관중들이 도열한 사이로 가족과 함께 이동한 그는 가족들에게 자신이 탔던 오로라 7호를 볼 수 있게 하였다.

463-08 태국방위를 강화하기 위해 떠나는 미군들

상영시간 ㅣ 00분 52초

영상요약 ㅣ 태국의 방위를 강화하기 위한 8,000여 명의 미 해병들이 수송선을 타고 태국으로 들어왔다. 이 해병들은 동북 방어를 향해 떠나는데 동남아시아 조약기구에 가맹된 다른 나라의 병력과 합세할 것이다.

463-09 캐나다 서북지방의 눈사태 유도

상영시간 ㅣ 00분 55초

영상요약 ㅣ 캐나다의 서북지방의 산들에는 눈이 쌓여있어 항시 눈사태가 날 위험에 처해 있기 때문에, 이를 미연에 방지하기 위해 곡사포를 이용하여 미리 산봉우리에서의 폭발로 눈사태를 유도하고 있다.

463-10 미국 유도 선수권 대회

상영시간 ㅣ 01분 35초

영상요약 ㅣ 미국 유도 선수권 대회가 열렸다. 중량별로 선수를 나누어 그 시합을 진행했
　　　　　는데, 180파운드 급 대결에서는 몸집 작은 선수들이 체구가 큰 선수들을 이겨,
　　　　　유도는 체격보다는 기술이 중요함을 말해주고 있다.

미국 군인들에 대한 청와대에서 열린 환영파티 (1962년 8월)

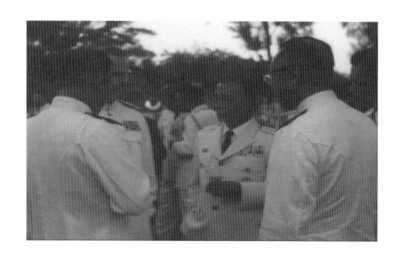

제작정보

출   처 : 리버티뉴스 471호
제 작 사 : 주한미공보원
제 작 국 가 : 미국

영상정보

제 공 언 어 : 한국어
컬   러 : 흑백
사 운 드 : 무

영상요약

가뭄기에 한국 농민들을 도와준 미군들을 환영하는 파티가 청와대에서 열려 사무엘 D. 버거 대사, 유엔군 사령관 가이 멜로이 장군 등 많은 외국 인사들도 참여하였다.

내레이션

(내레이션 없음)

화면묘사

00:08 박정희 의장이 한국 정부 관계자들과 악수를 함
00:12 버거 대사. 멜로이 장군을 비롯한 미국 측 관계자들과 악수를 함
00:26 테이블에 음식이 차려져 있고 그 주변으로 참석자들이 서서 대화를 나누고 있음
00:30 박정희 의장이 미군 관계자들과 악수를 하고 대화를 나눔
00:34 버거 대사가 한국군 관계자와 서서 대화를 나누고 있음
00:36 박정희 의장이 양국 군 관계자들과 서서 대화를 하고 있음
00:38 한국 측 정부관계자와 미국군 관계자가 음료를 마시며 대화를 나누고 있음

연구해제

이 영상은 1962년 8월 9일, 대통령권한대행을 맡고 있던 박정희 최고회의의장이 청와대로 미군 및 미국 관련 인사들을 초청하여 환영만찬을 개최한 장면이다. 명목상 가뭄기에 한국 농민들을 도와준 미군들을 치하하기 위해 개최된 이 파티에는 버거 주한미대사를 비롯하여 멜로이 장군 등이 참석하였다.

1962년 농사 초기라 할 수 있는 5월에 한발통보가 처음 내려진 이후 그해 여름은 각 도에서 가뭄으로 인한 피해가 속출하였다. 이 해의 한발은 "낙동강이 말라 하상바닥으로 자동차가 지나가는 것을 보기는 60 평생에 처음이다"라는 인터뷰 기사가 실릴 만큼 유례가 없었던 것으로 보인다. 여름 내내 가뭄 피해와 이에 대한 대책강구에 대한 보도

가 나왔을 정도였다. 농업이 기간산업인 국가에서 극심한 가뭄은 사회불안과 함께 정부에 대한 비판으로 이어질 수 있다고 판단한 박정희는 한발에 대한 대책을 세우고 이를 해결하는 일이 정권의 정당성을 확보하는 데 중요한 계기가 될 것으로 보았다.

이에 박정희는 유달영 재건국민운동본부장과 유병현 재건회의 최고위원, 장경순 농림부장관을 불러 한발대책을 세울 것을 지시하고, 대책이 서면 "거국적인 국민운동"을 통해 한발을 막을 것이라고 하였다. 최고회의가 결정한 한발 극복 방책은 인공수로를 건설하는 것이었고, 이에 따라 중고등학생을 막론하고 국민들을 총동원한 가용노동인력이 수로공사에 동원되었다.

최고회의는 한해(旱害) 대책비를 43억 원으로 증액하여 양수기 등 필요기기를 구비하는 데 지원하였지만 이는 충분하지 않았던 것으로 보인다. 수로공사에 동원된 학생 및 일반 시민들은 괭이와 삽 등의 기초적인 도구로 수로를 건설해야 했고, 시멘트나 벽돌이 아닌 가마니와 갱목을 사용하는 등 임시적인 조치를 취할 수밖에 없었다.

이처럼 한정된 자원을 활용한 한해대책이 국가적 과제로서 수행되고 있는 시점에서 미군의 지원이 가세하였다. 미 제7군수기지사령부 '캠프 캐롤(Camp Carroll)' 보급시설대 부대에서 시멘트 1,000포대와 불도저, 양수기, 급수차 등 10여대를 현장에 지원하였으며, 30~40개의 못을 파 타들어가는 논밭에 물을 댔다는 보도도 있었다. 하지만 이 같은 미군의 지원은 '캠프 캐롤'이 위치한 왜관지역에 한정된 것이었다.

1962년 한발을 쿠데타로 정권을 잡은 지 이제 겨우 1년이 된 군사정권의 위기상황 극복능력을 가늠하게 하는 시험대로 인식한 박정희에게 주한미군의 도움은 비록 한정된 지역에 제공된 것일지라도 큰 도움으로 여겨졌다. 특히 미국이 군사정권에 대해서 확실한 지지를 보내지 않았음을 고려하면 이 같은 주한미군의 도움을 정권에 대한 지지로 해석하려고 했다고도 볼 수 있다. 주한미국대사를 비롯하여 미군관계자들을 청와대로 초청하여 만찬을 제공했던 것도 이와 관련이 있다고 보인다.

한편, 이 시기는 1960년대 초부터 본격적으로 세간에 알려지게 된 주한미군 관련 범죄와 한미 행정협정 요구 등의 사안이 세간의 관심이 되고 있던 때였다. 박정희가 정권을 유지하기 위해서는 국내적으로 제기되는 주한미군에 대한 비판과 한미행정협정에 대한 요구를 수용하면서도 미국과의 관계를 원만하게 유지하는 것이 절대적으로 요구되는 시점이었던 것이다. 이와 함께 경제개발계획을 시행하는 데 있어서도 한미관계의 안정적인 유지는 필요하였다.

결과적으로 1962년 박정희가 주한미군을 비롯한 미국인사들을 청와대에 초청하여 만찬을 제공한 것은 단순히 한발대책을 지원해준 것에 대한 감사의 표시만으로 볼 수는 없다. 당시 시대적 맥락 속에서 보았을 때 이는 박정희 군사정권 초기 정권유지와 정당성 확보의 필요성 속에서 안정적인 한미관계 유지를 위한 초석을 쌓아가는 과정이었던 것이다.

▌ 참고문헌

「한해대책비 43억으로 증액」, 『경향신문』, 1962년 5월 26일.

「한발대책 적극 세우라」, 『동아일보』, 1962년 6월 29일.

「한발전선」, 『경향신문』, 1962년 7월 2일.

「미군에서 시멘트 한발극복을 지원」, 『동아일보』, 1962년 7월 5일.

「박의장이 초대파티」, 『동아일보』, 1962년 8월 10일.

문순보, 「1960년대 상반기 한미간의 군사적 쟁점 : 미국의 시각을 중심으로」, 『통일문제
연구』 17, 2005.

해당호 전체 정보

471-01 칠대양 작전의 훈련 모습

상영시간 | 01분 14초

영상요약 | 칠대양 작전을 위해 훈련 중인 모습. 제트기들은 날아가다 지상에 폭격하고, 육지에서 군인들은 상륙작전을 훈련하였다.

471-02 탈북자들 기자회견

상영시간 | 01분 21초

영상요약 | 세 명의 탈북자들이 프레스센터에서 기자회견을 하는 영상.

471-03 국제워크 캠프 대회에 참여한 세계 각국 사람들

상영시간 | 01분 13초

영상요약 | 기독교 세계봉사회의 각국 사람들이 모여 함께 일을 하는 국제워크캠프대회의 모습. 이 행사에 참여한 국가는 뉴질랜드, 미국, 스위스, 타일랜드, 일본, 사라왁, 홍콩, 자유 중국, 인도, 한국이다.

471-04 새로이 신설된 전화국

상영시간 | 00분 41초

영상요약 | 새로이 전화국이 신설돼 많은 인사들이 참석하였다. 관할 구역도에 대해 외국 인사들에게 설명을 하거나 강의를 듣는 등의 모습이 보인다.

471-05 한국과 미국간의 첫 정기선

상영시간 | 00분 31초

영상요약 | 한미 간의 첫 정기선이 개통되고 그 첫 운항을 시작하였다.

471-06 미국 군인들에 대한 청와대에서 열린 환영파티

상영시간 | 00분 42초

영상요약 | 가뭄기에 한국 농민들을 도와준 미군들을 환영하는 파티가 청와대에서 열려

사무엘 D. 버거 대사, 유엔군 사령관 가이 멜로이 장군 등 많은 외국 인사들도 참여하였다.

471-07 한국으로 이양되는 미국의 구축함

상영시간 ㅣ 00분 55초

영상요약 ㅣ 미국의 구축함이 한국 해군으로 이양되었다. 군악대의 연주 속에서 배에서는 한국 해군들이 내리고 있고, 이를 보기 위해 많은 사람들이 모여들었다.

471-08 수영대회

상영시간 ㅣ 00분 56초

영상요약 ㅣ 많은 군중들이 운집한 가운데 수영대회가 열려 여러 종목의 수영 시합이 펼쳐졌다. 다이빙 선수의 다이빙 모습들도 함께 보여준다.

471-09 케네디 대통령을 방문한 라오스 수상

상영시간 ㅣ 01분 06초

영상요약 ㅣ 라오스 수상이 케네디 대통령과의 만남을 위해 백악관을 방문하였다. 라오스 수상인 수바나 푸마가 차량에서 내리자 미국 인사들이 그를 반갑게 맞이했으며, 그 이후로 백악관에서 케네디 대통령을 만나 대화하였다.

471-10 여객선을 본따 만든 꼬마 여객선

상영시간 ㅣ 01분 17초

영상요약 ㅣ 멀리서 보기에는 언뜻 여객선처럼 보이지만, 실제로는 한 명만이 탈수 있는 작은 여객선이 물을 떠다니고 있는 모습.

한미 차관협정 (1962년 10월)

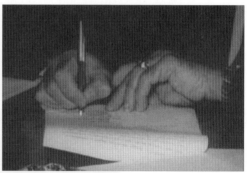

제작정보

출   처 : 리버티뉴스 483호
제 작 사 : 주한미공보원
제 작 국 가 : 미국

영상정보

제 공 언 어 : 한국어
컬   러 : 흑백
사 운 드 : 유

▌ 영상요약

우리나라의 김유택 경제기획원장과 J.H. 에드워드 유솜 부처장이 디젤기관차 도입을 위한 협정을 맺는 장면.

▌ 내레이션

지난 주 우리나라와 미국은 디젤기관차 30대를 도입하기 위한 830만 불의 차관협정에 조인했습니다. 경제기획원에서 체결된 이 협정서에는 김유택 경제기획원장과 J.H. 에드워드 유솜 부처장이 서명했는데 새로운 디젤기관차들이 도입되는 날에는 현재 운행 중인 60대의 증기기관차와 대체하여 모든 기관차들을 디젤화시키려는 교통부 계획에 호응하게 될 것입니다.

▌ 화면묘사

00:00   자막 "리버티 뉴스"

00:09   자막 "483 -1122-"

00:12   자막 "국내 소식"

00:17   자막 "한미 차관 협정"

00:20   한국 국기와 미국 국기가 있는 탁상에 김유택 경제기획원장과 에드워드 유솜 부처장이 앉아 있음.

00:26   안경을 쓰고 협정서에 서명을 하는 김유택 경제기획원장

00:36   협정서에 서명을 하는 에드워드 유솜 부처장과 그것을 지켜보는 김유택 경제기획원장

00:46   협정서에 서명을 하는 에드워드 유솜 부처장

00:49   환하게 웃고 있는 에드워드 유솜 부처장

00:51   협정서에 서명을 하고 웃으며 일어나 악수를 나누는 두 차관

▌ 연구해제

본 영상은 1962년 10월 29일 디젤엔진기관차 30대 도입을 위한 김유택 경제기획원장과 에드워드 유솜 부처장 사이의 830만 불 국제개발처(USAID: United States Agency for International Development)차관협정 체결 모습을 담고 있다.

차관을 비롯한 외자도입이 중요 과제로 떠오른 것은 미국의 대외원조정책에 대한 축소가 확실시 되던 1956년 하반기부터였다. 이승만 정부는 대미 원조를 대체할 방안을 모색했다. 그러나 당시는 외자도입을 위한 법적장치가 전혀 갖추어져 있지 않았고, 외국자본의 자발적 진출 전망은 막연했다. 새로운 기대와 자금신청은 미국이 후발국 지원장치로 만든 개발차관기금(DLF: Development Loan Fund) 공공차관에 집중되었다.

공공차관 획득 노력과 아울러 정부는 민간외자 도입을 위한 제도 마련에도 나섰다. 이는 외국 자본의 직접투자를 목표로 두고, 투자보장과 각종 면세혜택을 제공하는 1960년 1월 1일의 외자도입촉진법과 3월 25일의 시행령 공포로 이어졌다.

장면 정부 역시 경제개발을 주요 과제로 내세운 만큼, 적극적인 외자도입을 추진했다. 재일교포 자본의 도입이 모색되었고, 외자도입촉진법의 현실적 적용을 위한 개정작업이 준비되었다. 이러한 노력은 1961년 5·16군사쿠데타 이후로도 이어졌다. 1962년부터 1966년까지 연평균 경제성장률 7.1% 달성을 내건 군사정부에게 관건은 자본동원이었다. '제1차 경제개발5개년계획'에서는 총 투자액 중 외자를 27.8%의 비중인 6억 8,360만 불로 책정하였다.

미국이 군사쿠데타 세력을 부정적으로 인식함에 따라 전망이 어두워졌던 외자 도입은 1961년 11월 박정희의 미국방문 성사를 계기로 호전되었다. 이에 따라 국내 외자도입 태세도 정비되었다. 1961년 12월 2일부로 경제기획원이 외자도입 사무를 일괄 담당하게 되었고, 1962년 7월에는 플랜트 차관도입의 방안을 구체화시킨 '장기결제방식에 의한 자본재도입에 관한 특별조치법'이 공포되었다. 동시에 '차관에 대한 지불보증법'을 통해 외국자본이 요구하고 있던 원리금에 대한 한국정부의 지불보증방안을 제도화시켰다. 또한 군사정부는 각국 정부와 국제기구를 방문하고, 경제담당외교관을 해외공관에 파견하는 등 '경제외교' 강화에 나섰다.

한편 기존의 증기기관차보다 운영비를 절약할 수 있고 철도 동력을 강화한다는 방침아래 추진된 본 영상의 디젤기관차 도입은 정부가 직접 계약주체로 나선 AID 공공차관에 의한 것이었다. 공공차관은 절차와 선정조건이 까다로웠지만, 평균 이자율이 6% 이상인 민간상업차관보다 낮은 이자율과 긴 상환기관을 가진 만큼 비용 부담이 덜했다. 본 디젤기관차 도입 차관계약 역시 연 0.75%의 이자율로, 10년 거치 후 30년간 균등으로 상환하는 유리한 조건이었다.

▌ 참고문헌

「기관차의 전면 디젤화 추진」, 『동아일보』, 1961년 12월 3일.
「디젤기관차도입 AID차관협정체결」, 『경향신문』, 1962년 10월 29일.
이정은, 「5·16군사정부의 상업차관 도입과 운용」, 『역사와 현실』 84, 2012.

해당호 전체 정보

483-01 한미 차관협정

상영시간 ㅣ 00분 38초

영상요약 ㅣ 우리나라의 김유택 경제기획원장과 J.H. 에드워드 유솜 부처장이 디젤기관차
도입을 위한 협정을 맺는 장면.

483-02 건설소식

상영시간 ㅣ 01분 48초

영상요약 ㅣ 순천에서의 주택 신축 현장과 시찰 중인 박정희 의장의 모습. 광주공군기지
준공식을 축하하는 박정희 의장과 유엔군 사령관 멜로이의 모습도 보인다.

483-03 해군 소식

상영시간 ㅣ 01분 08초

영상요약 ㅣ 해사에서의 1962년도 명예중대 명명식의 모습. 제2차 세계대전에 참전했던 잠
수함의 공개 장면도 보여준다.

483-04 미국 학생극단

상영시간 ㅣ 00분 47초

영상요약 ㅣ 미국 오레곤대학교의 학생극단이 서울과 대구에서 한국 학생들을 위해 공연
을 하는 영상.

483-05 스포쓰

상영시간 ㅣ 01분 42초

영상요약 ㅣ 서울운동장 링에서 미국의 레이 페리스 선수와 우리나라의 강춘원이 친선경
기를 펼쳤다. 그리고 문교부에서 발기한 학생보트경주대회에서 로우보트, 모
터보트 그리고 여자들의 워터스키 시범 장면이 나온다.

483-06 월남의 목판화

상영시간 ㅣ 01분 41초

영상요약 ㅣ 베트남의 예수라 투두엔이 새로운 수법을 가미하여 목판화를 제작하는 영상
이다. 목화판 만드는 과정이 담겨 있으며 투두엔에 대한 평가가 높이 나타나
있다.

483-07 세계 밭 갈기 시합

상영시간 ㅣ 01분 04초

영상요약 ㅣ 화란에서 밭 갈기 세계선수권 대회가 벌어졌는데 밭을 같은 넓이와 깊이로 갈
아야 하는 대회로 이틀 동안 계속된 끝에 결과가 나왔다.

비무장지대에서 공산군이 미군병사 살해 (1962년 11월)

제작정보

출   처 : 리버티뉴스 486호
제 작 사 : 주한미공보원
제 작 국 가 : 미국

영상정보

제 공 언 어 : 한국어
컬   러 : 흑백
사 운 드 : 유

▌ 영상요약

1962년 11월 20일 북한군이 비무장지대에 위치한 유엔군 초소를 습격하였다. 미 제1기갑사단 소속 장병 한 명이 사망하고 다른 한 명이 중상을 입었다. 유엔군 병사들이 습격당한 유엔군 초소를 살펴보며 사건현장 조사를 하고 있다. 중상을 입어 병원에 입원한 한 장병이 기자들 앞에서 당시 사건현장을 이야기하고 있다.

▌ 내레이션

지난 11월 20일 밤 야음을 이용해서 소련제 수류탄을 가진 북한 괴뢰군이 비무장지대를 침범하고 까닭 없는 습격을 가하여 한 명의 미군병사가 죽고 또 한 명이 중상을 입었습니다. 유엔군 초소의 습격으로 인하여 켄터키 주 파리스 출신인 당년 18세인 제임스 존슨 상사가 사망하고, 푸에트리코 출신인 에프리안 올리비에 일등병이 중상을 입었는데, 모두 미 제1기갑사단 소속입니다. 이 사고는 판문점 부근의 공동감시구역으로부터 약 7마일 동북방에서 발생했습니다. 한 개의 수류탄은 초소 안에서 폭발하여 존슨에게는 치명적으로 부상을 입혀 목숨을 앗아가고 올리비에는 중상을 입게 된 것인데, 세 개의 다른 수류탄은 초소 밖에서 터졌으며, 다섯 번째 것은 터지지 않은 채 부근에서 발견됐습니다. 그리고 올리비에 일등병은 병원에서 기자들의 질문에 다음과 같이 말했습니다. "나는 초소 안의 의자에 앉고 책임자 존슨은 내 앞에 있었습니다. 유리가 깨지는 동시에 수류탄이 떨어지고 나하고 존슨은 마룻바닥에 쓰러져 버렸습니다.

▌ 화면묘사

00:02   자막 "리버티 뉴스"
00:08   자막 "486 -1152-"
00:10   자막 "국내소식"
00:17   자막 "비무장 지대에서 공산군이 미군병사 살해"
00:21   비무장지대에서 미군이 쌍안경을 통해 북한군의 동태를 주시하고 있음
00:38   습격을 당한 유엔군 초소의 외관. 총탄으로 인해 유리창이 깨져 있음. 유엔군

병사들이 초소 안을 살피고 있음. 내부에서 쌍안경을 들고 주위를 살피고 있는 한 병사의 모습

00:47 유엔군 초소 습격사건으로 인하여 사망한 제임스 존슨 상사의 사진

00:52 유엔군 초소 습격사건으로 인해 중상을 입은 에프리안 올리비에 일등병이 침대에 누워 있음

00:58 깨져 있는 유엔군 초소 유리창과 총탄 자국이 난 유리창의 모습. 유엔군이 사진을 찍으며 사건현장을 조사하고 있음

01:27 올리비에 일등병이 입원한 병원의 외관. "44th SURGICAL HOSPITAL SUPPORTING THE FIRST TEAM" 푯말

01:30 기자들이 수첩에 메모를 하며 올리비에 일등병을 취재하고 있음

01:34 올리비에 일등병이 침대에 누운 채 당시 사건현장을 회상하고 있음. 침대 옆에는 마이크가 설치되어 있음. 올리비에 일등병 양옆에 있는 간호사와 기자의 모습

연구해제

이 영상은 1962년 11월 20일 비무장지대에서 발발한 북한군의 유엔군 초소 습격사건을 담고 있다. 영상에는 습격을 당한 유엔군 초소의 외관과 사망한 미군의 사진 및 부상당한 미군의 모습이 포함되어 있다.

이 사건은 11월 20일 밤 8시 30분경에 발발했으며, 북한군이 유엔군 관측초소에 수류탄을 투척했다고 알려졌다. 이 공격으로 당시 18살이던 미군 제1기갑사단 소속 제임스 존슨 상사가 사망하고, 에프리안 올리비에 일등병이 중상을 입었다. 올리비에 일등병은 병원에서 가진 기자회견에서 수류탄이 떨어진 후 유리가 깨지는 동시에 자신과 존슨이 쓰러졌다고 진술하였다. 유엔군 대변인은 이를 북한의 공격으로 보고, 아무런 사전경고도 없이 밤중에 일어난 일이라고 비난하였다. 이후 유엔군은 제160회 군사정전위원회 본회의에서 이를 비판하며 책임자 처벌을 요구하였다.

그동안 북한군에 의한 총기난사 및 납치사건 등이 있었지만 모두 한국군에 대한 것들이었는데, 이 사건은 1953년 7월 휴전이 성립된 이래 미군초소에 북한군이 직접 공격을 가한 최초의 사건으로 주목을 끌었다. 특히 이 사건이 발생한 시점이 판문점에서 열린

군사정전위원회 제159회의가 있기 불과 14시간 전이었다는 점에서 더욱 주목을 받았다.

군사정전위원회는 1953년 휴전협정 이후 항시적인 전쟁 재발 위험성에도 불구하고 이를 방지해 온 위기관리기구였다. 이는 휴전협정 제2조(정화 및 정전의 구체적 조치) 제19항에 의거하여 구성되었고, 업무보조를 위해 서울과 개성에 각각 유엔군 및 공산 측 비서처, 판문점에 전방비서처, 실제 감시업무 협조를 위해 4~6명으로 구성되는 10개의 공동감시소조를 두었다. 군사정전위원회와는 별도로 중립국감시위원회도 구성되었다. 중립국감시위원회는 6·25전쟁에서 전투부대가 파견되지 않았던 국가로서 유엔 측이 지명한 스웨덴, 스위스(유엔 측), 공산 측이 지명한 폴란드, 체코(공산 측) 등 4개 중립국 고급장교로 이루어졌다. 중립국감시위원회는 양측이 지정한 출입항에 대한 감독, 시찰업무를 통해 양측의 군사력 증강을 억제하는 것을 주임무로 하였지만, 1956년 유엔군 측의 일방적 조치로 사실상 기능을 상실하였다.

군사정전위원회는 유엔군 총사령관과 북한군 최고사령관 및 중국인민지원군사령관이 공동으로 임명하는 각각 5명씩의 고급장교로 구성되었다. 이처럼 적대적인 양측으로 구성되었기 때문에 의장제도가 없으며, 관례상 소집을 요청한 측이 먼저 회의장에 입장하고 먼저 발언하며 쌍방의 합의에 의거하여 휴회하는 것이 관례이다.

중대한 위반사건이 생겼을 때 상대편이 소집하는 군사정전위원회는 1960년대 들어서면서 더욱 빈번하게 소집되었는데, 1960년 2월 11일 제114차부터 1969년 11월 14일 제297차까지 총 183회의 군사정전위원회가 개최되었다. 그 가운데 공산 측이 제안에 의한 것이 총 134회이고, 유엔사 측의 제안에 의해 개최된 횟수는 49회로 공산 측 요구로 개최된 경우가 약 3배 더 많았다.

이때 주목할 점은 공산진영 측과 유엔군 측이 군사정전위원회에 임하는 방식이었다. 1960년대 군사정전위원회가 열리는 판문점은 '동서냉전의 틈바구니에 낀 설전장'이었다. 회의는 공개로 진행되었으며, 내외신 기자의 취재를 허용했기 때문에 '정치선전장'으로 활용하기 좋은 구조였던 것이다. 1958년 말에 부임한 유엔 측 수석대표 넌 해군소장은 반공선전을 위해 군정위 회의실에 마이크를 장치하고, 여러 개의 확성기를 달아 밖에서도 회의 내용을 잘 들을 수 있게 만들었다. 이는 북한 측도 마찬가지였다. 북한 측은 유엔 측이 위기상황을 유인한다고 비난하였다. 특히 1961년 6월 24일 제142차 군사정전위원회 본회의에서 "유엔 측이 남한에서 새로운 전쟁 준비를 하고 있다"고 비난한 이래, 정전협정 제13조 (ㄹ)항 폐기 철회, "새전쟁 도발책동" 중단, '주한미군 철수' 등을 제기하였다.

1962년 11월의 유엔군 초소 공격사건이 어떠한 연유에서 발발된 것인지 정확히 알 수는 없다. 다만 습격 주체를 북한으로 상정했을 때, 정전위원회를 14시간 앞두고 한국군이 아닌 유엔군 초소를 겨냥했다는 점에서 정전위원회와의 관련성을 염두에 두지 않을 수 없다. 공산 측 대표들은 1961년부터 유엔군의 정찰행위를 위한 공중침범을 항의하였고, 이는 1963년에도 이어졌다. 실제로 미국 측은 폭격 연습 또는 정찰용 항공기를 비무장지대 근처 상공까지 정기적으로 비행시켰으며, 북한 항공기들이 비무장지대 근처까지 접근해오면 평시조치 보다 더 강력한 예방조치를 취하였다. 공산 측과 유엔 측은 군사정전위원회에서 상대방이 위기국면을 조장한다며 책임을 물으면서도 신경전을 벌이고 있었던 것이다. 따라서 이 같은 맥락이 1962년 11월의 습격사건과 무관하지 않다고 볼 수 있다.

참고문헌

「두 미병사상」, 『경향신문』, 1962년 11월 23일.
「빈발하는 북괴군의 사격사건」, 『동아일보』, 1962년 11월 24일.
김보영, 「1960년대 군사정전위원회와 '정전체제'」, 『역사와 현실』 50, 2003.

해당호 전체 정보

486-01 비무장지대에서 공산군이 미군병사 살해

상영시간 ㅣ 01분 52초

영상요약 ㅣ 1962년 11월 20일 북한군이 비무장지대에 위치한 유엔군 초소를 습격하였다. 미 제1기갑사단 소속 장병 한 명이 사망하고 다른 한 명이 중상을 입었다. 유엔군 병사들이 습격당한 유엔군 초소를 살펴보며 사건현장조사를 하고 있다. 중상을 입어 병원에 입원한 한 장병이 기자들 앞에서 당시 사건현장을 이야기하고 있다.

486-02 전국 4H 경진대회

상영시간 ㅣ 00분 57초

영상요약 ㅣ 제8회 전국 4H 경진대회가 수원에 있는 서울대학교 농과대학에서 열렸다. 정남규 농촌진흥청장이 개회사를 하는 모습과 주한미국대사관 마지스트레티 부대사가 연설하는 모습이다. 아울러 전국 4H클럽 회원들이 경진대회에서 글짓기, 봉제하는 모습을 보여주고 있다. 국내외 귀빈 및 시민들이 4H클럽 회원들의 작품이 전시되어 있는 전시회를 관람하고 있다. 아울러 경진대회에서 입상한 입상자들이 상을 받는 모습이다.

486-03 건설소식

상영시간 ㅣ 03분 57초

영상요약 ㅣ 전남 장흥군 대덕면에서 북한 피난민들이 둑 축조공사를 하고 있는 모습이다. 피난민들이 배, 지게 등을 이용하여 흙, 돌 등을 공사현장에 운반하고 있다. 이후 대한민국 정부의 지원을 받아 곤돌라 등 건설 장비를 이용하여 공사를 진행하고 있는 모습을 보여주고 있다. 경기도 안양에서 새로운 가축위생연구소 준공식이 열렸다. 국내외 귀빈들이 준공식 이후 연구소 내부를 둘러보고 있다. 한편 미국의 원조자금으로 마련된 ICA 주택계획에 따라 전국 곳곳에 주택건설공사가 한창이다. 한국기자단 일행이 주택 건설공사 현장을 둘러보고 있다. 아울러 주택 건설공사 현장에서 일하는 노동자들의 모습을 보여주고 있다.

486-04 글라이더 훈련소

상영시간 | 03분 48초

영상요약 | 서울 여의도비행장에서 공군 글라이더 훈련소 설치 기념식이 거행되었다. 기념식에 참가한 대학생들이 정렬해있는 모습과 공군 고위 인사가 기념치사를 하는 장면이다. 아울러 대학생들로 구성된 훈련소의 1기, 2기생들의 수료식도 함께 거행되었는데, 훈련생들이 글라이더 훈련에 임하는 모습과 한 훈련생의 글라이더 비행 장면을 보여주고 있다.

486-05 소련 유도탄 큐바서 철거

상영시간 | 01분 07초

영상요약 | 소련이 쿠바에서 유도탄을 반출하기로 결정하였다. 카리브 해에 유도탄을 실은 소련 선박이 항해하는 모습이다. 아울러 미국 감시원을 태운 비행기가 소련 배 위를 비행하면서 현지 동향을 미국 당국으로 보고하고 있다.

486-06 루즈벨트 여사의 장례

상영시간 | 01분 18초

영상요약 | 루즈벨트 전 대통령의 부인인 엘리노어 여사가 78세로 별세하였다. 엘리노어 여사가 살던 작은 마을의 교회에서 장례식이 거행되었다. 케네디 미국 대통령 내외를 비롯한 미국의 주요 인사들이 장례식에 참석하였다. 하관식을 비롯한 장례 예식 장면을 보여 주고 있다.

콜레라 발생 (1963년 10월)

제작정보

출   처 : 리버티뉴스 530호

제 작 사 : 주한미공보원

제 작 국 가 : 미국

영상정보

제 공 언 어 : 한국어

컬   러 : 흑백

사 운 드 : 무

콜레라가 발생해 여러 환자들이 생긴 가운데, 외국의 존 로이스 의사를 초빙하여 치료에 힘쓰는 한편, 콜레라 방역차량을 여러 곳에 배치하며 예방접종을 실시하기도 하고, 미군 등의 지원 또한 이어지고 있다.

■ 내레이션

(내레이션 없음)

■ 화면묘사

00:09	자막 "리버티 뉴스"
00:18	자막 "530-1013-"
00:20	자막 "국내소식"
00:26	자막 "콜레라 발생"
00:39	구급차에 탑승하고 있는 의료진들
00:37	환자를 이송하여 진료하고 있는 모습
00:59	존 로이스 의사가 한국을 방문해 상태를 보고 있음
01:23	콜레라 방역 차량의 모습
01:31	해외에 다녀온 사람들에게는 예방접종을 실시하고 있는 모습
01:47	외국의 지원물품들이 한국에 도착하는 모습

■ 연구해제

이 영상은 1963년 가을에 발생한 콜레라 방역활동을 담은 것이다. 외국 방역전문가의 활동, 콜레라 방역차량, 예방접종 장면 등을 살펴볼 수 있다. 빠른 전염 속도로 인해 1군 법정전염병인 콜레라는 콜레라균의 감염으로 급성 설사가 유발되어 중증의 탈수가 빠르게 진행되며, 이로 인해 사망에 이를 수도 있는 전염성 감염 질환이다. 발생 계절로는 이른 여름에 시작되어 한여름에 창궐하며 늦가을까지 계속된다. 예로부터 우리나라의 각종 문헌에서는 괴질(怪疾)·윤질(輪疾)·윤행괴질(輪行怪疾)·진질(疹疾)이라고 하였으며, 이 중에서도 괴질이라는 말이 가장 흔히 사용되어 왔다. 한자어로는 호열자라고 쓴다. 현대에 들어서는 해방 직후 1946년 15,000여 명의 사상자를 냈고, 17년만인 1963년 9월 2일 최초 환자가 발생했다. 당시 보건대학원생 역학조사반에 따르면, 환자를 확인한 것은 9월 21일이었고 동해안, 남해안 일대에서 높은 이환율과 치명율을 보여 지방 방역시설의 문제가 지적되었다.

콜레라균은 주로 오염된 식수나 음식물·과일·채소, 특히 연안에서 잡히는 어패류를 통해 경구 감염 되며, 장례식 등 많은 사람이 모이는 경우 오염된 음식물을 통해 집단발생이 일어날 수 있다. 이에 당국은 콜레라방역본부와 대학병원에 치료본부를 설치하고, 환자발생지구의 통행금지를 비롯해서 외항선의 출입항을 금지, 항만봉쇄, 선어어획과 판매금지, 각급 학교의 휴교, 출입여객들의 예방주사 접종 증명 휴대 등등 대책을 세웠고, 세계적 전문가 필립 박사와 예방접종약, 링겔 등을 긴급히 들여왔다. 10월 18일 이후 콜레라 환자가 추가적으로 발생하지 않자 11월 1일 콜레라방역대책본부는 임무를 마치고 해체되었다. 1963년에 발생한 콜레라 환자는 995명(진성 415명), 그중 사망자 76명(진성 38명)을 기록했다. 1946년에 비해 적은 희생에 그쳐 당국의 활동과 국민의 협조상황은 긍정적으로 평가되었다.

█ 참고문헌

「콜레라 決算」, 『동아일보』, 1963년 11월 4일.
「終焉한 콜레라 防疫을 決算해본다」, 『경향신문』, 1963년 10월 21일.
「1963年의 備忘錄(8) 『콜레라』侵入 眞性菌을 檢出한 李建鎭의사」, 『동아일보』, 1963년 12월 14일.
아노 카렌, 『전염병의 문화사』, 사이언스북스, 2001.

해당호 전체 정보

530-01 콜레라 발생

상영시간 ㅣ 02분 05초

영상요약 ㅣ 콜레라가 발생해 여러 환자들이 생긴 가운데, 외국의 존 로이스 의사를 초빙하여 치료에 힘쓰는 한편, 콜레라 방역차량을 여러 곳에 배치하며 예방접종을 실시하기도 하고, 미군 등의 지원 또한 이어지고 있다.

530-02 풍년이 든 벼농사

상영시간 ㅣ 01분 11초

영상요약 ㅣ 벼농사가 풍년이 들어 농촌에는 고개 숙인 벼들이 빼곡히 들어서 있는 모습. 풍년을 맞아 농부들은 기분 좋게 수확 작업을 하고 있으며, 한편에서는 풍년에 감사하는 마음으로 풍악을 울리며 즐거워하고 있다.

530-03 함백산에 시범 새 주택 준공

상영시간 ㅣ 00분 52초

영상요약 ㅣ 강원도의 함백산에 위치한 곳에 새로운 시범주택들이 지어졌다. 여러 외국 인사들도 함께 참석한 가운데 주민들이 새 주택들을 둘러보고 있다.

530-04 일반인에게 명예 해병 임명

상영시간 ㅣ 00분 50초

영상요약 ㅣ 7명의 민간인에게 명예해병을 임명하는 식이 거행되었다. 행사장에서는 식을 축하하는 여러 모습이 보이며, 행사가 끝나고는 이들을 위한 가든파티가 열려 여러 국내외 인사들이 초청되었다.

530-05 제5회 아시아 야구 대회

상영시간 ㅣ 00분 58초

영상요약 ㅣ 제5회 아시아 야구대회가 서울에서 열려, 한국 팀이 일본 팀을 상대로 승리하였다.

530-06 핀란드에 방문한 존슨 부통령과 가족들

상영시간 | 01분 10초

영상요약 | 존슨 부통령과 그의 가족들이 핀란드에 방문해 대통령 관저에 들렀다가 거리
로 나와 시민들과 인사하였다.

530-07 필리핀에서 진행된 막사이사이 상 수상식

상영시간 | 01분 38초

영상요약 | 필리핀에서 5개 부문에서 공적이 있는 사람들에게 주어지는 막사이사이상 수
상식이 진행되었다.

530-08 해상에서 진료를 할 수 있는 홍콩

상영시간 | 00분 58초

영상요약 | 홍콩에서 해상 진료선이 생겨 바다 위에서 사람들을 진료해줄 수 있게 되었다.

530-09 금문교에서 열린 수영대회

상영시간 | 04분 41초

영상요약 | 샌프란시스코에 있는 금문교에서 수영대회가 열림. 여성 참가자들은 수영복
으로 환복한 뒤 시합을 준비하고 있고, 여러 기자들은 이들을 찍기 위해 몰려
들었다.

1963년 대통령 선거 (1963년 10월)

제작정보

출   처 : 리버티뉴스 532호

제 작 사 : 주한미공보원

제작국가 : 미국

영상정보

제공언어 : 한국어

컬   러 : 흑백

사 운 드 : 유

영상요약

1963년 10월 15일 대통령선거가 실시되었다. 유권자들이 줄을 서서 투표를 하는 모습과 박정희 민주공화당 대통령후보 내외와 윤보선 민정당 대통령후보 내외가 투표를 하는 모습을 보여주며, 유엔한국통일부흥위원단이 투표소를 시찰하는 모습도 보여주고 있다. 투표가 종료된 후 개표위원들이 개표를 진행하는 모습이다. 유권자들은 개표 방송이나 신문사 앞에 설치된 득표수 속보판을 보며 투표 결과를 기다리고 있다.

내레이션

10월 15일은 전국적으로 대통령선거의 날이었습니다. 각 투표소는 오전 7시에 그 문이 열렸으며, 도시나 벽촌 할 것 없이 전국 도처의 국민들은 투표하러 나왔습니다. 전 유권자의 8할인 10,000,000명 이상이 질서정연한 태도 속에 그들의 참정권을 행사했습니다. 각 투표소 앞에는 투표인들이 장사진을 지어 서있었습니다. 언커크 즉 유엔한국통일부흥위원단의 대표들은 투표소 일부를 시찰했습니다. 해가 저물어질 무렵에 투표자는 더 많아졌습니다. 입후보한 사람들 중에서 제일 유력한 경쟁자인 민주공화당의 박정희 후보와 민정당의 윤보선 후보도 일반 투표자 속에 볼 수 있었습니다. 선거종사원들이 개표에 바쁜 한편, 보도진에서는 밤을 세워가며 일반에게 개표 결과를 시시각각으로 알려줬습니다. 온 국민은 애태우며 그 결과를 기다리고 있었습니다. 초조한 군중들은 선거 당일 밤은 물론 이튿날도 온종일 신문사 앞에 세워놓은 커다란 선거 속보판에 몰려들었습니다. 게다가 박정희, 윤보선 양 후보는 서로 상대를 번갈아 가며 압도하는 시소전을 보여 흥분도 더했던 것입니다. 상대보다 우세해있는가 하면, 또 압도당하는 개표가 이튿날 오후까지 계속된 다음 박정희 후보에게 결정적으로 우세한 득표가 나오기 시작했습니다.

화면묘사

00:03 자막 "리버티 뉴스"
00:11 자막 "532 -1033-"

00:13 자막 "국내소식"

00:19 자막 "대통령 선거"

00:23 자막 "1963년 10월 15일". 대통령 후보 유세장에 모여 있는 수많은 시민들

00:29 유권자들이 대통령 선거 투표를 하기 위해 투표소로 향하는 모습. 농촌과 도시 투표소 앞에서 줄을 서서 기다리는 유권자들. 노인 유권자들의 모습 클로즈업

00:53 투표소에서 선거 위원들이 유권자들에게 투표용지를 배부하고 있음. 유권자들의 신분증을 확인한 후 선거위원들의 도장이 찍힌 투표용지를 나누어 주고 있음

01:10 투표를 시작하기 전에 투표함이 비었다는 것을 기자들에게 보여주고 있음. 사진을 찍는 취재진들의 모습. 투표함 위에 선거위원들이 도장을 찍고 있음. 투표준비가 마무리 된 투표함의 모습

01:23 "10월 15일 대통령 선거" 푯말

01:25 유엔한국통일부흥위원단 대표들이 투표소를 시찰하고 있음. 유권자들이 기표소에서 기표를 한 후 투표용지를 투표함에 넣는 모습

01:57 박정희 민주공화당 대통령 후보와 육영수 여사가 투표를 하고 있음

02:04 민정당의 윤보선 후보 내외가 투표를 하는 모습

02:17 한 가정에서 라디오 개표방송을 듣고 있음. 개표방송이 나오는 라디오 클로즈업. 신문을 보며 당선자를 예상해보는 가족들의 모습

02:30 10·15 대통령 선거 개표판. 선거종사원들이 개표상황을 개표판에 적고 있는 모습. 국민들이 개표판 앞에 모여 개표상황을 지켜보고 있음

02:36 조선일보사 앞에 설치된 대통령 선거 속보판의 모습. 신문사 속보판 앞에 모여 있는 시민들. 개표상황을 다룬 기사를 보고 있는 시민들. "10·15 大統領選擧得票數速報(대통령선거득표수속보)" 속보판. 선거종사원들이 개표상황을 반영하여 득표수를 수정하고 있음

02:47 투표함을 개시하여 개표를 진행하는 개표위원들의 모습

연구해제

이 영상은 1963년 10월 15일에 있었던 제5대 대통령선거와 관련된 것이다. 화면에는 박정희 후보와 윤보선 후보가 득표한 표 수, 사광욱 중앙선거관리위원장의 대통령 당선

인 발표 모습, 당선통지서, 박정희 후보의 당선을 알리는 신문 기사들, 사무엘 버거 주한미국대사의 축전, 윤보선과 박정희의 기자회견 모습 등이 담겨 있다.

박정희를 위시한 군부세력은 5·16군사쿠데타로 국가권력을 장악했지만, 혁명을 완수하면 군에 복귀하겠다고 공약했기 때문에 군정을 지속할 수는 없었다. 취약한 정통성을 확보하기 위해서는 반드시 민정이양과 선거라는 합헌적 방식으로 집권해야 했다. 민정이양을 앞둔 1963년 2월 18일, 박정희는 9개 항의 요구를 제시하면서 그것이 실현되면 선거에 출마하지 않겠다고 선언했다. 9개 항은 '군의 정치적 중립과 민간정부 지지, 5·16혁명의 정당성 인정, 한일 문제에 대한 정부 방침에의 협력' 등이었다. 이 요구조건이 충족되면 자신은 민정에 불참하고, 정치활동정화법으로 활동을 규제했던 정치인을 전면 해금하겠으며, 1963년 5월 이전에 선거를 실시하겠다고 약속했다.

그러나 이는 제스처에 불과했다. 1963년 3월 7일 박정희는 원주 1군사령부에서 훈시를 하면서, "해악을 끼친 구정치인은 물러나야 하며 만약 정계가 혼란해지면 다시 민정에 참여하겠다"고 발언했다. 3월 16일 박정희는 마침내 국민투표에서 신임을 받게 된다면 향후 4년간 군정을 연장하겠다는 성명을 발표했다. 그러나 군정 연장안에 대한 항의가 확산되자 4월 8일에는 국민투표를 보류하겠다고 선언했다가 최종적으로 8월 31일, 공화당 총재직과 대선 후보를 수락하며 선거에 참여할 것이라고 밝혔다.

군사정권은 제5대 대통령 선거일을 1963년 10월 15일로 공고하였다. 선거에는 모두 7명의 후보가 나섰다. 그만큼 당시 야당은 분열되어 있었다. 물론 윤보선이 이끄는 민정당과 허정이 이끄는 신정당, 이범석이 이끄는 민우당이 1963년 8월 '국민의 당'이라는 이름으로 통합을 시도한 적이 있었으나, 민정당 내 윤보선계의 이탈로 통합이 무산되어 대통령선거에 민정당의 윤보선과 국민의 당의 허정이 각각 출마하게 되었다. 그밖에 박정희에게 버림받은 자유민주당의 송요찬과 정민회의 변영태, 추풍회의 오재영, 신흥당의 장이석 등이 후보로 나섰다.

그러나 대선의 기본적인 대결 구도는 박정희의 민주공화당과 윤보선의 민주정의당(민정당)이 벌이는 2파전이었다. 박정희의 공화당은 신생 정당으로서의 참신성과 경제개발이라는 새로운 희망을 내걸고 지지를 호소했다. 민정당 등의 야권은 쿠데타 집권세력의 절차적 부당성과 군정이 노출한 폭력성과 부패 등을 부각시키면서 지지를 호소했다. 선거 막판이 되자 윤보선 진영에서는 박정희가 여순사건에 연루되었던 과거를 들추며 색깔 공세를 펼쳤다. 이 색깔 공세는 미묘한 파장을 불러일으켰다. 그때까지 상대적으로 혁신적 지향을 보이던 세력이 갑자기 박정희를 지지하기 시작한 것이다. 색깔 공세는 박정희 지지자의 일부를 돌아서게 했지만, 반대로 진보적 성향이 강한 지역에서는 박정희가 승리하는 결과를 낳게 하기도 했다.

결국 1963년 10월 15일 대선에서 박정희는 15만여 표 차로 신승했다. 박정희는 경상도와 전라도 등에서 많은 표를 얻었고, 윤보선은 서울, 경기 지역과 충청도, 강원도에서 많은 표를 얻었다. 군정의 실정과 비민주적 정권욕에 따른 여론 악화, 그리고 선거 막판 야당의 후보단일화에도 불구하고 박정희가 승리할 수 있었던 요인은 기본적으로 군정과 공화당의 막강한 조직력과 자금력 때문이었다. 그러나 박빙의 접전에서 한민당 이래 야당의 텃밭이었던 호남에서 거둔 약 30만 표 차이의 대승과, 해방 직후 좌익세력이 강했고 1956년 대통령선거 당시 조봉암 표가 많이 나왔던 지역에서의 승리도 중요한 역할을 했다. 호남에서의 승리는 1963년 수해와 흉작으로 시달리던 호남지역에 선거 직전 미국과 일본에서 들여온 밀가루를 다량 살포한 것이 큰 역할을 했다. 반면 해방 직후 좌익세력이 강했고 1956년 대통령선거 당시 조봉암 표가 많이 나왔던 지역에서의 승리는 사상논쟁과도 밀접한 관련이 있었다. 뒤이은 11월 26일 총선에서도 공화당이 압도적으로 승리를 거뒀다. 총선 결과 공화당은 110석, 민정당은 41석, 민주당은 13석을 차지했다.

▌참고문헌

민주화운동기념사업회 연구소, 『한국민주화운동사』 1, 돌베개, 2008.
서중석, 『대한민국 선거이야기』, 역사비평사, 2008.

해당호 전체 정보

532-01 대통령 선거

상영시간 ⏐ 03분 03초

영상요약 ⏐ 1963년 10월 15일 대통령선거가 실시되었다. 유권자들이 투표소에서 줄을 서서 투표를 하고, 아울러 박정희 민주공화당 대통령후보 내외와 윤보선 민정당 대통령후보 내외가 투표를 하는 모습을 보여주며,. 유엔한국통일부흥위원단이 투표소를 시찰하는 모습도 보여주고 있다. 투표가 종료된 후 개표위원들이 개표를 진행하는 모습이다. 유권자들은 개표 방송이나 신문사 앞에 설치된 득표수 속보판을 보며 투표 결과를 기다리고 있다.

532-02 민속예술경연대회

상영시간 ⏐ 01분 30초

영상요약 ⏐ 1963년 10월 7일부터 3일간 덕수궁에서 제4회 전국민속예술경연대회가 열렸다. 경연대회에 참가하기 위해 상경한 전국 도처의 농악대와 민속무용단이 서울 거리에서 공연을 하며 행진하고 있다. 거리에서 공연을 구경하는 시민들의 모습을 보여주고 있다. 밤에 경연대회가 시작하였는데, 황해도 팀은 작두타기, 경기도 팀은 탈춤을 선보이고 있다.

532-03 열차 탈선

상영시간 ⏐ 00분 38초

영상요약 ⏐ 1963년 10월 7일 김천에서 대구로 가던 통근열차가 선로고장으로 탈선되어 객차들이 철도 밑으로 떨어지는 사고가 발생하였다. 객차에서 승객들을 밖으로 꺼내는 모습을 보여주고 있다. 다행히 이날 사고에서 중상자는 없었다. 승객들이 열차 사고현장을 구경하는 모습이다.

532-04 전국체육대회

상영시간 ⏐ 00분 58초

영상요약 ⏐ 전주에서 제44회 전국체육대회가 열렸다. 전국체육대회 최종경기인 고등부

축구 결승전 장면이다. 충북 대표 청주상고 팀과 강원도 대표 강릉농고 팀이 경기를 하고 있으며, 경기를 관람하는 관객들의 모습도 보여준다. 아울러 서울 대표 상업은행 팀과 전남 대표 소피아 오비 팀의 여자 농구 결승전 장면을 보여주고 있다.

532-05 가톨릭 공의회 재개

상영시간 | 01분 26초

영상요약 | 바티칸 시 베드로 성당에서 로마 카톨릭 공의회가 재개되었다. 교황 바오로 6세를 비롯한 카톨릭 성직자들이 성당 내부로 입장하는 모습이다. 회의 시작에 앞서 기도를 하고 교황관을 쓰는 교황의 모습이다. 아울러 이번 공의회에 참석한 로마 카톨릭 성직자들과 다른 교파의 관계자들을 보여주고 있다.

532-06 미국의 인구

상영시간 | 01분 02초

영상요약 | 미국 수도 워싱턴에 위치한 상무성 청사의 모습이다. 상무성 청사 내부에는 미국 인구수를 자동적으로 나타내는 게시판이 있다. 미국 인구수가 증가함에 따라 게시판의 숫자가 점점 증가하고 있다. 아울러 미국 병원의 신생아실에 있는 갓난아기들의 모습을 보여주고 있다.

532-07 티베트 피난민

상영시간 | 00분 40초

영상요약 | 인도에 피난온 티베트 피난민들이 타국 땅에서 살아가는 모습이다. 티베트 피난민들이 산양을 치기도 하고 밭을 개간해서 농사를 짓기도 하는 모습을 보여주고 있다. 아울러 풀잎을 채취하여 리어카에 싣는 모습이다.

532-08 미스터 세계 선발대회

상영시간 | 00분 01초

영상요약 | 영상 없음. 오류.

석굴암 보수 (1964년 3월)

제작정보

출　　　처 ：　리버티뉴스 554호
제 작 사 ：　주한미공보원
제작국가 ：　미국

영상정보

제 공 언 어 ：　한국어
컬　　　러 ：　흑백
사 운 드 ：　유

영상요약

1963년에 시작된 석굴암 재건축 현장의 모습이다. 석굴암의 내부와 외부의 모습을 보여주고 있다.

내레이션

약 200여 년 전의 한 그림이 최근에 발견되어 우리나라 유일의 석굴암 암자 재건축에 광명을 가져왔습니다. 당국은 1963년도부터 석굴암 암자의 재건축을 서둘러 왔지마는 고증자료라고는 절간 지붕에 덮였던 부서진 기와조각뿐이었기 때문에 건설공사는 다만 전문가들의 상상에 따라 진행되어왔던 것입니다. 그러던 중 최근에는 우리나라의 미술품 수집가였던 고 전영필 선생 댁에서 발견된 석굴암 암자의 도형을 보면 새로 지은 절은 본래의 그것과 근사하고 절간의 방수까지도 같다는 것이 확인됐습니다.

화면묘사

00:00 자막 "석굴암 보수". 1963년 고 전영필 집에서 발견된 그림의 전경. 석굴암 암자의 모습이 담겨져 있음
00:11 재건축된 석굴암 암자 클로즈업. 기와지붕, 주춧돌의 모습
00:32 석굴암 내부에 있는 불상과 석굴암 내부 벽에 조각된 부처, 보살 등의 모습 클로즈업
00:50 산중턱에 위치한 석굴암 전경

연구해제

본 영상은 1964년 2월 경주 석굴암 복원 진행 상황에 대해서 보고하고 있다. 영상은 복원 이전의 황폐한 석굴암의 모습과 야외에 노출되어 있는 석불들을 고스란히 담고 있다.

석굴암은 신라 천년의 찬란한 예술을 상징하는 문화재다. 석굴암은 창건 이래 수차례 보수되어 왔다. 조선시대의 기록으로는 1703년 숙종 대에 종열(從悅)이라는 사람이, 그리

고 1758년 영조 대에는 대겸(大謙)이 중수했다는 내용이 불국사 고금창기(古今創記)에 남아있으며, 그 후 조선 말기에 울산병사 조예상이 크게 중수했다는 이야기도 전해진다. 그 후 오랜 기간 토함산의 토사에 파묻혀있던 석굴암은 1907년 집배원에 의해서 우연히 발굴되었고, 1912년부터 1915년까지 조선총독부에 의해 석굴암 해체 공사가 진행되었다. 그러나 석굴을 재조립하는 과정에서 시멘트를 사용하고, 또한 지하수 처리를 완벽하게 하지 못한 탓에 석굴암 보존에 치명적인 문제를 남기게 되었다. 시멘트에서 방출되는 이산화탄소와 칼슘이 석굴암의 재료인 화강암을 부식시켰고, 지하수의 누수로 인한 석굴 내부의 습기로 불상에 이끼가 자라게 되었기 때문이다. 조선총독부는 이 문제를 해결하기 위해 수차례 중수를 시도하지만 효과를 거두지 못한다. 해방 이후에도 고온 증기를 이용한 이끼 제거 등을 여러 차례 시도했지만, 이 역시 불상 훼손 등의 위험 때문에 지속하기 어려운 상황이었다.

석굴암의 보수는 1960년대에 들어 새로운 전기를 맞는다. 1961년 2월 문화재보존위원회가 '석굴암 보수공사 조사심의회'를 구성하기로 결의하고, 문화재관리국은 1961년 9월부터 1964년 7월 1일까지 총공사비 2,200만 원을 투입해 석굴암 전면 복원공사를 시행했다. 공사 초기에는 여러 난제들이 산적해있었다고 한다. 석굴암과 관련된 자료들이 부족해 원형을 알 수 없었기 때문이다. 특히 석굴암 앞에 전실이 존재하고 있었는지에 대해서는 의견이 분분했다고 한다. 따라서 초기에는 공사장에서 나온 기왓장과 건물 초석의 파편 등이 유일한 근거였기 때문에, 추측만으로 공사를 진행했다고 한다. 다행히도 1964년 공개된 겸재 정선의 그림에 조선시대 석굴함의 모습이 묘사되어 있어 그 문제를 해결해 주었다. 「경주골 굴석굴」이라는 제목의 이 그림에는 토함산 밑 석굴암 앞에 있는 돌 기단 위에 기와 팔작가(八作家)가 역력히 그 모습을 보이고 있어 석굴암 앞 전실이 확실히 있었음을 증명해줬기 때문이다. 그림의 발견 이후 문화재관리국은 안동 봉정사 극락전과 영주 부석사에서 본을 따서 8m 높이의 전실을 만들었다. 그리고 일제시대 조선총독부에 의해 시멘트가 칠해져 있던 돔을 2중 돔으로 전면 보강하여 비와 지하수를 막게 했고, 통풍장치를 설치해 석굴 내에 습기가 머물러 있지 못하게 했다.

지금까지도 문화재청에서는 석굴암 보수공사가 한국의 문화재 행정 역사에서 중요한 기점이 되었던 사업이었다고 평가한다. 해방 이후 처음으로 한국 정부기관이 자체 기획과 치밀한 사전조사 및 현장 시공 관리를 통해 일제의 잔재를 말끔히 털어내고 1200여 년 만에 창건 당시의 원형에 가깝게 복원함으로써 자주적인 문화재 복원 관리에 새로운 전기가 되었다는 것이다. 그렇지만 당대의 신문 기사들을 살펴보면, 석굴암 공사가 완료된 지 불과 1년도 지나지 않은 시점부터 여러 문제들이 발생했다는 점을 쉽게 찾아볼 수 있다. 예컨대 1965년 7월 『동아일보』에 실린 '석굴암 보수공사는 재평가되어야 한다'는 제목의 기사를 살펴보자. 기사의 요지는 공사를 시행했음에도 불구하고 석굴암 내부의 제습이 원활하지 못하여 불상들의 훼손이 우려되는 상황이며, 문화재관리국은 보수공사를 다시 시작해야 한다는 것이다. 이런 문제로 인해 몇 차례 보수공사가 더 진행되기는 했지만 근본적인 해결은 하지 못했던 것으로 보인다. 1968년에는 석굴암 석물이 마멸되었다는 사실이 보도되었기 때문이다.

현재 석굴암은 자연 상태에서의 습기조절에 대한 답은 현재까지도 찾아내지 못해 입구가 유리로 봉해져 실내의 습기를 조절하는 방식으로 보존되고 있다. 현대 첨단과학도 해결하지 못하는 1000여 년 전 신라시대 석굴암을 건축한 신라인들의 높은 과학 기술력은 여전히 미스터리로 남아 석굴암의 문화적 가치를 한층 높이고 있다.

참고문헌

「석굴암 앞에 팔작가전실」, 『동아일보』, 1964년 2월 13일.
「석굴암 석불 마멸」, 『동아일보』, 1968년 12월 18일.
『문화재청 50년사』, 문화재청, 2011.

해당호 전체 정보

554-01 최근의 미국원조

상영시간 ㅣ 01분 58초

영상요약 ㅣ 1964년 3월 9일 경제기획원에서 군산 화력발전소 건설을 위한 한국과 미국 간의 차관협정이 체결되었다. 김유택 경제기획원장과 하워드 에드워드 유솜 부처장이 차관협정에 서명을 하는 모습이다. 아울러 부산 감천발전소의 내외부 모습과 국내외 인사들이 발전소를 시찰하는 모습을 보여주고 있다. 마지막으로 1963년 12월 이래 미국에 제공한 개발차관의 구체적인 항목을 화면으로 소개하고 있다.

554-02 석굴암 보수

상영시간 ㅣ 00분 53초

영상요약 ㅣ 1963년에 시작된 석굴암 재건축 현장의 모습이다. 석굴암의 내부와 외부의 모습을 보여주고 있다.

554-03 꽃 자리 짜기

상영시간 ㅣ 00분 47초

영상요약 ㅣ 겨울철에 전남 보성군 축내리 농민들이 모여 꽃자리를 짜는 광경을 보여주고 있다.

554-04 고아 구호에 나선 미 군의관

상영시간 ㅣ 01분 00초

영상요약 ㅣ 인천에 정박한 미국 해군 군함을 구경하는 혜성보육원 어린이들의 모습이다. 미국 해군 군의관 피어슨 대위가 혜성보육원을 방문하여 어린이들을 진료하고 있다.

554-05 푸로 레스링

상영시간 ㅣ 01분 03초

영상요약 | 대한프로레슬링협회의 주최하에 국내 레슬링선수권대회가 열렸다. 레슬링경기의 여러 장면들을 보여주고 있다.

554-06 존슨 대통령 기자회견

상영시간 | 01분 42초

영상요약 | 존슨 미국 대통령이 기자회견장에서 초음속 비행기인 A-11 제트기 개발 성공에 대하여 발표하는 모습이다. 수많은 취재진들이 기자회견에 모여 취재를 하고 있다.

554-07 관타나모 미군 기지

상영시간 | 01분 20초

영상요약 | 관타나모 미군기지에 식수를 생산하는 군함이 도착하였다. 이는 식수를 둘러싼 쿠바와 미군과의 분쟁이 있었기 때문이다. 쿠바와 미군의 관계 악화로 인해 쿠바는 식수공급을 중단하였다. 미군 병사가 수도꼭지에 손을 대지만 약한 물줄기만이 흘러나올 뿐이다. 수도 계량기 지침도 거의 0을 가리키고 있다. 쿠바 강물을 끌어 쓴다는 카스트로 쿠바 수상의 비난에 버클리 미 해군 제독이 쿠바에서 미군 기지로 들어오는 송수관을 절단하는 식전을 벌이고 있다.

554-08 베를린 장벽에 건물 파괴 소동

상영시간 | 00분 55초

영상요약 | 베를린 장벽 주변의 동독 지역에서 서독으로의 탈출을 막기 위해 장벽 주변의 건물들을 모두 폭파시키는 장면이다.

554-09 빙상 보트 경기

상영시간 | 00분 52초

영상요약 | 북미 지역에 위치한 오대호 중의 하나인 이리호에서 빙상보트경기가 열렸다. 빙상보트경기 장면들이다. 보트를 타고 있는 선수들의 모습도 클로즈업해서 보여주고 있다.

무제한 송전 (1964년 4월)

제작정보

출   처 : 리버티뉴스 557호

제 작 사 : 주한미공보원

제 작 국 가 : 미국

영상정보

제 공 언 어 : 한국어

컬   러 : 흑백

사 운 드 : 유

▌ 영상요약

한국전력회사 진의종 부사장의 발언 장면이다. 진의종 부사장에 의하면 한국은 전력난에서 벗어났으며 무제한 송전이 가능하게 되었다고 한다.

▌ 내레이션

우리나라에서는 마침내 전력의 부족에서 벗어나서 오히려 전기가 남아돌아감으로써 전국적으로 실시해 온 전력의 할당제는 종지부를 찍게 됐습니다. 한국전력회사의 진의종 부사장은 리버티뉴스를 통해 그 실정을 다음과 같이 밝혔습니다. 그런데 한국의 발전시설은 1948년 이래로 20배로 늘어난 것입니다.

▌ 화면묘사

00:00 자막 "무제한 송전". 댐이 물을 방류하는 모습
00:09 한국전력회사 사무실 건물 외관. 발전 시설과 송전탑. "위험" 푯말
00:16 굴뚝에서 연기가 나며 공장이 가동되고 있음
00:18 발전기계 시설의 계기판 클로즈업. 기계를 가동하고 있는 기술자들
00:27 진의종 한국전력회사 부사장이 발언을 하는 모습. 진의종 부사장 육성: "지난 18년 동안 되풀이해오던 우리나라의 전력난이 이번에 실시되는 무제한 송전과 더불어 완전히 풀려나게 됐습니다. 지금까지의 전력기구로 말미암아 국민생활에 많은 불편을 드리게 된 것을 유감으로 생각한다는 것이 그동안 전력사업의 발전을 위해서 힘써주신 정부 당국과 국민 여러분에게 감사의 말씀을 드리는 바입니다. 그리고 특히 미국의 제반 원조계획이 우리나라 전력사업에 큰 도움이 되었다는 것을 이 자리에서 감사하여 마지 않습니다"
01:01 발전시설을 운영하는 기술자들
01:05 밤에 각종 네온사인과 가로등이 켜진 거리의 모습. 자동차들이 지나다니고 있음

연구해제

　본 영상은 1964년 4월 1일을 기해 전력난을 이유로 행해졌던 제한송전과 전기기기의 사용금지를 해제하고, 전면적인 무제한 송전을 실시한다는 한국전력 측의 발표를 소개하고 있다.

　해방 직후의 남한은 남한 내 전력설비만으로는 전력 수요를 충족시킬 수 없어, 북한으로부터 총수요량의 60~66%를 공급받아야 했다. 하지만 이조차 남북관계의 악화로 인해 1948년 5월 북한의 남한에 대한 송전은 중단됐다. 이에 더해 6 · 25전쟁의 피해는 남한 내의 전력난을 더욱 가중시켰다. 이러한 전력사정을 해결하기 위해 1950년대 동안 미국으로부터 여러 대의 전력선이 내한 발전을 하기도 하고, 전원개발계획의 수립과 함께 마산화력, 삼척화력 등 여러 발전소가 준공되기도 했다.

　하지만 경제성장을 내걸고 1961년 5 · 16군사쿠데타로 집권한 군사정부는 급증하는 산업생산설비의 가동을 위해 더 풍부하고 안정된 전력의 확보가 긴요했다. 이에 따라 가장 먼저 경영합리화의 일환으로 이전까지 발전회사(조선전업)와 배전회사(경성전기, 남선전기)로 나뉘어 있던 전력 회사를 1961년 7월 1일자로 통합하여 한국전력주식회사를 발족시켰다. 이후 한국전력주식회사는 전력부족을 타개하기 위하여 1962년을 기점으로 한 제1차 전원개발 5개년계획을 수립하여 추진하였다. 이를 통해 계획기간인 1966년에 이르는 기간 동안 새로 개발된 전원은 수력 72,000KW, 화력 328,000KW 등에 달하며 발전설비가 배가되었다. 이는 1981년까지 이어져, 총 4차례에 걸친 전원개발 5개년계획이 실시되었다. 그 결과 1961년에서 1981년 기간 중 발전설비 용량은 무려 268배가 증가하였다. 생산된 전력을 수용처로 전달하기 위한 송 · 변전설비와 배전설비도 급속히 확충되었다. 이 과정에서 1960년대 중반 이후에는 화력이 중심이 되는 '화주수종형(火主水從型)'의 발전구조로 전환하였으며, 1978년부터는 원자력 발전이 개시되는 구조변화가 이뤄졌다.

참고문헌

「무제한 송전」, 『경향신문』, 1964년 3월 31일.
김삼수, 「1960~70년대 한국 전력산업의 작업조직과 노동」, 『산업노동연구』 11-1, 2005.
정연택, 「우리나라 전력사업의 발자취」, 『明大』 7, 1976.

해당호 전체 정보

557-01 미국 대사 원조에 대해 성명

상영시간 | 01분 52초

영상요약 | 사무엘 D. 버거 주한미국대사가 한국 국민들을 대상으로 특별성명을 발표하고 있다. 미국의 대한원조 현황을 자막으로 보여주면서 미국의 대한원조는 계속해서 진행될 것이라는 입장을 표명하고 있다.

557-02 무제한 송전

상영시간 | 01분 09초

영상요약 | 한국전력회사 진의종 부사장의 발언 장면이다. 진의종 부사장에 의하면 한국은 전력난에서 벗어났으며 무제한 송전이 가능하게 되었다고 한다.

557-03 부활절

상영시간 | 00분 52초

영상요약 | 부활절을 맞이하여 교회 성가대가 성가를 부르는 모습이다. 성바오로 보육원 어린이들도 수녀의 피아노 반주에 맞추어 성가를 부르고 있다. 또한 보육원 어린이들이 부활절 달걀을 색칠하는 모습이다. 한편 서울에 거주하는 미국 어린이들은 부활절을 맞이하여 나무 아래나 숲 속에 감춰진 달걀 찾기 놀이를 하고 있다.

557-04 아시아 청소년 배구대회

상영시간 | 01분 02초

영상요약 | 1964년 3월 30일 서울 장충체육관에서 아시아 청소년 배구 선수권대회가 개최되었다. 대만과 태국, 한국과 일본의 경기 장면을 보여주고 있다. 경기를 관람하는 관중들의 모습이다.

557-05 캘리포니아에 산불

상영시간 ㅣ 01분 42초

영상요약 ㅣ 미국 캘리포니아 주 로스엔젤레스 근교에서 산불이 발생하였다. 소방대원들이 살수 기계와 호스를 사용하여 산불을 진압하기 위해 노력하고 있다. 하지만 여전히 불길은 바람에 의해 번져가는 모습이다. 마을 주민들이 화재현장에서 상황을 지켜보고 있다. 불길은 주택가까지 번져서 주택들이 화재를 입었다.

557-06 해상 무역박람회

상영시간 ㅣ 01분 06초

영상요약 ㅣ 호주 선박 센터우호가 싱가포르 항구에 도착하였다. 선박에서 해상 무역박람회가 열렸다. 배 내부에는 호주의 각종 상품들이 진열되어 있다. 관객들이 상품을 구경하고 있다. 아울러 선상에서 패션쇼가 진행되어 관객들이 구경하는 장면이다.

557-07 홍콩에 복지사업 쎈터

상영시간 ㅣ 01분 25초

영상요약 ㅣ 홍콩에 위치한 카리타스 사회복지센터의 모습이다. 미국 영화배우 커크 더글라스 부부가 홍콩의 어촌마을에 자리 잡은 카리타스 사회복지센터를 방문하였다. 타이핑 교실을 방문하여 직접 타이핑도 해보면서 타이핑을 배우는 여학생들을 유심히 살펴보고 있다. 아울러 카리타스 센터 내부에 개설된 재봉틀 교육, 조리 교실에서 여학생들이 실습 교육을 받고 있는 모습이다.

557-08 꼬마 권투

상영시간 ㅣ 01분 00초

영상요약 ㅣ 미국 해군사관학교 교직원 어린이들을 대상으로 하는 꼬마 권투대회가 열렸다. 대회에 참가한 어린이들이 준비운동을 하는 모습이다. 심판이 경기 시작을 알리는 종을 치자 어린들이 권투경기에 임하는 장면들을 보여주고 있다.

고아의 은인 "홀트"씨 서거 (1964년 5월)

제작정보

출   처 : 리버티뉴스 561호
제 작 사 : 주한미공보원
제작국가 : 미국

영상정보

제공언어 : 한국어
컬   러 : 흑백
사 운 드 : 유

영상요약

1964년 4월 28일에 한국 고아의 아버지라고 불리던 해리 홀트가 서거한 소식을 알리는 뉴스. 5월 1일에 진행된 장례식 및 그의 주선을 통해 아이를 입양한 미국인들의 출국 모습 등도 담겨 있다.

내레이션

이 나라의 고아들을 위해 평생을 바친 해리 홀트(Harry Holt) 씨가 세상을 떠났습니다. 고인의 주선으로 39쌍의 미국 사람 내외가 양자로 삼은 고아들을 데려가기 위해 그가 작고하기 불과 며칠 전에 내한하여 그들의 기쁨이 채 가시기 전에 그는 홀연히 이 세상을 떠나고 말았습니다. 그들이 서울의 미국 영사과에서 필요한 서류수속에 바쁜 그 무렵, 그들을 새 보금자리로 떠나게 해준 그 어진 어버이가 급사한 슬픈 소식이 전해졌던 것입니다. 작고한 해리 홀트 씨는 미국 오레곤에서 10년 전에 내한하여 고아원을 만들었으며, 그의 노력 덕분에 한국의 고아 중 3,000명 이상이 미국에 새 보금자리를 얻게 됐던 것입니다. 서울에서는 고인에 대한 추도회가 엄수되어 사무엘 D. 버거 주한 미국대사 내외를 비롯하여 고인의 많은 친지들이 참석했습니다. 고아들 중에는 불행히도 병으로나 혹은 불운으로 쓰러져 고아원 뒷산에서 고이 잠들고 있는데, 홀트 씨는 자기를 먼저 간 고아들 속에 묻어주도록 유언했던 것입니다. 흐느낌과 울부짖음 속에 이곳 고양군 일산에서 그의 장례식이 엄숙히 이루어졌습니다. 한편 장례식 앞날 양부모의 품에 안긴 양자들 일행은 비행기편으로 한국을 뒤에 두고 새로운 보금자리를 향해 멀리 미국으로 떠났습니다.

화면묘사

00:00 "리버티 뉴스" 자막. 한 남성이 종을 치고 있는 장면
00:06 "561 -524-" 자막
00:08 "국내소식" 자막. 지구모형이 돌아가고 있는 모습
00:16 "고아의 은인 "홀트"씨 서거" 자막. 아이들과 홀트의 모습이 찍힌 사진

00:25　고아원의 모습과 고아원에서 생활하고 있는 아이들의 여러 모습

00:39　"民航空運公司(민항공운공사) CIVIL AIR TRANSPORT"라고 쓰인 간판이 걸린
　　　　곳에 아이를 안은 많은 미국인들이 모여 있음

00:51　고아원을 방문한 미국인들과 고아원의 아이들

01:05　교회에서 진행되고 있는 추도회 장면

01:27　해리 홀트의 영정사진

01:29　관을 옮기는 사람들과 울고 있는 사람들의 모습

01:50　아이들을 데리고 비행기에 타는 미국인들

연구해제

　한국의 해외입양기관으로 널리 알려진 '홀트아동복지회'는 세계 최대 해외입양기관이
기도 하다. 오늘날 '홀트아동복지회'는 1950년대 홀트 부부의 입양사업으로부터 출발하
였다. 해리 홀트와 버서 홀트 부부는 원래 소작과 목재사업을 하다 1954년 6·25전쟁의
비참함을 전하는 다큐멘터리를 시청한 후에 한국 혼혈고아의 입양을 시작하였다. 당시
미국법에는 입양이 2명으로 제한되었으나 이를 청원하여 개정하고, 한국 고아 8명을 직
접 입양하였다. 여기에서 더 나아가 홀트 부부는 미국의 재산을 모두 처분하고 한국에
정착하여 해외입양사업을 시작하였다.

　1956년 2월부터 입양사업을 시작하여 1957년에는 한국정부로부터 공익포장을 받았고,
1960년 12월 재단법인 '홀트해외양자회'가 설립되었다. 초기에는 혼혈아동을 미국에 입
양시켰으나 점차 유럽과 호주까지 입양시키는 데 중점을 두었다. 1971년 복지법인으로
변경되었고, 이듬해에 오늘날의 '홀트아동복지회'로 명칭을 변경하였다. 1975년에는 국
내의 해외입양기관이었던 '한국기독교양자회'를 합병하였다. 해리 홀트는 1964년 갑작스
럽게 일산 홀트아동복지회에서 심장마비로 사망하였다. 홀트해외양자회는 해리 홀트가
사망할 때까지 3,600~3,700명의 고아들을 현지에 입양시켰다. 해리 홀트가 사망한 후에
는 그의 부인인 버서 홀트가 복지회를 이끌다가 그녀도 2000년 사망하여 부부가 함께
일산 홀트아동복지회에 묻혔다.

　홀트아동복지회는 각종 국내 언론은 물론 〈대한뉴스〉에서도 그 소식을 쉽게 접할 수
있다. 1968년 〈대한뉴스〉에서는 정부로부터 감사장을 받는 홀트 여사의 소식을 전하면

서 "버림받은 생명들의 양부모"를 찾아주었다고 평가하였다. 오늘날 홀트아동복지회는 전세계에 지부가 설립되어 있으며 과거 혼혈아동 입양기관에서 장애아동 입양기관으로 확장되었다.

홀트아동복지회에 대해서는 다소 상반된 평가가 존재한다. 한쪽에서는 기독교식 사랑과 복지의 산 증인으로 평가받고 있으며, 다른 한쪽에서는 한국정부의 사실상 혼혈아동 포기정책에 편승하여 사업을 확장하였다고 비판한다. 상반된 평가의 지점이 다름에도 불구하고 홀트 부부가 평생을 한국 고아의 해외입양에 헌신했다는 사실은 변하지 않는다. 또한 그들은 전재산을 털어 한국에 왔을 뿐 아니라 그들 스스로 한국인 고아를 입양하였고, 사후에는 한국에 묻혔다. 오랜 시간 동안 홀트 부부는 한국 고아들의 해외입양을 추진하였으나 한국정부는 이들에게 감사장만을 전달하였을 뿐 구체적이고 실효성 있는 고아정책을 수립하지도 집행하지도 못하였다.

▌ 참고문헌

「고아의 아버지 홀트 씨 별세」, 『동아일보』, 1964년 4월 29일.

〈대한뉴스〉, 제669호 「토막소식」.

박광환, 「홀트 아동복지회가 한국 복지에 끼친 연구 : 기독교 아동복지 중심으로」, 명지
         대학교 석사학위논문, 2002.

「홀트의 꿈」, 『KAmerican Post』, 2011년 8월 21일.

해당호 전체 정보

561-01 고아의 은인 "홀트"씨 서거

상영시간 ㅣ 02분 18초

영상요약 ㅣ 1964년 4월 28일에 한국 고아의 아버지라고 불리던 해리 홀트가 서거한 소식을 알리는 뉴스. 5월 1일에 진행된 장례식 및 그의 주선을 통해 아이를 입양한 미국인들의 출국 모습 등도 담겨 있다.

561-02 한국 풍경화전

상영시간 ㅣ 00분 45초

영상요약 ㅣ 한국의 풍경들을 그린 버나 마드를 여사의 개인 작품전이 중앙공보관에서 개최되었다는 소식을 전하는 뉴스.

561-03 ROTC장교 훈련

상영시간 ㅣ 01분 00초

영상요약 ㅣ ROTC 장교들이 육군전투병과사령부에서 소정의 교육을 마치고 새로운 임무에 배치되었다는 소식을 전하는 뉴스.

561-04 「표어」 회충을 없애자

상영시간 ㅣ 00분 14초

영상요약 ㅣ "회충을 없애자"는 내용의 표어.

561-05 오스카 상 시상식

상영시간 ㅣ 02분 01초

영상요약 ㅣ 1964년 4월 13일에 열린 제36회 오스카상 시상식 소식을 시상식 장면과 함께 전하고 있는 뉴스. 최우수 남우주연상은 흑인 최초로 시드니 포이티어가 수상하였다.

561-06 1인승 로켓트

상영시간 ㅣ 01분 15초

영상요약 ㅣ 1인승 로켓의 시험비행 영상을 보여주는 뉴스.

561-07 스포오쓰

상영시간 ㅣ 01분 09초

영상요약 ㅣ 벨기에서 열린 국제자전거경주대회와 스페인에서 열린 국제오토바이경주대
회의 소식을 경기 영상과 함께 전하는 뉴스.

제1회 상공인의 날 (1964년 5월)

제작정보

출   처 : 리버티뉴스 563호
제 작 사 : 주한미공보원
제 작 국 가 : 미국

영상정보

제 공 언 어 : 한국어
컬   러 : 흑백
사 운 드 : 유

영상요약

제1회 상공인의 날을 맞아 서울시민회관에서 행사가 열려 3,000여 명이 참석하였고, 정일권 국무총리와 버거 주한미국대사가 연설을 하였으며 전택보가 대통령상을 수상하고 유일한이 국무총리상을 수상하였다.

내레이션

한국의 경제 성장의 중요한 요소인 실업계는 제일회 상공인의 날을 기념했습니다. 정 국무총리는 서울시민회관에 모인 2,000여 상공인들에게 자립경제를 이룩하기 위해 꾸준한 공헌을 당부하였습니다. 사무엘 D. 버거 주한미국대사는 실업가가 능력을 최고로 발휘할 수 있는 풍토를 밝혀 실업은 자유로이 운영되어야 하며 즉, 경쟁이 장려되고 정치적 안정조건이 확립되고 유지되어야 한다고 했습니다. 전택보 씨 등 모범상공인들이 이날 표창을 받았습니다. 전택보 씨는 대통령상을 받았는데 그는 영등포에서 피혁공장을 운영 중에 있습니다. 그런데 그 공장은 지난 6·25동란 중에 파괴되었으나 미국의 차관자금으로 재건되어 지금은 하루에 2만 장의 원피를 생산하고 있습니다. 국무총리상을 받은 유일한 씨는 제약회사인 유한양행을 운영 중인데, 그 회사주권의 일부는 시세의 불과 일할의 조건에 살 수 있는 종업원들이 가졌습니다. 그는 몇 해 전에 가난한 소년을 위한 직업 학교를 설립하여 전원 기숙사에 의한 침실, 교육을 제공해왔습니다. 유 씨는 같은 취지의 직업학교를 하나 더 짓기로 했는데, 그 정초식이 요즘 있었습니다.

화면묘사

00:00　자막 "제1회 상공인의 날"
00:04　'제1회 상공인의 날 기념행사' 장에서 연설을 하는 정일권 국무총리
00:13　무대 위에 있는 의자에 앉아 연설을 듣는 외국인사와 행사 참여자들
00:16　행사에 참석하여 의자에 앉아 있는 수많은 상공인들
00:19　단상 앞에서 마이크에 대고 연설하고 있는 버거 주한미국대사

00:25 목에 메달을 걸고 앉아 있는 참석자들과 그 뒤에 앉아 있는 참석자들

00:29 단상 앞에서 마이크에 대고 연설하는 버거 주한미국대사와 뒤에서 보조하는 한국인

00:36 행사에 참석하여 의자에 앉아 있는 수많은 상공인들

00:39 대통령상을 수상하고 수여자와 악수하는 전택보

00:44 수상을 축하하는 참가자들

00:46 피혁공장에서 일하고 있는 노동자들과 가동 중인 기계

00:48 또 다른 기계와 노동자들

00:50 기계에서 피혁을 뽑아내는 노동자

00:53 기계로 피혁을 손질하는 노동자

00:57 피혁을 가공 중인 기계

00:59 가공된 피혁을 이용해 기계로 신발을 만들고 있는 노동자

01:08 신발을 판매 중인 신발 가게

01:10 가게에 진열된 여러 켤레의 구두들

01:11 두 켤레의 구두 중에 오른쪽 흰색 구두를 신어보는 고객

01:14 신발을 판매하는 남성과 구입한 신발상자를 건네 받는 여성

01:18 국무총리상을 수상하는 유일한과 그의 목에 메달을 걸어준 뒤 악수를 나누는 수여자

01:23 유한양행의 연구실험실 건물과 그곳에 출입하는 직원들

01:26 상자에 포장되는 약품

01:28 약품을 상자에 포장하는 여성 노동자들

01:32 줄지어 이동하는 교복 차림의 남학생들

01:33 기술을 배우고 있는 남학생들

01:38 기술학교 준공식이 열려 행사에 참석한 관계자들

01:40 마이크에 대고 연설 중인 유일한

01:42 행사에 참석하여 연설을 듣고 있는 남학생들

01:44 작은 삽으로 흙을 퍼내고 있는 유일한과 관계자들

01:47 '정초 1964년 한국고등기술학교 창립 1955 창립자 유일한' 이라고 적힌 비석

01:51 한국고등기술상교 교사가상도의 모습

연구해제

이 영상은 1964년 5월 12일 오전 10시 시민회관에서 치러진 '제1회 상공인의 날' 기념식 모습을 담고 있다. '상공인의 날' 행사는 1년여 전인 1963년 2월 말 대한상공회의소가 '상공인의 날' 제정위원회를 구성하고 "국력 중흥과 민족번영의 토대 공고화"를 위해서는 "전 상공인의 친목과 단결로 상공업 개선 및 상도의 앙양"을 기하는 기념일이 필요하다며 정부에 기념일 제정을 요청했던 데에서 비롯한다. 이 제안을 받아 상공부는 "상공업자의 산업생산 의욕을 북돋고 보다 효과적 생산을 고무할 필요성"을 인정하며, 상공부령 제124호를 통해 5월 12일을 상공인의 날로 정했다. 이에 따라 그 1회 기념행사가 1964년부터 치러진 것이다.

제1회 '상공인의 날' 기념대회는 대한상공회의소 주관으로 약 3,000여 명의 내외 인사가 참석한 가운데 개최됐다. 정일권 국무총리의 대독으로 이뤄진 수출제일주의를 위한 상공인들의 노력을 치하하는 박정희 대통령의 인사말을 시작으로, 박충훈 상공부장관 등도 당시 가장 중요한 경제 기조였던 수출제일주의에 대한 상공인들의 적극협조를 요청했다. 이어서 주한미국대사관 버거 대사도 축사에 나섰는데, 상공계의 자유로운 운영과 물가 및 정치적 안정의 중요성을 지적했다. 특히 버거 주한미대사의 축사 모습은 미국이 제작한 〈리버티 뉴스〉답게 중요한 비중을 차지하며 비춰지고 있다. 이어서 모범상공인 표창에는 여러 기업인이 상을 수여받았는데, 본 영상에서는 특히 대통령상을 받은 전택보와 국무총리상을 받은 유일한을 집중 조명하고 있다.

한편 '상공인의 날'은 대한상공회의소 주관으로 1972년까지 매년 개최되었으나, 1973년 3월 24일 국무회의에서 '각종 기념일 등에 관한 규정'을 의결하며 기존 53개 기념일을 26개로 축소함에 따라 폐지되었다. 대신 4월 10일 '상공의 날'로 기념일을 단일화시켰고, 대한상공회의소, 전국경제인연합회, 무역협회, 중소기업협동중앙회 4개 단체가 공동으로 기념식을 주관하게 되었다.

참고문헌

「5월12일을 '상공인의 날'로」, 『경향신문』, 1963년 2월 26일.
「경제만보」, 『경향신문』, 1964년 3월 7일.

「광고. 상공인의 날 제1회 기념식(안내)」, 『경향신문』, 1964년 5월 8일.

「산업진흥을 다짐」, 『경향신문』, 1964년 5월 12일.

「물가고타결과 정국안정긴요」, 『경향신문』, 1964년 5월 12일.

「각의 의결 각종기념일 27개 축소」, 『동아일보』, 1973년 3월 24일.

「제1회 '상공의 날' 기념식」, 『매일경제』, 1974년 3월 20일.

해당호 전체 정보

563-01 납북된 미 조종사 귀환

상영시간 | 02분 45초

영상요약 | 1년간 북한에 납북되어 있던 미군 조종사 2명이 풀려나 판문점을 통해 남한으로 귀환하였다.

563-02 제1회 상공인의 날

상영시간 | 01분 51초

영상요약 | 제1회 상공인의 날을 맞아 서울시민회관에서 행사가 열려 3,000여 명이 참석하였고, 정일권 국무총리와 비커 주한미국대사가 연설을 하였으며 전택보가 대통령상을 수상하고 유일한이 국무총리상을 수상하였다.

563-03 미국직업농구단 시범경기

상영시간 | 01분 33초

영상요약 | 미국의 직업 농구단 하렘크라운즈와 도페니스 파프세스가 내한하여 농구 묘기와 시범 경기를 보였고 한국의 농구단과도 시합을 가졌다.

563-04 베를린 소식

상영시간 | 01분 01초

영상요약 | 메이데이를 맞아 서부 베를린에서 자유와 평화를 주제로 시민대회가 열렸고, 이에 수많은 사람들이 참석하였으며 에인하르트 서독 수상 역시 참석하여 연설을 하였다.

563-05 특수쾌속정(하이드로포일)

상영시간 | 00분 58초

영상요약 | 영국에서 시험 중인 특수 쾌속정 하이드로 포일에 대한 설명.

563-06 다라이 라마의 최근 생활

상영시간 | 01분 30초

영상요약 | 북부 인도 무소리에서 망명 생활 중인 달라이 라마가 새로 건설된 병원과 사원을 찾아 기념식을 열고 연설하였다.

563-07 능금꽃 여왕

상영시간 | 01분 10초

영상요약 | 워싱턴 근교 버지니아 능금 과수원에서 열린 능금꽃 여왕 선발대회에서 루시 존슨 양이 능금꽃 여왕으로 선발되었다.

서울에 계엄령 선포 (1964년 6월)

제작정보

출   처 : 리버티뉴스 566호

제 작 사 : 주한미공보원

제 작 국 가 : 미국

영상정보

제 공 언 어 : 한국어

컬   러 : 흑백

사 운 드 : 유

▍ 영상요약

6월 3일 학생들이 정부의 불법 데모 금지에 반대하여 시위를 벌였다. 경찰과 군인이 투입되어 이를 통제하였고 정부는 서울에 계엄령을 선포하였으며, 다음날 국군 2개 사단을 서울에 배치시켜 시위를 해산시켰다.

▍ 내레이션

지난 한 달 반에 걸쳐 산발적으로 일어난 학생 데모는 수도 서울에서 6월 3일 최고조에 오르고야 말았습니다. 정부의 불법 데모 금지에 반항하며 수천 학생은 학원을 빠져나와 가랑비 속에 중앙청으로 몰려들었습니다. 경찰과 수도방위사령부 산하의 군인들이 학생들의 경로를 막았습니다. 학생들은 거리에서 대기 중 돌로 공격하여 파출소 여섯 개를 점거하는가 하면은, 바리게이트에 쇄도하여 경찰차 몇 대를 멋대로 뺏기도 했습니다. 경찰은 곤봉과 최루탄으로 대비했는데, 학생과 경관 수백 명이 부상을 입었습니다. 이날 밤 정부는 서울에 계엄령을 선포했습니다. 그리고 이튿날 아침 한국군 2개 사단을 시내로 배치했습니다. 이로써 질서는 다시 회복되고 군인들은 어수선한 거리를 깨끗이 치웠습니다. 시내 전반의 교통도 정상적으로 움직이게 됐습니다.

▍ 화면묘사

00:10 자막 "리버티 뉴스"
00:18 자막 "566 -624-"
00:20 자막 "국내소식"
00:26 자막 "서울에 계엄령 선포"
00:26 거리 위에 이동 중인 수많은 사람들
00:36 거리에서 어깨동무를 하고 시위 행진을 하는 학생과 시민들
00:46 선두에서 차를 탄 채로 태극기를 흔드는 학생들과 뒤를 따르는 시위대들
00:49 군중들 사이를 힘겹게 뚫고 지나가는 군용차량
00:53 군중들 사이를 뚫고 지나가는 군용차량과 뒤를 따르는 학생과 시민들

연구해제

1964년에 들어서면서 정부가 한일회담의 '3월 타결, 5월 조인'으로 조기타결방침을 굳게 세우자 야당과 재야인사들은 '대일굴욕외교반대 범국민투쟁위원회'를 결성하고 3월 15일부터 전국 주요 도시에서 유세를 벌이며 회담반대 강연회를 개최하였다. 한편 대학가에서는 3월 23일 서울대 '민족주의비교연구회' 주최로 '대일굴욕외교반대 강연회'가 개최된 뒤 시위가 전국적으로 확산되었다.

사태는 3월에 성사된 박정희와 대학 대표들 간의 면담 등으로 진정되는 듯했다. 그러나 정부가 학원사찰을 강화하면서 4월 19일을 전후하여 학생들의 반대시위가 재개되었다. 4월 20일, 정부는 여하한 시위를 엄단하겠다는 강경 입장을 밝히고, 내각개편을 단행하여 정일권을 국무총리로 임명하고 한일회담의 타결을 1년 시한부로 공약 제시하며 정권의 의지를 밝혔다.

이에 따라 학생들의 시위는 격화되었고, 5월 15일에 서울 시내 각 대학이 연합하여 '한일굴욕 외교반대투쟁 학생총연합회'(이하 학총련)가 결성되어, 20일 서울대에서 '민족적 민주주의 장례식 및 성토대회'를 개최하였다. 이후 정부는 '무장군인 법원난동사건' 등 강경 대응으로 일관했고, 이에 따라 학생들의 시위 목표도 점차 '박 정권 하야'로 모아지기 시작했다.

6월에 들어서도 학생들의 대대적인 가두시위가 전개되었는데, 6월 3일 서울에서는 경찰서를 습격하며 국회의사당을 거쳐 청와대까지 진출하려 하였다. 이렇게 되자 박정희 정권은 미국 측의 동의하에 6월 3일 서울시 일원에 비상계엄령을 선포하고, 수도경비사령부 산하 무장병력으로 시위 군중을 해산시켰다.

이 영상은 바로 6월 3일에 전개되었던 한일회담 반대 시위와 계엄령 선포 소식, 그리고 서울 시내에 배치된 군인들의 모습을 영상에 담아 전하고 있다.

▌ 참고문헌

민주화운동기념사업회 연구소 엮음, 『한국민주화운동사』 1, 돌베개, 2008.
6·3동지회, 『6·3학생운동사』, 역사비평사, 2001.

해당호 전체 정보

566-01 서울에 계엄령 선포

상영시간 ㅣ 01분 45초

영상요약 ㅣ 6월 3일 학생들이 정부의 불법 데모 금지에 반대하여 시위를 벌였다. 경찰과 군인이 투입되어 이를 통제하였고 정부는 서울에 계엄령을 선포하였으며, 다음날 국군 2개 사단을 서울에 배치시켜 시위를 해산시켰다.

566-02 신문학 교수 내한

상영시간 ㅣ 00분 55초

영상요약 ㅣ 프로이드 G. 아팬 교수가 동국대학교에서 외국인 최초로 수여하는 명예 문학 박사 학위를 받기 위해 내한하였다.

566-03 현충일

상영시간 ㅣ 01분 23초

영상요약 ㅣ 현충일을 맞아 6·25 행사에 대통령 내외와 여러 고관, 외국 인사들과 주한미군 사령관을 비롯하여 많은 유족이 참석하여 6·25 전몰용사를 추도하였다. 주한 미군은 이에 앞서 5월 30일 6·25 당시 전몰한 미군을 기념하는 행사를 가졌다.

566-04 농촌 소식

상영시간 ㅣ 01분 03초

영상요약 ㅣ 올해는 종전에 비해 벼농사가 늘어날 것이란 전망과, 경기도 고양군 지도면 내곡리의 수리공사 사업으로 인해 이 지역의 벼 생산량이 증가할 것이라는 기대를 보여준다.

566-05 스티븐슨 대사 유엔에서 연설

상영시간 ㅣ 02분 08초

영상요약 ㅣ 유엔 안보리회의에서 스티븐슨 유엔 주재 미국대사는 미국이 동남아시아 3국,

즉 캄보디아, 베트남, 라오스의 독립을 지원하며, 이들을 지원하는 미국의 자세를 설명하고, 동남아 3국의 인접 국가들에게 이들에 대한 간섭을 중지하도록 호소하였다.

566-06 와투찌 무용단

상영시간 ㅣ 01분 00초

영상요약 ㅣ 딘 러스크 미국무장관이 워싱턴을 방문한 브룬디의 무왐부트사 왕을 초청하여 와투지 무용단의 공연을 즐겼다.

566-07 캐나다의 꽃농장

상영시간 ㅣ 01분 10초

영상요약 ㅣ 캐나다 최대 규모의 꽃 농장을 소개하면서 이곳의 꽃의 종류와 꽃 생산, 포장, 유통 등을 설명한다.

장도에 오른 참치어선 (1964년 7월)

제작정보

출　　　처 : 리버티뉴스 571호
제 작 사 : 주한미공보원
제 작 국 가 : 미국

영상정보

제 공 언 어 : 한국어
컬　　　러 : 흑백
사 운 드 : 유

▌ 영상요약

대한조선공사가 건조한 참치잡이 어선 세 척의 준공 기념식 및 부산항 출항 장면 등을 보여주는 영상이다.

▌ 내레이션

참치잡이를 위하여 특별히 장비된 세 척의 어선들이 최근 부산항을 출항했습니다. 대한조선공사로서는 최초로 건조한 이 참치잡이 어선들은 미국의 스타키스트 식품회사와 계약을 맺고 있으며 사모아 군도 해상에서 현재 작업 중인 참치잡이 어선들과 합류케 될 것인데 각 어선들은 27미터의 길이를 가진 145톤급의 선박입니다. 이날 출어하는 참치잡이 배들을 환송하는 자리에는 수많은 어부들과 차균희 농림부장관을 비롯한 관계관들이 참석했습니다.

▌ 화면묘사

00:00	자막 "장도에 오른 참치어선". 참치잡이 어선에 걸린 깃발들을 보여주는 장면 배경
00:03	"동화" 글씨가 보이는 참치잡이 어선 세 척이 나란히 정박해 있는 모습
00:08	부두에 놓여 있는 화환들
00:10	정박한 참치잡이 어선들의 모습
00:15	부동자세로 서있는 선원들
00:17	차균희 농림부장관이 단상에서 한 선원에게 화환을 걸어주는 장면
00:20	태극기와 각종 깃발들로 장식된 어선의 모습
00:24	어선에 붙어 있는 "대한조선공사 준공 1964. 5 KOREA SHIPBLD'G & ENG'G CORP" 표시판
00:26	어선의 키를 돌리는 선원의 모습
00:30	여러 내빈들이 항해 중인 어선의 갑판에 승선해있는 모습
00:33	어선에서 근무 중인 선원들

00:34   항해 중인 어선의 모습을 여러 화면으로 보여줌

▌ 연구해제

본 영상은 원양어업 회사인 동화수산의 발주로 대한조선공사가 처음으로 만든 원양어선 3척의 출항 모습을 보여주고 있다.

원양어업을 하기 위해서는 먼 바다까지 나갈 수 있는 어선이 있어야 하고, 항해 기술과 조업 기술이 필요하다. 따라서 한국의 경우 식민지기를 벗어난 이후부터 1950년대 중후반까지 원양어업에 진출할 수 없었다. 1957년에 들어서야 정부와 경제조정관실(OEC)의 지원 아래, 제동산업에서 배를 개조하여 원양어업을 위한 시범운행을 시도할 수 있었다. 이후 1958년 제동산업은 밴 켐프(Van Camp Sea Food Co.)라는 미국 수산회사와 어획물의 직수출계약을 체결하고 남태평양 사모아 섬을 기지로 하여 참치 원양어업을 시작하였다. 이것이 한국의 해외 원양어업의 첫 출발이다.

그 후 1961년까지 4년 동안 제동산업은 참치 원양어선을 3척으로 증가시키며 단독 출어하였다. 하지만 이를 통해 어획률 전체가 달러로 환산되어 들어오는 것은 물론, 해외 어장 개척의 전망이 밝다는 것이 드러나자 여러 회사들이 참여하며 원양어업에 큰 붐이 일었다. 5 · 16군사정부 역시 국가시책으로 수산개발공사를 설치하고 원양어업을 장려했다.

하지만 국내 조선업의 여력으로는 원양어선을 건조할 수 없었고, 이에 따라 신규 원양어업 회사들은 해외 원양어선을 임대하거나 상업차관을 통해 어선을 도입하거나 건조하여 운영에 나섰다. 단적으로 1962년에는 화양실업과 동화수산에서 각각 1척 씩의 참치어선을 사모아 근해에 출어시켰다. 이후에는 더욱 증가하여 제1차 경제개발5개년 계획기간(1962~1966년) 동안 차관에 의한 도입 원양어선은 참치어선 92척, 냉동운반선 1척 등이었다.

한편 원양어업의 인기에 힘입어 원양어선의 국내 건조도 추진됐다. 그 첫 사례가 본 영상에 등장하는 동화3호, 동화5호, 동화6호의 원양어선이다. 1964년 1월 동화수산의 발주에 따라 대한조선공사가 국내 최초로 건조했다. 하지만 이와 같은 국내건조는 기술 및 비용문제로 인해 1960년대까지 크게 진척되지 않았고, 대부분은 해외에서 도입하였다. 이에 따라 1971년도까지 해외에서 도입한 총 원양어선 척수는 351척에 달했다.

▋ 참고문헌

「첫 국산원양어선」, 『동아일보』, 1964년 4월 14일.
「'원시' 탈피 내세운 원양어업에의 도전」, 『경향신문』, 1965년 6월 7일.
장수호, 「초기의 원양어업」, 『수산연구』 12, 1998.

해당호 전체 정보

571-01 버거 대사 전임

상영시간 ㅣ 03분 21초

영상요약 ㅣ 버거 주한미국대사의 이임 소식을 전하는 영상이다. 버거 주한미국대사의 의
장대 사열과 기자회견, 버거 주한미국대사와 버거 부인이 한국의 여러 인사들
을 만나 작별 행사를 하는 장면, 김포공항에서 여러 환송객들의 환송을 받으
며 비행기에 탑승하는 모습 등을 보여주는 영상이다.

571-02 장도에 오른 참치어선

상영시간 ㅣ 00분 47초

영상요약 ㅣ 대한조선공사가 건조한 참치잡이 어선 세 척의 준공 기념식 및 부산항 출항
장면 등을 보여주는 영상이다.

571-03 유엔군 소식

상영시간 ㅣ 01분 36초

영상요약 ㅣ 제15터키중대 소속 터키군 병사들이 군용기를 타고 한국에 도착하여 용산에
서 이취임식을 하는 장면, 그리고 태국군 육군 친선사절단 일행이 한국을 방
문하는 모습 등을 보여주는 영상이다.

571-04 스포츠

상영시간 ㅣ 00분 46초

영상요약 ㅣ 부산공설운동장에서 열린 연례육상경기대회 겸 도쿄올림픽 파견선수 최종선
발대회에서 참가선수들이 단거리 경주, 장애물 경주, 높이뛰기, 포환던지기,
창던지기 등의 경기를 하는 모습을 보여주는 영상이다.

571-05 로버트 케네디 베를린방문

상영시간 ㅣ 01분 17초

영상요약 ㅣ 로버트 케네디 씨가 서베를린의 존 F. 케네디 광장을 방문하여 빌리 브란트

시장의 케네디 대통령 기념패 제막을 지켜보고 서베를린 시민들에게 연설하는 모습을 보여주는 영상이다.

571-06 주월남미대사 경질

상영시간 ㅣ 00분 56초

영상요약 ㅣ 주베트남 미국대사직을 사임한 롯지 대사가 존슨 대통령, 러스크 국무부장관, 맥나마라 국방부장관과 회의하는 장면, 그리고 새 보직에 임명된 테일러 대장과 휠러 대장이 집무실에서 환담하는 모습 등을 보여주는 영상이다.

571-07 아시아영화제

상영시간 ㅣ 02분 02초

영상요약 ㅣ 타이페이에서 열린 제11회 아시아영화제에 참가한 한국 대표들이 타이페이에 도착하여 기자회견을 하는 모습, 아시아영화제 본 행사에서 곽규석과 한국 대표들이 공연을 하는 장면, 그리고 아시아영화제 시상식에서 한국 대표들이 트로피를 수상하는 모습 등을 보여주는 영상이다.

어부들 북한에서 도라오다 (1964년 9월)

제작정보

출   처 : 리버티뉴스 581호

제 작 사 : 주한미공보원

제작국가 : 미국

영상정보

제 공 언 어 : 한국어

컬   러 : 흑백

사 운 드 : 유

영상요약

서해 연평도 근해에 태풍 플로시의 출현으로 인해 33척의 어선들이 북한으로 피랍되었다. 이들 어부들은 50여 일 만에 남한으로 송환될 수 있었다. 송환된 어부들은 환대를 받으며 남한으로 돌아왔고, 차균희 농림부장관을 예방하여 이야기를 나누었다.

내레이션

7월 29일 서해의 휴전선 바로 남단에 있는 연평도 근해는 고요했습니다. 그런데 돌연 밀려닥친 태풍 프로시호의 거센 바람은 33척의 우리 어선들을 휴전선 너머 북한 괴뢰 수중으로 휘몰아 갔습니다. 48일 동안 이들 선박과 그 선원들의 소식은 알 길이 없던 중 지난 9월 16일 219명의 어부들은 공산주의자들에 의하여 석방됐고 참을성 있게 기다리던 그들 가족의 품으로 돌아왔습니다. 이들 어부들의 송환을 환영하는 행사에는 서울의 관광여행과 대대적인 연회가 있었습니다. 그리고 차균희 농림부장관 예방도 들어 있었습니다.

화면묘사

00:12   자막 "리버티뉴스"
00:20   자막 "581 -944-"
00:22   자막 "국내소식"
00:28   자막 "어부들 북한에서 도라오다". 항구에 정박해 있는 여러 어선들
00:31   연평도 근해에서 어선들이 항해를 하는 모습
00:41   방파제에서 월북하게 된 어부들을 기다리는 가족들
00:53   북한에서 송환되는 어부들이 탄 배가 연평도 근해에 다시 출현함
00:59   북한에서 송환된 어부들이 가게들을 지나고 있음
01:07   북한에서 송환된 어부들이 식당에 모여서 식사를 하고 있음. 고기를 먹고 있는 어부들
01:23   어부들이 차균희 농림부장관을 방문하여 이야기를 나누고 있음. 어부들이 차균

희 농림부 장관과 악수를 하는 모습

▌ 연구해제

이 영상은 1964년 여름 연평도 어민들이 북한으로 표류한 사건에 관한 것이다. 영상에는 연평도 항구에 정박해있는 어선들, 방파제에서 어부들을 기다리는 가족들의 모습, 피랍되었던 배가 연평도 근해에 다시 출현하는 모습, 서울 구경을 하고 있는 어부들의 모습, 어부들이 차균희 농림부장관을 예방한 모습 등이 담겨 있다.

1964년 7월 29일, 서해 휴전선 남단의 연평도 근해에 있던 어선 33척이 태풍 플로시의 거센 바람에 떠밀려 북한 지역으로 표류하는 일이 발생하였다. 일본을 통해 들어온 중국 신화통신의 보도에 따르면, 북한은 표류 중인 배를 구하고 일부 부상당한 어민들을 치료해주었다고 한다.

8월 10일 열린 군사정전위원회에서 북한의 장정환 대표는 태풍으로 인해 북한에 체류 중인 어민들을 보호하고 있으며 치료가 끝나는 대로 곧 돌려보내겠다는 서한을 유엔군 대표에게 보냈다. 이 정보를 받은 김성은 국방부장관은 8월 14일 기자회견을 통해 "정부는 지난 7일 군사정전위 유엔 측 대표를 통해 어부들의 송환을 요청했었는데 공산 측은 억류된 어부 중 일부 부상자들을 치료 중에 있으므로 건강이 회복되는 대로 송환해주겠다는 약속을 받았다"고 밝혔다. 이어서 그는 "북괴는 그들의 상투적인 수법대로 부상자 치료를 해준다는 미명 아래 어부들에 대해 세뇌공작을 하고 있음이 분명하며 그러나 불원 송환될 것"이라고 덧붙였다.

이후 북한은 8월 11일 판문점에서 열린 군사정전위원회 제188차 본회의에서 "어부들은 잘 있다"며 "태풍 플로시에 밀려 해주에 체류 중인 어부 200여 명의 신병을 인수해가라"고 정식 통보했다. 그러면서 인수의 전제 조건으로 "어부들을 송환해주겠으나 어민기관 대표가 해주까지 와서 그들을 인수해 가라"고 통고하였다. 이에 대해 홍종철 공보장관은 어부들을 해주에서 인도해 가라는 북한의 제의를 즉각 거부하였다. 그는 "북괴는 우리 어민들로 하여금 스스로 선편으로 돌아오게 하거나, 그렇지 않으면 판문점을 통하여 그들의 가족에게로 보내도록 강력히 촉구한다"고 밝혔다. 아울러 그는 "북괴는 선량한 우리 어민들을 더이상 정치적 선전의 미끼로 이용하지 말라"고 덧붙였다.

결국 49일만인 9월 15일, 북한에 억류되어 있던 어부와 어선들이 해주를 떠나 경비정의 호위를 받으며 연평도로 돌아왔다. 이날 돌아온 어선은 33척, 어부는 219명이었다. 해주에서 출발은 이들은 북한 함정 9척의 인도를 받으며 대수압도 남방 1.5리 해상에서 남한 경비정 한산 제1호에 인수되었다. 남한 당국의 발표에 따르면, 어부들은 하루에 몇 차례씩 조사를 받았고 평양, 신포, 함흥, 진남포, 신의주 등지를 구경하면서 북한의 선전에 이용되었다고 한다. 북한은 어부들에게 그대로 북한에 머물 것을 공작하였지만, 그들은 끝까지 자유대한의 품에 돌아올 결심을 굽히지 않았다고 한다.

이후 11월 4일 치안당국은 어부 중 한 사람인 한상준이 북한에 의해 억류되어 있다고 밝혔다. 발표에 따르면, 한상준은 북한 체류 중 안내원에게 "남한도 상당이 발전되어 있다"고 하면서 언쟁을 벌여 평양여관에 격리 수용되었다고 한다. 내무부는 이 사실로 미루어 한상준이 북한에 강제 억류되었다고 간주하고, 판문점 군사정전위원회를 통해 송환을 요구하도록 요청하겠다고 밝혔다.

▌ 참고문헌

「어선 30여 척 구출 북괴방송 태풍 '플로시'에 표류」, 『경향신문』. 1964년 8월 5일.

「억류어민 곧 돌아와 김국방 담」, 『경향신문』, 1964년 8월 15일.

「"어민대표가 해주에서 신병을 인수토록"」, 『경향신문』, 1964년 9월 11일.

「북괴억류 어부 2백19명 귀환」, 『동아일보』, 1964년 9월 15일.

「북괴억류 어부 연평도에 기착」, 『동아일보』, 1964년 9월 16일.

「귀환어부를 환영한다」, 『동아일보』, 1964년 9월 17일.

「어부 1명 아직 억류 북괴의 안내원과 싸우다」, 『경향신문』, 1964년 11월 4일.

해당호 전체 정보

581-01 어부들 북한에서 도라오다
상영시간 ㅣ 01분 34초

영상요약 ㅣ 서해 연평도 근해에 태풍 플로시의 출현으로 인해 33척의 어선들이 북한으로 피랍되었다. 이들 어부들은 50여 일 만에 남한으로 송환될 수 있었다. 송환된 어부들은 환대를 받으며 남한으로 돌아왔고, 차균희 농림부장관을 예방하여 이야기를 나누었다.

581-02 국무총리 광주방문
상영시간 ㅣ 00분 54초

영상요약 ㅣ 정일권 국무총리가 브라운 미국대사와 함께 전라도 지방을 시찰하고 있다. 정일권 국무총리가 브라운 미국대사와 함께 나주에 있는 호남비료공장, 군산에 위치한 합판공장, 제지공장 등을 시찰하는 모습을 보여주고 있다.

581-03 폭우가 지난뒤
상영시간 ㅣ 00분 52초

영상요약 ㅣ 1964년 9월 14일 폭우로 인해 서울에서 홍수 피해가 발생하였다. 홍수 피해로 집을 잃은 이재민들의 모습이다. 대한적십자사에서 수해의연품금을 모집하여 이재민들에게 전달하고 있다. 한편 에드워드 도허티 미국부대사는 대한적십자사로 최두선 대한적십자사를 방문하여 미국 정부에서 보낸 의연금을 전달하고 있다.

581-04 스포오쓰
상영시간 ㅣ 02분 33초

영상요약 ㅣ 서울 실내 스케이트장에서 경기고와 휘문고 간의 아이스하키 경기가 열렸다. 경기고와 휘문고의 경기 장면과 경기를 관람하는 관중들의 모습을 보여주고 있다. 대한유도협회에서는 유도시합 관람을 원하는 브라운 미국대사의 아들을 위해 유도시범회를 개최하였다. 유도 선수들이 시범을 보이는 장면과 대한 유도협회 대표가 브라운 미국대사 부자에게 선물을 증정하는 모습을 보여주고 있다.

581-05 여자배달원
상영시간 | 00분 50초
영상요약 | 미국 캘리포니아 주의 한 여성 우편배달원이 일하는 모습을 보여주고 있다. 여성 우편배달원이 우편물 배달차 운전, 우편물 자루 운반, 우편물 분류, 우편물 배달 등의 일을 하고 있다.

581-06 세계박람회의 명물
상영시간 | 02분 35초
영상요약 | 뉴욕 세계박람회장의 모습을 보여주고 있다. 세계박람회에 설치되어 있는 엘리베이터, 모노레일, 대형 분수대 등의 모습이다. 아울러 세계박람회에 전시되어 있는 IBM 기계가 작동하는 모습을 보여주고 있다. IBM에서 개발한 자동번역기를 시범적으로 작동하고 있다. IBM 전시관에 설치된 극장에서 관람객들이 영상을 감상하고 있다.

581-07 미 항공모함 친선방문
상영시간 | 01분 17초
영상요약 | 아프리카 해역을 항해 중인 미국 원자력 항공모함 엔터프라이스 호에 여러 아프리카 인사들이 방문하였다. 모로코, 세네갈 인사들이 엔터프라이스 호를 방문하여 미국 해군의 제트기들이 해상에서 작전을 수행하는 모습을 구경하고 있다.

결핵은 당신을 노리고 있다(결핵 예방주간) (1964년 11월)

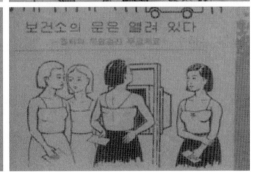

제작정보

출　　　처 : 리버티뉴스 588호

제 작 사 : 주한미공보원

제 작 국 가 : 미국

영상정보

제 공 언 어 : 한국어

컬　　　러 : 흑백

사 운 드 : 유

영상요약

결핵에 걸리지 않도록 조심하자는 내용이며, 보건사회부가 그 퇴치를 위해 노력하고 있다고 홍보한다.

내레이션

해마다 돌아오는 결핵예방주간입니다. 여러분이 구입하시는 크리스마스 실(Seal)과 여러분의 성금은 우리나라의 80만 명의 감염환자를 가지고 있는 무서운 결핵을 몰아내는데 필요할 것입니다. 보건사회부와 대한결핵협회는 결핵에 대한 계몽과 그 예방을 위하여 전력을 기울이고 있습니다. 결핵은 당신을 노리고 있다. 함부로 가래침을 뱉지 맙시다.

화면묘사

00:00 자막 "결핵은 당신을 노리고 있다. (결핵예방주간)"
00:04 사물놀이 그림이 그려진 1964년도 크리스마스 실
00:06 "결핵은 당신을 노리고 있다", "함부로 가래침을 뱉지 맙니다"라고 적힌 포스터
00:12 "결핵"이라고 적혀있고 감염자 수를 도표로 나타낸 포스터
00:19 남성과 여성의 호흡기관이 그려진 포스터
00:21 "보건소의 문은 열려 있다 결핵의 무료검진 무료치료"라고 적힌 포스터
00:27 "함부로 침을 뱉지 맙시다"라고 적힌 포스터

연구해제

이 영상은 1964년 11월 6일부터 일주일간 진행된 결핵예방주간을 홍보하고 관련된 선전물을 보여준다. 크리스마스 실, "결핵은 당신을 노리고 있다", "보건소의 문은 열려 있다 결핵의 무료검진 무료치료", "함부로 침을 뱉지 맙시다"라는 문구가 적혀있는 포스터를 볼 수 있다.

결핵의 균은 주로 사람에서 사람으로 공기를 통하여 전파되는 전염성 질환이다. 결핵은 폐와 신장, 신경, 뼈 등 우리 몸 속 거의 대부분의 조직이나 장기에서 병을 일으킬 수 있지만 그중에서도 결핵균이 폐 조직에 감염을 일으키는 '폐결핵'이 대부분을 차지하기 때문에 일반적으로 사용되는 '결핵'이라는 말은 '폐결핵'을 가리키는 말로 사용되기도 한다. 균이 침입 후 체내 저항력이 약해지면 발병할 확률이 높아지고, 치료가 제대로 되지 않으면 재발 확률이 높아 영양상태가 좋지 않던 시절 퇴치가 어려운 질병으로 분류되었다.

결핵예방주간에는 보건사회부와 대한결핵협회가 공동으로 결핵예방을 위한 전국적인 범국민운동을 전개했다. 결핵예방에 대한 계몽, X레이 검진, 계몽영화 상영, 전국 아동 작문 모집 전시회, 공로자 표창, 결핵환자 위문 등 광범한 사업이 진행되었다. 당시 한 논설은 정부의 보건비 예산 비중이 전체 예산의 0.9%에 불과하고, 결핵대책비는 이 중 약 13%에 그쳐 83,000만 원밖에 안 된다고 비판하며 예산확충이 필요하다고 역설했다. 아울러 정부와 제휴 아래 결핵관리사업을 전개하는 대한결핵협회는 정부보조와 국민의 성금에 의존하고 있는데, 모금이 많이 되지 않는 것과 반강제적으로 진행된다는 것을 비판했다.

한국에서 결핵퇴치운동은 1928년 셔우드 홀(Shelwood Hall) 박사가 황해도 해주에 결핵전문 요양원을 설립하고 크리스마스 실을 도입한 것이 시작이다. 해방 이전까지 크리스마스 실은 10회 발생되었다. 해방 이후 1953년 11월 6일 대한결핵협회가 창립된 이후 결핵예방홍보사업과 진료사업을 비롯해 국가가 결핵관리사업을 전담했다. 1965년 6월에는 제1차 전국결핵실태조사가 시행되었고 결핵유병률 5.1% 등 조사 결과를 바탕으로 결핵사업의 전망과 후속사업인 BCG접종 등을 실시했다. 1970년 제2차 전국결핵실태조사, 1975년 제3차 전국결핵실태조사에서 결핵유병률 4.2%, 3.3%를 기록했고 1995년 제7차 마지막 실태조사에서는 1.03%의 사업성과를 보였다.

1995년 결핵연구원은 WHO결핵연구, 교육훈련, 자문검사소 역할 및 협력기관으로 지정과 더불어 WHO 약제내성감시체계 국제자문검사소로 지정되었으나, 2000년 이후 결핵환자 감소 추세는 둔화되어 2011년 OECD 34개 가입국 중 결핵발생률과 유병률, 사망률 등에서 1위를 차지했다.

▋ 참고문헌

「'가래침 뱉지 말기'운동」, 『경향신문』, 1964년 3월 14일.

「結核事業의 當面課題」, 『동아일보』, 1964년 11월 5일.

대한결핵협회, 「결핵퇴치, 60년을 이야기하다－결핵 사업의 과거, 현재 그리고 미래」,
『보건세계』 61-4, 2013.

해당호 전체 정보

588-01 영예의 메달

상영시간 ｜ 01분 34초

영상요약 ｜ 6·25전쟁 때 작전수행 중 격추된 B29 항공기에 타고 있던 미 공군 11명을 구출했던 주문도 주민 9명에게 미 공군성에서 감사장과 메달이 수여됐다. 1964년 10월 30일 브라운 미국대사가 미 공군장관의 표창장과 훈장을 주민들에게 전달하였다.

588-02 고려청자 연구

상영시간 ｜ 01분 28초

영상요약 ｜ 제10회 과학전람회에서 1등 대통령상을 수상한 고려청자연구 작품을 관람하기 위해 찾아온 정일권 국무총리와 정부인사들의 모습을 담은 영상과 고려청자를 만드는 과정을 보여주는 영상이다.

588-03 학생들 공장견학

상영시간 ｜ 01분 14초

영상요약 ｜ 전국 13개 대학교에서 선발된 19명의 학생들이 부산에서 열린 세미나에 참석하였다. 세미나에서는 상공부 관리들과 함께 국가경제 현황에 대해 이야기 나눴다. 이후 학생들은 신진공업사, 금성사, 대한조선공사 등을 방문하여 공장견학을 하였다.

588-04 국화 전시

상영시간 ｜ 00분 40초

영상요약 ｜ 중앙공보관과 한국원예기술협회 공동주최로 1964년 10월 제2회 전국국화경화대회가 열렸다. 줄기 한 개에 1,000개의 꽃이 핀 대작을 비롯하여 모두 286점의 국화가 응모되었는데 이 중 대통령상은 박병선이 수여받았고, 국회의장상은 시립농대, 국무총리상도 시립농대가 수여받았다.

588-05 결핵은 당신을 노리고 있다 (결핵예방주간)

상영시간 | 00분 30초

영상요약 | 결핵에 걸리지 않도록 조심하자는 내용이며, 보건사회부가 그 퇴치를 위해 노력하고 있다고 홍보한다.

588-06 후버 씨 서거

상영시간 | 01분 16초

영상요약 | 미국 31대 대통령인 허버트 클라크 후버(Herbert Clark Hoover)가 1964년 10월 21일(한국시간) 90세를 일기로 뉴욕의 한 호텔에서 서거하였다. 1928년 공화당 후보로 대통령에 출마하여 당선되었던 후버는 1929년 대공황으로 미국의 가장 어려운 시기를 대통령으로 4년간 재임하였다.

588-07 자유중국 산업박람회

상영시간 | 00분 50초

영상요약 | 1964년 10월 대만 타이베이에서 산업박람회 개회식이 열렸다. 이날 행사에는 엄가감 대만행정원장이 참석하여 개회를 축하하였고, 수많은 사람들이 방문하여 박람회를 구경하였다.

588-08 올림픽 폐회

상영시간 | 03분 23초

영상요약 | 1964년 10월 동경에서 제18회 올림픽이 개최되었다. 94개국의 6,000여 명의 선수들이 참가했던 올림픽은 24일 폐막하였다.

'케어' 총재 내한 (1964년 11월)

제작정보

출　　　처 : 리버티뉴스 590호
제 작 사 : 주한미공보원
제 작 국 가 : 미국

영상정보

제 공 언 어 : 한국어
컬　　　러 : 흑백
사 운 드 : 유

영상요약

미국 해외민간구조협회 '케어'의 총재가 한국을 방문하여 자신들이 공사 자금을 지원한 충남 당진군 간척지 개간공사 현장을 방문하고, 윤치영 서울특별시장으로부터 행운의 열쇠를 증정받았다는 내용을 전하는 영상.

내레이션

충청남도 당진군 삼봉리 간척지 개간 제3차 공사가 지난 주 '케어' 총재 헤럴드 마이너 씨 등이 참석한 가운데 착수됐습니다. 주한미국대사관의 에드워드 도허티(Edward Doherty) 부대사는 공사노임으로 주는 양곡은 미국에서 봉사 중인 많은 미국 원조기관의 하나인 '케어'를 통해 미국 국민이 보낸 선물이라고 말했습니다. 그런데 '케어'에서는 이 공사를 위해 약 900만 원 상당의 자금을 제공했습니다. 도허티 부대사는 그러한 미국 원조기관이 한국의 복지를 위해 지닌 관심은 한국에 대한 미국의 관심과 공약이 대외정책을 뚜렷이 반영할 뿐만 아니라 미국 국민 자신들의 계속적인 관여, 즉 항구적인 유대를 다짐하는 것이라고 밝혔습니다.

한국에 15년 지원을 하는 중, 76억 원 상당의 식량과 여러 가지 기구를 제공한 케어 당국에 감사를 표시하는 뜻에서 서울특별시장은 마이너 총재에게 서울시 행운의 열쇠를 증정했습니다. **마이너 씨는 한국 정부 요로들과 구호기관 그리고 교육계 인사들과 만난 바 있습니다.

화면묘사

00:00   자막 "'케어' 총재 내한". 충청남도 당진군 간척지 개간공사 현장
00:06   간척지 개간공사 시공식 행사가 진행 중임. 미국 해외민간구조협회 '케어'의 총재인 헤럴드 마이너 등이 참석하여 발언을 하는 장면
00:17   마을 주민들과 내빈들이 참석해있는 모습
00:19   충남 당진 주변의 바닷가 풍경
00:24   '삼봉간척사업장 현장약도'라는 제목을 달고 있는 간척지 공사 지역의 지도그림

00:30   간척지 개간공사가 진행 중인 가운데, 주한미국대사관 에드워드 도허티 부대사
         와 '케어' 총재 헤럴드 마이너가 공사현장 주변을 둘러봄
00:37   공사장 건축자재들을 레일을 통해 운반하는 노동자들
00:44   무거운 추를 바닥에 떨어뜨리면서 공사 작업을 수행하는 노동자들
00:51   거대한 기계가 작동하면서 시멘트를 쏟아내는 장면. 삽으로 시멘트를 퍼 나르
         면서 일하는 사람들
01:04   서울시장 집무실에서 윤치영 서울특별시장을 만나 이야기를 나누는 마이너 총
         재 일행
01:16   마이너 총재에게 행운의 열쇠를 증정하고 그와 악수를 나누는 윤치영 서울시장
01:21   '서울특별시청', '서울특별시선거관리위원회'라는 간판을 달고 있는 서울시청 건
         물 입구로 마이너 일행이 나옴

▌ 연구해제

이 영상은 민간구호단체인 '케어(CARE: Cooperative for American Relief Everywhere)'의
총재 헤럴드 마이너의 방한 모습을 담고 있다. '케어'가 충청남도 당진군 삼봉리 간척지
개간 제3차 공사에 900만 원 상당의 자금을 비롯하여 공사노임으로 제공될 양곡을 지원
한 데 대한 감사의 표시로 서울시장 윤치영이 마이너 총재에게 행운의 열쇠를 전달하는
모습도 함께 담겨있다.

미국의 민간단체(NGO: Non-Government Organization)의 원조는 제2차 세계대전을 전
후해서 전쟁 피해국가의 재건 및 신생 독립국의 빈곤과 기아문제를 해결하기 위한 목적
에서 대규모로 실시되고 있었다. 이 당시에는 피폐해진 유럽의 구호와 재건을 목적으로
했는데, 이들을 '개발 NGO 1세대'라고 지칭하기도 한다. 1945년 설립된 '케어' 역시 이
시기 설립된 대표적인 개발 NGO의 하나이다. 일반적으로 NGO는 비영리성과 비정부성
을 기반으로 자발적으로 운영되는 것을 특징으로 한다. 개발 NGO 역시 수혜국 정부를
대상으로 한 정부차원의 공적개발원조(ODA)에 대응하는 개념으로 사적 원조기관이라
할 수 있다. 또한 개발 NGO는 인도주의적 차원의 비영리사업을 수행한다는 측면에서
영리를 추구하는 민간기업과도 구별된다. '케어'는 1946년 프랑스 르 하브르에 처음으로
2만 개의 '케어 패키지'를 제공하는 것으로 활동을 시작하였다. '케어 패키지'는 CARE가

제공하는 구호물로 다양한 종류의 음식과 의약품, 문구류 등이 포함되어 있다. 이후 '케어'는 전 세계에 약 1억 개의 '케어 패키지'를 제공했으며, 현재까지 전 세계 87개국에서 8,200만 명 이상의 사람들을 대상으로 빈곤프로젝트를 지원하고 있다.

한국 역시 예외가 아니어서, 1950년 6·25전쟁 당시에도 대규모의 구호 물품을 제공받았다. 또한 1950년대 말 미국이 대한(對韓)원조를 감축하며 점차 차관을 제공하는 방향으로 변해갔지만 1960년대에도 여전히 한국경제에서 '케어'를 비롯한 미국의 원조가 차지하는 비중은 높았다. 물론 전체 미국의 원조에서 민간단체가 제공하는 원조는 큰 비중을 차지하지는 않았지만, 1945년 이래 케어를 비롯해서 외국민간원조단체 한국연합회(KAVA: Korea Association of Voluntary Agencies), 월드비전(World Vision), 세이브 더 칠드런(Save the Children) 등 민간단체의 원조도 계속되고 있었다. '케어'는 1970년대 들어 철수할 때까지 구호식량의 전달을 중심으로 단기적인 구호활동을 전개하였다.

그러나 '케어'가 민간단체로서 비영리성과 비정부성을 수반한다 하더라도 미국정부의 원조프로그램과 별개로 운영된 것은 아니었다. 영상에도 제시되는 삼봉간척사업장의 경우 보건사회부와 '케어'의 공동사업으로 진행되었는데, 이때 제공된 양곡은 한미 간 잉여농산물 도입협정에 의해 도입되고 있는 미 공법 480호 양곡이었던 것이다. 즉 '케어'는 개발 NGO로서 한국에 대한 개발 원조를 제공하고 있었지만, 이는 미국의 원조계획과 목적의 틀 아래에서 운영되었던 것이다.

한편, 보건사회부와 '케어'가 공동으로 진행하였던 삼봉간척사업은 1963년 7월 착공하였으며, 1969년 12월까지 3,500정보의 새 농토와 300정보의 저수지를 확보할 것을 목표로 하고 있었다. 이는 1960년대 박정희 정권의 증산계획사업 중의 하나였다. 박정희 정권은 '식량자급－자립경제'라는 정책 이데올로기에 기초한 증산사업을 전개하고 있었는데, 간척사업도 이에 포함되었다. 충남 당진군 석문면 삼몽리 지선에 위치한 이 농장은 바다를 메우는 둑(방조제)이 5,800m에 달하였으며, 당시 실시하고 있던 간척사업 중에서 가장 규모가 큰 사업장이었다. 정부에서는 새로 개간된 토지에서 10만 7,000여 석의 쌀을 생산하고, 3,200가구(1만 8,000여 명)가 정착 및 자활할 수 있도록 구상하였다. 이때 삼봉간척사업장에 정착할 요구호대상자인 난민과 영세민 등이 이 공사에 동원되었다는 점에 주목할 필요가 있다. 즉 공사에 소요될 노동력을 이후 정착될 민간인들로부터 동원한 것이다. 이들은 완공 후 1가구에 1정보(3,000평)씩의 농토를 무상으로 소유하게 된다고 계획되어 있었다.

이 공사는 계획보다는 조금 늦은 시기인 1968년 7월 완공되었다. 총 410정보의 농토가 형성되었는데, 처음 시작보다 많은 수가 감소한 308가구에 약 2,400평씩 분배되었다고 알려졌다. 또한 1974년에는 방조제 부실공사로 인해 바닷물이 농토로 유입되는 등 문제가 발생하기도 했다.

▌참고문헌

「3,800정보의 바다메워 ─ 쌀 10만석 걷게」, 『경향신문』, 1964년 11월 19일.
「당진군 석문간척 사업 완공」, 『동아일보』, 1968년 7월 10일.
「바닷물에 잠기는 광활한 간척지」, 『동아일보』, 1974년 3월 4일.
도영아, 「개발원조에 있어서 NGO의 역할과 한국 개발 NGO의 발전 방안에 관한 연구」, 이화여자대학교 석사학위논문, 2009.

해당호 전체 정보

590-01 교육 공로자 표창

상영시간 | 01분 14초

영상요약 | 교육 공로자 표창행사에서 오랜 세월 동안 교육 현장을 지켜온 여러 교육자들이 박정희 대통령으로부터 표창을 받았다는 소식과 함께 주요 장면들을 보여주는 영상.

590-02 농아 연주단

상영시간 | 00분 58초

영상요약 | 1964년 11월 9일 농아 연주단 자선음악회가 열린 서울시민회관 현장의 모습을 스케치하는 영상.

590-03 '케어' 총재 내한

상영시간 | 01분 27초

영상요약 | 미국 해외민간구조협회 '케어'의 총재가 한국을 방문하여 자신들이 공사 자금을 지원한 충남 당진군 간척지 개간공사 현장을 방문하고, 윤치영 서울특별시장으로부터 행운의 열쇠를 증정받았다는 내용을 전하는 영상.

590-04 불조심 행사

상영시간 | 01분 28초

영상요약 | 겨울철을 맞이해 화재 예방에 더욱 힘써야겠다는 메시지를 전하면서 부산에서 열린 방화강조행사의 여러 장면들을 보여주는 영상.

590-05 부산 - 서울 역전 마라돈

상영시간 | 01분 24초

영상요약 | 6·25전쟁 당시 서울수복을 기념하기 위해 열린 부산-서울 간 마라톤 대회의 주요 장면들과 결과를 전하고, 이 대회를 마지막으로 은퇴하게 된 한 마라톤 선수의 결혼식 장면을 보여주는 영상.

590-06 세계 최대의 철교

상영시간 | 01분 13초

영상요약 | 미국 뉴욕에 세워진 당시 세계 최대 규모의 철교인 베라자노 다리의 완공 소
식을 전하고 그 규모에 대해 설명하면서 완성된 다리의 모습을 보여주는 영상.

590-07 마차경기

상영시간 | 01분 19초

영상요약 | 미국에서 열린 대중을 상대로 한 마차경기의 주요 장면들을 보여주는 영상.

유엔 총회 개막 (1964년 12월)

제작정보

출　　　처 : 리버티뉴스 594호
제 작 사 : 주한미공보원
제 작 국 가 : 미국

영상정보

제 공 언 어 : 한국어
컬　　러 : 흑백
사 운 드 : 유

영상요약

1964년도 19회 유엔총회가 열려, 가나 대표가 새 의장으로 선출되었다는 소식을 전하며 그의 연설 내용을 전달한다. 이어서 신규가입 회원국들의 국기게양식 행사 장면을 보여 주고 있다.

내레이션

유엔은 평화 유지를 위해 걸머진 부채를 두고 자기 몫을 부담치 않겠다던 소련의 억지를 간신히 꺾고 제19차 총회를 열었습니다. 1963년도 총회 의장인 베네주엘라 대표 카를로스 소사 로드리케스(Carlos Sosa Rodriguez) 박사가 후임 의장으로 물망에 오른 가나 대표 알렉스 퀘슨 섹키(Alex Quaison-Sackey) 씨를 단상으로 안내했습니다. 총회는 만장일치의 거수 표결로 가나 대표 섹키 씨를 의장으로 선출했습니다. 그는 우 탄트 사무총장과 비서장 소사 박사로부터 축하인사를 받고 이어서 개회 연설에서 다음과 같이 말했습니다. 여러분께서 만장일치로 본인에게 베풀어주신 영광은 저 같은 사람에게는 과분한 것이나, 아프리카, 특히 가나에 대한 경의일 뿐만 아니라 그중 무엇보다도 도처에 모든 아프리카인 후손 수천만에 대한 경의라고 믿습니다. 더욱이 말라위, 잠비아, 그리고 말타 세 나라의 신규 회원국 가입을 사회하게 됨은 본인은 별다른 영광과 큰 기쁨으로 여깁니다. 신생국이 탄생할 때마다 우리에게는 기쁘기 한량없는 경사입니다. 다음날 유엔본부 앞 뜰에서는 신규가입 회원국의 국기게양식이 있었습니다. 말라위 국기는 희망과 자유에 찬 새벽을 상징합니다. 말타 국기는 영국기처럼 빨간 정십자를 가졌는데, 2차 세계대전 중 말타 섬 사람들의 영웅적 활약에 대한 표창입니다. 잠비아 국기는 독립을 위해 치른 줄기찬 투쟁을 상징합니다. 유엔은 115 나라의 회원을 갖게 됐습니다.

화면묘사

00:00 자막 "외국소식"
00:05 자막 "유엔 총회 개막". 미국에 있는 유엔 건물 전경

00:09 유엔 건물 앞에 가입국들의 깃발이 일렬로 세워진 채로 펄럭이고 있음

00:15 총회가 열려 각국 참석자들이 자리에 앉아 있는 모습

00:20 단상 위에 유엔 관계자들이 앉아 있는 모습

00:25 1964년도 총회 의장 후보인 알렉스 퀘슨 섹키가 박수를 받으며 자리에서 일어
       나 전임자의 안내를 받으며 단상 쪽으로 올라와 의장석에 앉음 (박수소리)

00:58 멀리서 바라본 유엔총회 행사장 내부의 모습

01:02 신임 의장 퀘슨-섹키가 의장석에 앉아 연설을 하는 모습. (육성연설) 우 탄트
       사무총장과 비서장 소사가 양 옆에 앉아 있음

01:50 참가국 대표들이 자리에 앉은 채 박수를 침 (박수소리)

01:55 유엔 건물 앞에서 펄럭이는 유엔 깃발

01:58 유엔 신규가입 회원국들의 국기계양식 행사가 열리고 있는 유엔본부 앞 뜰. 깃
       발들이 펄럭이고 있고, 참석자들의 뒷모습이 보임

02:02 관계자들이 참석한 가운데 말라위 국기와 말타 국기가 차례로 게양되는 장면

02:20 국기 게양식 장면을 지켜보는 참석자들

02:23 잠비아 국기가 게양되는 장면

02:29 신규 가입국들의 국기가 펄럭이는 모습

연구해제

이 영상은 1964년 12월 1일에 개회된 제19차 유엔총회 관련 모습을 담고 있다. 제19차 유엔총회는 평화군 경비 체납문제를 둘러싸고 미·소 간의 갈등이 발생하면서 다소 늦은 시기에 시작되었는데, 영상에서는 내레이션으로 이런 내용을 간략히 전달하고, 이어 유엔총회 의장으로 선출된 가나 대표 알렉스 퀘슨 섹키의 연설과 신규 유엔회원국을 소개하고 있다.

이 영상에서는 언급되고 있지 않지만 제19차 유엔총회는 유엔에서의 한반도 문제가 처한 상황을 잘 드러내는 총회였다. 한반도 문제는 1947년 유엔총회에 처음으로 상정되었다. 이후 6·25전쟁을 거치며 1954년부터는 매년 유엔총회에서 한반도의 통일을 둘러싼 논의가 진행되었다. 그러나 해결의 실마리가 보이지 않자 한반도 문제는 하나의 '데드 이슈(dead issue)'가 되어갔으며, 또한 냉전 문제로 인식되면서 한국문제 참여를 기피

하는 국가들이 점점 증가하고 있었다. 이런 유엔회원국의 한반도 문제 인식 변화와 더불어 평화군 경비 체납문제를 둘러싸고 미·소 간의 대립 격화 등 유엔의 분위기로 제19차 유엔총회에서는 처음으로 한반도 문제가 상정조차 되지 못하였다.

▌ 참고문헌

국회도서관입법조사국, 『유엔의 한국문제처리 및 투표상황(1947~1972)』, 1973.

해당호 전체 정보

594-01 성탄절
상영시간 ㅣ 02분 48초

영상요약 ㅣ 크리스마스를 맞이해서 선물을 전하고 장식품을 만드는 크리스마스 풍경들을
스케치하면서, 비무장지대에 교회가 새로 세워졌다는 소식을 전하는 영상.

594-02 차관협정
상영시간 ㅣ 01분 59초

영상요약 ㅣ 한국의 통신시설 확장과 전력과 송전시설 개량을 위한 차관협정이 이루어졌
다는 소식을 전하면서 앞으로 경제개발에 많은 도움이 될 것이라는 전망을 하
고 있다.

594-03 여성계 소식
상영시간 ㅣ 01분 45초

영상요약 ㅣ 여성 비행사 김영애가 국내에서 첫 단독비행에 성공했다는 소식과, 디자이너
앙드레 김이 개최한 자선패션쇼가 열려서 불우한 어린이들을 돕게 되었다는
소식을 전하는 영상.

594-04 유엔 총회 개막
상영시간 ㅣ 02분 30초

영상요약 ㅣ 1964년도 19회 유엔총회가 열려, 가나 대표가 새 의장으로 선출되었다는 소식
을 전하며 그의 연설 내용을 전달해준다. 이어서 신규가입 회원국들의 국기게
양식 행사 장면을 보여주고 있다.

594-05 월남군 고문에 최고훈장
상영시간 ㅣ 00분 43초

영상요약 ㅣ 베트남 주재 미군 군사고문인 로저 돈론 대위에게 존슨 미국 대통령이 명예훈
장을 수여했다는 소식을 전하고 있다.

594-06 케네디 센터 기공

상영시간 ㅣ 00분 57초

영상요약 ㅣ 워싱턴에 세워질 케네디 센터 기공식 행사의 주요 장면들을 보여주며 케네디
센터와 관련된 주요 정보를 전하고 있다.

무형문화재 (1965년 1월)

제작정보

출   처 : 리버티뉴스 599호
제 작 사 : 주한미공보원
제 작 국 가 : 미국

영상정보

제 공 언 어 : 한국어
컬   러 : 흑백
사 운 드 : 유

영상요약

말총으로 갓을 만드는 명장들이 무형문화재로 지정되었다는 소식과 종묘제례악, 양주 별산대놀이 등이 정부의 지원을 받아 그 역사를 이어가고 있다는 소식을 전하는 영상.

내레이션

문교부는 최근 일곱 가지의(…)
말총으로 갓을 만드는 것은 한국 고유의 예술로서 현대식 모자들이 많이 소개된 요즘에도 성행되고 있습니다. 정부에서는 갓 일의 명장 세 명을 무형문화재 보유자로 규정했는데 이들은 모두 예순이 넘는 고령자들로서 그중에는 경남 충무에 사는 예순일곱의 전덕기 옹도 있습니다. 그런데 이들은 젊은 세대들에게 그들의 숨은 기술을 가르쳐서 말총과 대나무, 그리고 옻칠을 써서 만드는 이 역사적 예술을 후세에게 전할 것입니다.

화면묘사

00:00 자막 "무형 문화재". 탈춤에 쓰이는 탈들을 모아 놓은 장면
00:05 농촌 마을에서 탈춤용 탈을 쓰고 있다가 벗는 노인들의 모습
00:17 농촌마을 전경
00:21 전덕기 옹이 말총으로 갓을 만드는 작업을 진행하고 있음
00:41 만들어진 갓이 창고에 정리되어 있는 모습
00:43 어떤 노인이 갓 만드는 작업을 하고 있고, 주변에서 한복에 갓을 쓴 다른 노인들이 그 모습을 구경함
00:58 만들어진 갓 표면에 옻칠을 하는 노인
01:05 '오늘의 푸로. 重要無形文化財 發表公演(중요무형문화재 발표공연)'이라는 내용이 적힌 안내문이 벽에 부착되어 있음
01:07 공연장 무대 위에서 전통복장을 갖춰 입은 공연단이 단소, 대금, 징 등을 이용해서 종묘제례악을 연주함
01:23 객석의 관객들

01:25   양주별산대놀이 공연 장면. 옆에서 장구를 치고 피리를 불고, 무대 가운데에서
         탈을 쓴 연기자들이 탈춤을 추며 공연하는 장면

▌ 연구해제

　1965년 1월 중요무형문화재로 지정된 문화유산을 소개하고 있는 영상이다. 본 영상에서는 전통방식으로 갓을 제작하는 무형문화 보유자들의 모습과 종묘제례악 공연 장면, 양주별산대놀이의 탈춤 공연 장면을 자세하게 보여주고 있다.

　문교부는 1964년 문화재위원회 제2분과 위원들의 회의를 통해 한국 최초의 무형문화재로 모두 7가지 문화유산을 선정하였다. 중요무형문화재 제1호로 종묘제례악, 제2호로는 양주별산대놀이, 제3호로는 꼭두각시놀음, 제4호는 갓일, 제5호는 판소리 춘향가, 제6호는 통영오광대, 제7호로는 오광대가 지정되었다. 무형문화재는 문화재 보호법의 "연극, 음악, 무용, 공예기술 기타의 무형의 소산으로서 우리나라 역사상 또는 예술상 가치가 큰 것"을 문교부장관이 문화재위원회의 자문을 거쳐 문화재로 지정할 수 있다는 항에 근거하여 지정되었다. 유형문화재와 마찬가지로 형태의 독특성, 역사성, 학술성, 예술성 등이 주된 지정기준으로 설정된 것이다. 그러나 유형문화재와는 다른 조건이 하나 더 첨가되었는데, 인멸될 우려가 많아 문화적 가치가 상실되기 쉬운 것으로 판단되는 것을 지정할 수 있다는 항목이었다.

　민속자료가 근대화의 과정에서 인멸될 우려가 많다는 것에는 이견이 없을 것이다. 그렇지만 실제 한국에서 무형문화재 제도가 운영되는 과정은 이와는 다른 방식으로 진행되었던 것으로 보인다. 1960년대 국가는 강력한 근대화 프로젝트를 추진하면서도 이로 인해 인멸될 위험이 있는 무형문화재에 대한 보호정책을 동시에 추진하는 정책적 모순을 보이고 있었다. 무형문화재의 경우 문교부 산하의 문화재관리국에서 소관하고 있었지만, 이와는 별도로 공보부에서도 함께 관리하고 있었다. 이는 당시 정부가 무형문화재를 근대화를 위한 동원체제의 민족주의적 정당성을 담보하는 가시적 홍보 수단으로 활용하고자 했던 의도를 가지고 있었음을 알 수 있는 부분이다.

　아울러 무형문화재 선정에 참여했던 지식인과 전문가들의 활동 또한 눈여겨보아야 한다. 이들은 문화재위원으로 통칭할 수 있는데, 무형문화재는 문화재관리국의 문화재위원회 제2분과에서 담당하였고, 대체로 국립국악원을 중심으로 활동하는 몇몇의 예술

인과 민속문화 예술과 전통문화를 연구하는 학자들로 구성되어 있었다. 이들은 1962년 10월의 '무형문화재 실태조사 보고'와 1964년 2월의 '무형문화재 지정 조사'와 관련된 연구에 적극적으로 결합하여 활동하였다. 무형문화재 선정에 있어서도 이들 문화재위원들의 영향력이 다수 반영되어 있었던 것으로 보인다. 문화재위원으로 있었던 국립국악원 소속 국악인들이 무엇을, 누구를 무형문화재로 지정할 것인가에 관여하면서 국악계의 판도를 좌우했고, 관련 지식인들은 그것을 보증하는 형태로 무형문화재를 선정했던 것이다. 이 과정에서 자연스럽게 특정 분야의 예술을 중심으로 무형문화재가 선정되었고, 대중의 일상에서 공유되어왔던 문화들이 배제되는 결과를 낳았다.

'전국민속예술경연대회'는 전통문화를 활용하여 국민정체성을 확립하고자 했던 정부와 특정한 형태의 예술을 문화재로 지정하고자 하는 문화재위원들의 의도가 만나는 장이었다. 경연대회를 통해 문화재적 가치를 인정받은 예술 형태는 소정의 절차를 거쳐 무형문화재로 지정되었으며, 이렇게 지정된 무형문화재는 지정 당시의 원형을 간주한다는 제도적 원칙에 따라 각 지역 고유 민속문화의 원형이 되었다. 그렇지만 경연대회는 '전통적 원형성을 예술적으로 승화시킨 것'으로서 정작 원형과는 거리가 먼 형태로 변형되는 결과를 초래했고, 이것이 그대로 무형문화재로 계승, 보존되는 문제를 발생시켰다. 결국 무형문화재의 이념적 토대로서 '민족문화의 원형'은 민중들의 일상적인 삶 자체에 대한 지적 관심을 바탕으로 대상화되었지만, 그 내용과 의미는 원래의 예술 생산자들의 미의식과 전혀 다른 차원의 논리로 구성된다는 근원적인 문제로 남게 되었다.

▌참고문헌

「모습 없는 보물 중요무형문화재」, 『동아일보』, 1965년 1월 14일.
정수진, 『무형문화재의 탄생』, 역사비평사, 2008.

해당호 전체 정보

599-01 박 대통령 연두교서

상영시간 ㅣ 04분 57초

영상요약 ㅣ 박정희 대통령이 1965년 1월 국회에서 한 연두교서의 내용을 전달하는 영상. 미국과의 우호관계, 한·일 국교정상화에 대한 의지, 베트남 파병 문제, 비료, 전기, 시멘트, 유리 생산 등의 산업현황, 통화정책, 차관 문제, 교육정책 방향 등에 대해서 이야기한다.

599-02 무형 문화재

상영시간 ㅣ 01분 54초

영상요약 ㅣ 말총으로 갓을 만드는 명장들이 무형문화재로 지정되었다는 소식과 종묘제례악, 양주별산대놀이 등이 정부의 지원을 받아 그 역사를 이어가고 있다는 소식을 전하는 영상.

599-03 통넘기 선수권대회

상영시간 ㅣ 01분 54초

영상요약 ㅣ 미국 뉴욕 인근에서 개최된 제15회 세계 통넘기 선수권대회 주요 장면들을 보여주는 영상.

한일협상 타결 (1965년 4월)

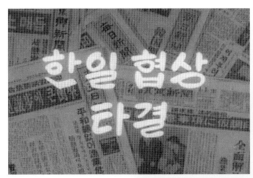

제작정보

출 처	:	리버티뉴스 610호
제 작 사	:	주한미공보원
제 작 국 가	:	미국

영상정보

제 공 언 어	:	한국어
컬 러	:	흑백
사 운 드	:	유

▋ 영상요약

한국과 일본 간에 가조인 된 어업협정, 재산청구권 문제, 재일교포의 법적 지위에 관한 문제의 3가지 현안에 관한 소식을 전하는 뉴스 영상.

▋ 내레이션

한일 양국은 국교정상에 이르는 길을 굳게 하는 세 가지의 큰 현안을 타결 짓고, 4월 3일에 가조인했습니다. 조인된 세 가지 중에는 어업협정이 있었는데, 어업협정은 이곳 도쿄에 있는 일본 농림성에서 두 나라 농림장관에 의해 이루어졌습니다. 한국의 차균희 농림부장관과 일본의 아까기 무네노리(赤城宗德) 농림대신이 조인했습니다. 이밖에도 일본에 대한 한국의 재산청구권 문제와 재일교포의 법적 지위에 관한 현안이 타결을 봤습니다. 이 세 가지 협정이 가조인 됨으로써 한일 양국은 국교정상의 문턱에 한 걸음을 다가섰습니다.

▋ 화면묘사

00:01 "리버티 뉴스" 자막. 한 남성이 종을 치고 있는 장면
00:07 "610 -435-" 자막
00:08 "외국소식" 자막. 지구 모형이 돌아가고 있는 장면
00:15 "한일협상 타결" 자막. 한일 간의 협정이 타결된 소식을 다룬 한국과 일본의 신문들
00:19 일본 농림성으로 추정되는 건물의 외관
00:25 차균희 농림부장관과 아까기 무네노리 일본 농림대신이 어업협정에 관하여 가조인하는 장면
01:00 많은 사람들이 거리를 오가고 있음. 한 남성이 신문을 사는 모습
01:08 세 가지 현안 타결 소식을 다룬 일본 신문

연구해제

　본 영상은 1965년 4월 일본 도쿄 농림성에서 한일 대표가 한일협정 중의 하나인 어업 협정에 가조인하는 모습을 담고 있다.

　1952년 제1차 한일회담이 개최된 이래 14년간 한일회담이 중단과 재개를 반복하면서 난항할 수밖에 없었던 최대의 이유는 과거 일제 35년간의 식민지배에 대한 양국의 역사 인식이 근본적으로 달랐다는 데 있었다. 일본정부는 조선지배가 병합조약에 의한 합법 통치였다고 인식하는 데 반해, 한국정부는 일제의 무력에 의한 강점으로 원천적으로 불법 무효라는 기본 인식하에 회담에 응했던 것이다.

　한일회담은 특히 세 가지 점에서 대단히 복잡한 교섭이었다. 첫째, 이 회담은 세계 외교사에서도 그 예를 찾아보기 힘들 정도로 장기화되어 타결되기까지 중단과 재개를 반복하며 14년이라는 세월이 걸렸고, 교섭 기간 중 1,500여 회를 넘는 각종 회담이 개최되었다. 둘째, 한일회담은 교섭 개시 이래 타결을 이루기까지 미국이 지속적으로 깊숙이 관여한, 한미일 3자회담의 성격을 띤 교섭이었다. 미국은 냉전기 대공산권 봉쇄전략의 일환으로 한일관계를 복원시키기 위해 직간접적으로 압력을 행사하며 타결을 이끌었다. 셋째, 한일회담에서는 여러 가지의 의제가 동시에 다뤄졌다. 즉 한일회담에서는 기본관계, 청구권 문제, 어업-평화선 문제, 재일교포의 법적 지위 문제 등 굵직굵직한 중대 현안이 동시에 다뤄졌다. 이 중에서 한국정부는 무엇보다 과거사 청산과 직결되는 기본관계와 청구권 문제를 유리하게 해결하려 했다. 특히 박정희 정권은 경제개발계획 추진에 필요한 자금조달 문제를 해결하기 위해 한일회담을 적극 추진했다.

　1952년부터 시작한 회담은 1965년 2월 제7차 회담에서야 기본관계조약 문제를 최우선 해결하기로 합의하였고, 1965년 2월 20일에는 '한일기본조약'에 가조인했다. 이어서 1965년 6월 22일까지는 한일회담에서 논의된 4대 쟁점이 모두 타결되었다. 즉, 재산청구권 문제, 어업, 평화선 문제, 재일교포 법적지위 문제, 문화재 반환 문제가 동시에 타결됨으로써 한일회담은 대단원의 막을 내리게 되었다.

　먼저 기본관계 합의문서의 형식은 조약으로 하기로 하였고 독도 문제는 의제에서 제외키로 합의하였다. 1) 대한민국 정부의 유일 합법성 조항과 관련하여서는 1948년 12월 12일 유엔총회에서 채택된 결의 195조 3항에 명시된 바와 같이 대한민국 정부가 유일한 합법정부임을 확인한다(2조)고 합의를 보았다. 2) 구조약 무효확인 조항에 관해서는 대한민국과 일본제국 간에 체결되었던 모든 조항 및 협정이 이미 무효임을 확인한다(3조)는 조항의 설치에 합의를 보았다. 이 두 가지 합의는 한국과 일본의 국내 사정에 따라 자의적으로 해석할 수 있는 여지를 남긴 정치적 타협의 산물로 이해된다.

한국 측에서 가장 관심을 기울인 대일청구권자금의 규모는 무상자금 3억 달러, 유상 재정차관자금 2억 달러 그리고 상업차관 3억 달러와 그 외의 플러스 알파의 상업차관으로 정해졌다. 이러한 일본의 청구권자금은 1960년대 후반 한국경제 성장, 특히 제2차 경제개발5개년계획의 필요 산업자금에서 주요한 역할을 담당했다. 이 청구권자금은 직접 건설된 포항제철은 물론, 경부고속도로, 소양강 댐 등 한국경제의 핵심적인 사회간접자본과 농업용수개발, 어선건조 등 산업기초부문에 쓰였으며 원자재로도 도입하였다.

한편 본 영상에 등장하는 어업협정은 과거 이승만 정부가 인접 해양에 대한 어로구획을 일방적으로 발표함에 따라 한일갈등의 심화 요인이었던 '평화선'을 무력화하고, 자국 연안으로부터 12해리 이내의 수역을 어업전관 수역으로 설정하는 등의 내용을 담고 있다. 하지만 독도 인근을 공동어로구역으로 설정하여 이후 독도를 둘러싼 여러 갈등의 빌미를 제공하였음은 물론, 어로구획 설정 역시 지속적인 갈등을 낳았다. 이에 따라 1998년 1월 23일 일본은 기존의 한일어업협정을 일방적으로 파기하였고, 이후 1998년 9월 25일 새로운 한일어업협정이 체결되어 오늘에 이르고 있다.

무엇보다 한일회담은 안보논리와 경제논리에 의해 그 타결이 추구된 결과 정작 회담의 본제인 한일 간의 과거사 청산문제는 충분하게 다뤄지지 못하고 역사청산이 유보된 형태의 협정으로 타결이 이루어졌다. 이에 따라 식민지배의 불법 여부는 물론, 청구권협정에서 다뤄지지 않은 종군 위안부, 원폭피해자, 사할린동포 문제 등에 대한 일본의 법적 책임은 여전히 문제시 되고 있다.

▌ 참고문헌

국가기록원, http://www.archives.go.kr/next/viewMain.do
이원덕, 『한일과거사 처리의 원점』, 서울대학교 출판부, 1996.
이원덕, 「박정희와 한일회담 : 회고와 전망」, 『명지대학교 국제한국학연구소 학술대회 발표집』, 2007 .
조윤수, 「1965년 한일어업협상의 정치과정」, 『영토해양연구』 6, 2013.

해당호 전체 정보

610-01 한일협상 타결

상영시간 ㅣ 01분 16초

영상요약 ㅣ 한국과 일본 간에 가조인된 어업협정, 재산청구권 문제, 재일교포의 법적 지위에 관한 문제의 3가지 현안에 관한 소식을 전하는 뉴스 영상.

610-02 2인승 우주선 성공

상영시간 ㅣ 02분 49초

영상요약 ㅣ 미국에서 우주선의 조종을 비롯한 여러 사항들을 점검하기 위해 우주로 우주선을 쏘아 올린 비행이 성공한 소식을 관련 영상과 함께 전하는 뉴스 영상. 우주선의 발사 및 도착 장면과 두 우주인에게 표창이 수여되는 등의 장면들이 함께 담겨 있다.

610-03 김 국방 월남 방문

상영시간 ㅣ 01분 38초

영상요약 ㅣ 김성은 국방부장관이 비둘기부대 시찰을 위하여 베트남을 방문한 소식을 전하고 있는 뉴스 영상. 월남병원의 방문 및 공사 기공식에서 첫 삽을 뜨는 등의 활동 장면이 담겨 있다.

610-04 봄 소식

상영시간 ㅣ 01분 34초

영상요약 ㅣ 제20회 식목일 관련 소식과 벚꽃이 만발한 진해의 소식을 전하는 뉴스 영상. 식목일에는 국군묘지 주변에 나무를 심는 행사가 열렸으며, 박정희 대통령은 진해의 별장에서 정원파티를 개최하였고, 진해 군항제는 미스 경남 선발대회와 함께 열렸다.

610-05 "다드" 미 상원의원 내한

상영시간 ㅣ 01분 19초

영상요약 ㅣ 토마스 다드(Thomas J. Dodd) 미국 상원의원의 방한 소식들을 전하는 뉴스 영상. 다드 상원의원은 자유센터와 청와대 등을 방문하고 서울대학교에서 명예 법학박사 학위를 수여받았다.

610-06 탁구계 소식

상영시간 ㅣ 00분 58초

영상요약 ㅣ 한국의 탁구 대표팀들이 외국으로 경기를 떠나기 전 모여서 훈련을 하고 있다는 소식을 전하는 뉴스 영상.

로스토우 씨 내한 (1965년 5월)

제작정보

출   처 : 리버티뉴스 614호
제 작 사 : 주한미공보원
제 작 국 가 : 미국

영상정보

제 공 언 어 : 한국어
컬   러 : 흑백
사 운 드 : 유

월트 로스토우(Walter W. Rostow) 미 국무성 정책기획위원장이 내한하여 박정희 대통령과 여러 정부고위층을 예방하고, 서울대학교에서 연설을 했다는 소식을 전하며 주요 장면을 보여주는 영상.

■ 내레이션

미국 국무성 정책기획위원장이며 전 하버드대학교 경제학교수였던 월트 로스토우 씨가 3일 동안의 예정으로 내한, 박정희 대통령과 경제기획원의 요인들을 비롯한 여러 정부고위층을 예방했습니다. 로스토우 씨는 서울대학교에서 행한 연설에서 다음과 같이 말했습니다. 한국은 아시아의 여러 국가들보다도 훨씬 유망한 도약단계의 국가라 하겠습니다. 첫째로, 농업 부문에 있어서 한국은 중대한 농업계획에 착수했습니다. 둘째로, 한국은 수입대체산업이라는 기초 위에서 부분적인 공업화를 시작했으나 수입관세를 너무 높여서 제조업자들을 너무 안이하게 하여 비능률을 초래케 한 과오를 범하지는 않았습니다. 한국은 수출증가와 외화획득운동을 전개하기 시작했습니다. 이제 본인은 한국과 외부세계와의 관계에 대해서 몇 말씀드리겠습니다. 미국은 2차대전 종전 이래로 한국과 같이 손잡아왔습니다. 미국은 한국을 버리고 떠날 생각은 없으며, 우리는 이 개발사업에 여러분과 같이 참여할 작정입니다. 일본에 관해서 본인은, 한국이 자국의 민간기업분야의 발전 속도를 유지하고 외국투자를 틀림없이 한국의 발전계획에 적합하게 투입하는 한, 일본 및 기타 외국의 원조가 결코 한국을 압도할 리는 만무하다는 것입니다. 여러분은 한국이 적어도 오늘날의 일본이나 이탈리아의 수준까지는 발전하는 것을 볼 수 있게 되리라고 추측하고자 합니다. 여러분은 한국이 성장단계라는 기술적인 성숙 지경에 이르러 본인이 고도의 대량소비라고 부르는 산업기구로 접어들기 시작할 한국을 보게 될 것입니다.

■ 화면묘사

00:02   자막 "리버티 뉴스"

00:10 자막 "614 -535-"

00:11 자막 "국내소식"

00:17 자막 "로스토우 씨 내한". 로스토우가 발언을 하는 장면

00:22 로스토우가 박정희 대통령과 악수하고 인사를 나눔

00:26 관계자들의 안내로 청와대에 들어가 박정희 대통령과 자리에 앉아 회담을 나누
는 장면들

00:36 서울대학교 강당에서 연설을 한 로스토우가 발언을 하는 여러 장면. 객석에서
연설을 듣는 서울대 학생들. 내빈석에 앉아 있는 관계자들

01:26 연설이 끝나자 박수를 치는 객석의 학생들

01:29 정부의 고위급 관료들과 회의석상에 앉아서 이야기를 나누는 로스토우. 담배를
피우며 이야기를 계속하는 여러 장면들

연구해제

이 영상은 1965년 5월 2일 방한한 미 국무부 정책기획위원장이자 존슨 대통령의 정책
고문 로스토우의 일정을 담고 있다. 로스토우는 5월 3일 서울대학교에서 강의하고 청와
대를 방문하여 박정희 대통령을 예방하였다. 이 시기 로스토우의 방한에서 주목할 점은
그의 방문이 일본을 비롯한 극동지역 순방 계획 중의 하나였으며, 한국 관료들과 함께
한일국교정상화 문제 등을 논의했다는 것이다. 로스토우가 방한할 시점은 1965년 '한−
일 양국의 국교관계에 관한 조약(한일협정)'이 체결되기 한 달 전이었다.

로스토우의 방한 목적은 5월 3일 서울대학교 대강당에서 열린 강연회의 내용을 살펴
보면 잘 드러난다. 그는 3,000여 명의 학생들이 참석한 이 강연에서 일본의 자본도입이
경제개발에 중요한 몫을 할 것이라는 견해와 함께 한일국교정상화의 필요성을 역설하
였다. 또한 한국 공업발전의 필요성을 강조하고, 이를 위해 외자와 기술을 유효하게 사
용해야 한다고 역설하였다. 미국이 '아시아지역개발계획'을 추진하고 있음을 강조하면
서 과감한 외자도입과 공업화를 이루어 경제성장을 이룰 것을 주장하였다. 로스토우는
외자도입이 저개발 국가와 선진국 사이에 지속적인 연결고리를 만들 수 있을 것이라며
내자동원 보다는 외자도입을 강조하였다. 5·16군사쿠데타 직후 내자를 적극적으로 이
용하고자 했던 경제개발계획과 국내자본 동원과 관련된 통화개혁에 미국이 강하게 반

대했던 것 역시 이 같은 맥락에서 이해할 수 있다.

이날 강연에서 그는 전반적으로 그의 '도약이론'을 적용하여 한국경제의 상황을 진단했으며, 미국정책입안자의 입장에서 정책을 제안하였다. 로스토우의 '도약이론'은 당시 한국의 지식인들 뿐 아니라 일반인 사이에서도 널리 알려진 담론이었다. 이는 1960년대와 70년대 중·고등학교 교과서에 등장하면서 예비고사 문제에 출제될 만큼 한국 사람들에게는 경제개발의 교과서 같은 역할을 했다.

하지만 당시 로스토우의 사상이 한국에 미친 영향력을 주목할 때 단순히 경제적 측면에서만 평가할 수는 없다. 앞서 언급하였듯이 그가 경제관료가 아니라 국무성의 정책기획위원장이었던 점을 보아도 그렇다. 당시 한국 여론에서도 로스토우를 미국의 정책결정에 영향을 미칠 수 있는 고위관료로 주목하며 그의 방한에 중요한 의미를 부여하기도 했다. 그렇다면 당시 로스토우의 활동은 어떠한 의미를 갖고 있을까. 이는 그가 한국을 포함한 제3세계에 적극적인 개입을 추구했다는 데서 찾을 수 있다. '한일협정'이 체결되기 한 달 전에 한국을 방문하여 한일국교정상화를 강조했던 것에서도 알 수 있듯이 그의 대외정책, 특히 제3세계에 대한 정책의 방향은 미국의 개입을 기반으로 한 것이었다.

실제로 로스토우의 관심은 한국보다 다른 아시아 지역, 특히 일본과 동남아시아에 집중되어 있었다. 아시아에 대한 그의 방대한 정보는 『공산 중국의 전망』과, 후속편으로 저술된 『미국의 아시아 정책(An American Policy in Asia)』에 잘 나타난다. 여기서 그는 중국을 겨냥하면서 일본에 대한 관심을 잘 보여주고 있다. 이러한 인식은 존슨 행정부의 대외정책에 중요한 영향을 미쳤다. 우선 그는 아시아에서 공산주의 세력에 대한 적극적인 대응을 주장했는데, 이는 곧 필리핀과 남베트남에서 발생한 게릴라와 소요에 대한 미국의 적극 개입으로 이어졌다. 아울러 자유아시아 사회에서 경제적·정치적 힘을 세울 수 있는 장기적 수단이 필요하다는 점도 지적하였다. 이때 흥미로운 점은 장기적 수단의 제공자가 미국뿐만 아니라 일본을 포함한 자유세계의 선진국들이었다는 것이다. 특히 그는 일본의 참여를 적극 종용하는 입장이었다. 미국이 1950년대에 '한일협정' 논의에 개입하기를 꺼려했던 것과는 달리 1960년대 들어 적극적으로 중재자 역할을 했던 것 역시 이같은 로스토우의 정책이론에 따른 것이었다고도 볼 수 있다.

▌ 참고문헌

「미국무성정책기획위원장 로스토우씨 4월 내한」, 『동아일보』, 1965년 3월 3일.

「줄다리기 삼각외교 미고위층 연쇄방한의 결산」, 『동아일보』, 1965년 5월 8일.

「로스토우 박사의 연설요지」, 『동아일보』, 1965년 5월 4일.

박태균, 「로스토우 제3세계 근대화론과 한국」, 『역사비평』 66, 2004.

어린이날 (1965년 5월)

제작정보

출　　처 ： 리버티뉴스 614호
제 작 사 ： 주한미공보원
제작국가 ： 미국

영상정보

제공언어 ： 한국어
컬　　러 ： 흑백
사 운 드 ： 유

영상요약

어린이날을 맞이해 흑산도의 초등학생들이 광주시에 초청되어 관광을 하고 군부대를 방문한 후에 가정집에서 숙박을 하는 등의 일정을 보냈다는 소식, 그리고 광주 시내 초등학생 야구부들 간의 경기가 열렸다는 소식을 전하고 있다.

내레이션

5월 5일 어린이날은 전라남도 광주에서(…) 두 가지 행사로 한층 더 빛났습니다. 이날 흑산도 여섯 개 국민학교에서 온 88명의 아동들은 이곳 광주시에 초대됐습니다. 이들은 광주 시내의 관광과 더불어 많은 선물의 세례를 받고 만찬에 참석하는 등 분망한 틈을 타서 육군 모 부대에서 탱크도 타보았습니다. 이들은 광주 시내의 각 가정에서 하룻밤을 묵은 후 다음날 역시 분망한 일정을 보냈습니다. 그리고 광주 시내의 여덟 개 국민학교가 참가한 각 국민학교 대항 야구대회는 많은 관객을 끌어들였습니다. 그런데 이번 아동야구대회를 위하여 광주 상무대에 있는 미 군사고문단은 운동화, 유니폼 등을 제공했고 이들 꼬마들은 감투정신과 멋있는 응원을 보여주어 이날의 경기는 성황을 이루었습니다.

화면묘사

00:00	자막 "어린이 날". 한반도 남부 지역의 지도 그림. 광주, 목포, 흑산도가 표시되어 있음. 흑산도에서 광주까지 점으로 연결됨
00:06	흑산도에서 초청된 어린이들이 기차역에서 내려 이동함
00:10	'尙武堂(상무당)'이라는 글자가 적힌 비석이 보이는 공원에 어린이들이 들어섬
00:13	이순신 장군의 동상과 어린이들이 손 잡고 있는 동상 등을 구경하는 어린이들 일행
00:20	어린이들에게 군 관계자들이 탱크를 구경시켜줌. 탱크에 올라서보는 어린이들
00:29	세 명의 어린이가 한복을 입은 여성의 손을 잡고 주택가의 한 집으로 들어감
00:35	광주 시내의 한 가정의 식사 자리에서 흑산도 어린이가 함께 밥을 먹는 장면

00:40 방에서 어린이들이 서로 어울려 노는 모습

00:42 '1965. 5. 12 광주시내초등학교 대항 야구대회. 주최 광주시교육청. 장소 광주 상업고등학교'라고 적힌 현수막을 펼쳐 들고 있는 두 여자 어린이. 그 뒤로 운 동장에 남자 야구부 어린이 선수들과 여자 어린이들이 서 있음

00:44 유니폼을 입은 어린이들이 운동장을 행진하고, 운동장 단상에서 미군 장교와 학교 관계자들이 서서 그 모습을 지켜보고 있음

00:48 야구 시합이 진행되는 여러 장면들. 공을 던지고 치고, 달리는 장면

00:55 카드섹션용 카드들을 흔들며 응원하는 아이들

00:57 야구시합이 계속되는 여러 장면

01:01 토끼 흉내를 내며 팔짝팔짝 뛰는 두 어린이들. 응원을 하는 어린이들의 모습

01:07 타자가 홈으로 돌진하는 야구시합 장면

▌연구해제

어린이날은 한국에서 가장 탈정치적인 기념일의 하나이다. 어린이날은 메이데이나 광주항쟁기념일과 같은 정치성을 띠지 않으며, 어버이날, 스승의 날과 더불어 감사의 달 혹은 가정의 달로 명명되는 5월과 맥을 같이 한다. 어린이날은 '어린이'라는 말을 처음 만들고 길지 않은 일생을 어린이들을 위해 산 소파 방정환으로 인해 1922년 5월 '천도교 소년회'에 의해서 처음 등장했고, 1923년 5월 1일 전국적인 기념일로 지키기 시작했다. 1924년과 1925년에는 각종 소년단체가 생기면서 좌우익의 갈등이 발생하기는 했지만, 일제에 의해 강제로 중단되기 전인 1937년까지 매년 어린이날 행사가 개최되었다. 해방 이후 1946년 5월 5일 어린이날이 다시 부활했으며, 1957년 5월 5일에는 '어린이헌장'이 제정 공포되었고, 1970년에는 공휴일로 정해져 오늘까지 이어지게 된다.

어린이헌장은 전문과 9개 항의 본문으로 이루어져 있으며, 마해송, 강소천 등의 어린이 문학가들이 헌장 제정에 참여했다. 헌장 전문은 "어린이는 나라와 겨레의 앞날을 이어나갈 새사람이므로 그들의 몸과 마음을 귀히 여겨 옳고 아름답고 씩씩하게 자라도록 힘써야 한다"는 내용이다. 아울러 나머지 9개 항에서는 어린이는 인간으로서 존중받아야 하며, 좋은 환경에서 사랑을 받으며 자라야 하고, 공부나 일이 몸과 마음에 짐이 되지 않아야 한다는 등의 내용들로 채워졌다. 그러나 어린이날 역시도 한국 근현대사의

여러 역사적 상황하에서 변화하여 왔다.

　이 영상은 1965년 5월 전라남도 광주에서 열린 두 가지의 어린이날 행사를 소개하고 있는데, 이 두 행사에서도 어린이날에 담긴 정치성의 흔적을 찾아 볼 수 있다. 영상에서 첫 번째로 소개하고 있는 내용은 흑산도의 6개 국민학교의 어린이들이 어린이날을 맞아 배를 타고 바다를 건너 광주시의 이곳저곳을 관광했다는 내용이다. 흑산도 어린이들은 이순신 동상과 어린이 동상이 세워져 있는 공원을 둘러보았으며, 이어서 광주에 있는 군부대를 방문하여 탱크 등의 무기들을 관람하였고, 관람을 마친 후에는 광주 시내의 각 가정을 방문하여 식사를 하고 하룻밤을 머무는 일정을 소화했다. 두 번째로 이어지는 내용은 광주 시내 8개 국민학교 대항 야구대회 소개이다. 광주의 운동장에 모인 초등학생들은 야구 경기와 함께 여러가지 행사들을 진행하였는데, 특히 장총 모형을 들고 운동장을 행군하는 여학생들의 모습이 인상적이다.

　영상에서 소개하고 있는 두 가지 어린이날 행사에서는 한 가지 공통점이 발견된다. 어린이들에게 군대 문화를 자연스럽게 전파하고 있다는 점이다. 흑산도 어린이의 경우는 군부대를 관광하도록 하여 직접 무기를 만지도록 하고 있으며, 또한 야구대회의 경우도 행렬과 단체행동을 통해 군 문화를 익히도록 하고 있었던 것이다. 이것은 1960년대 어린이날이 정권의 의도에 맞추어 관제화되는 양상을 보여주는 부분으로, 어린이들의 기본적인 인권을 보장해야 한다는 어린이날의 기본 취지와도 상반되어 보인다.

　실제로 당시 어린이들은 과열된 중학교 입시전쟁으로 인해 초등학교 과정 내내 과도한 학업에 시달려야 했다. 1967년 언론의 실태 보도에 따르면, 일부 국민학생들은 가방에 드링크제를 넣고 다니면서 코피를 흘려가며 밤늦게까지 과외를 받았다고 한다. 아울러 정부가 1968년 발표한 국민교육헌장은 학생들이 학교 교육을 통해 조국통일과 조국 근대화에 앞장설 수 있는 첨병으로 무장할 수 있어야 한다는 점을 명기하기도 했다. 그 무엇보다도 존중받아야 할 어린이 인권은 이처럼 국가와 가족의 영광이라는 대의 아래 묻혔다.

▍ 참고문헌

강준만, 「한국 어린이날의 역사 : 겨레의 새싹에서 가족의 제왕으로」, 『인물과 사상』 121, 2008.

해당호 전체 정보

614-01 로스토우 씨 내한

상영시간 ㅣ 02분 13초

영상요약 ㅣ 월트 로스토우 미 국무성 정책기획위원장이 내한하여 박정희 대통령과 여러 정부고위층을 예방하고, 서울대학교에서 연설을 했다는 소식을 전하며 주요 장면을 보여주는 영상.

614-02 건설소식

상영시간 ㅣ 01분 59초

영상요약 ㅣ 진해에서 제4비료공장 건설공사가 시작되어, 기공식 행사가 열렸다는 소식과, 자동식 전화시설을 갖춘 마산전신전화국이 새롭게 개국했다는 소식을 전하는 영상.

614-03 어린이 날

상영시간 ㅣ 01분 13초

영상요약 ㅣ 어린이날을 맞이해 흑산도의 초등학생들이 광주시에 초청되어 관광을 하고 군부대를 방문한 후에 가정집에서 숙박을 하는 등의 일정을 보냈다는 소식, 그리고 광주 시내 초등학생 야구부들 간의 경기가 열렸다는 소식을 전하고 있다.

614-04 테니스

상영시간 ㅣ 00분 50초

영상요약 ㅣ 1965년도 세계테니스대회 지역 예선전에서 한국과 일본의 대표선수가 시합을 벌였으나 일본이 이겼다는 소식.

614-05 세계박람회 재개

상영시간 ㅣ 01분 02초

영상요약 ㅣ 1965년 두 번째 회기를 맞이하여 열린 뉴욕 세계박람회 행사장의 주요 풍경들을 보여주는 영상.

박 대통령 미국 방문 (1965년 5월)

제작정보

출　　　처 : 리버티뉴스 616호

제 작 사 : 주한미공보원

제 작 국 가 : 미국

영상정보

제 공 언 어 : 한국어

컬　　러 : 흑백

사 운 드 : 유

영상요약

1965년 5월 17일 박정희 대통령이 미국을 방문하였다. 박정희 대통령은 존슨 대통령과 회담을 하고, 만찬 행사에 참석했으며, 알링턴 국립묘지와 케네디 대통령 묘지를 참배했고, 기자클럽에서 반공투쟁의 필요성과 한국의 경제발전, 그리고 한·일 국교 정상화의 필요성 등에 대해서 연설을 했다.

내레이션

국빈으로 초청되어 미국 방문의 길에 오른 박정희 우리나라 대통령은 5월 17일 워싱턴 백악관에서 존슨 미국대통령의 뜨거운 환영 속에 맞이됐습니다. 이로써 박 대통령의 미국 방문은 본격적으로 막이 올려진 것입니다. 백악관 잔디밭에서 고관 그리고 외교관들이 참석한 가운데 다채롭게 베풀어진 환영식에서 존슨 미국대통령은 한국이 자유 수호에 있어서 자기 나라뿐만 아니라 월남에까지 뻗친 굳은 테제에 사의를 표명했습니다. 존슨 대통령은 한국에 대한 미국의 공약은 변함없이 영구적인 것임을 박 대통령에게 굳게 다짐했습니다. 박 대통령은 답사에서, 한·미 양국 간의 협조적 관계는 먼 장래에까지 변하지 않을(…) 본인은 확신한다고 말했습니다. 박 대통령과 존슨 대통령은 의장대를 사열한 다음 이 자리에 초청되어 참석한 교포들과 정다운 악수를 나누기도 했습니다. 이날 따라 성조기와 태극기로 장식된 워싱턴 거리에는 수만 시민이 늘어서서 박 대통령이 시의 도심지를 누벼 가자 한결 같이 환영해 마지않았습니다. 그 후 존슨 대통령은 그가 흔히 하는 대로의 격식에서 벗어나 산책하면서 가지는 기자회견에서 한국 기자에게, 본인은 박 대통령과 유익한 회담을 가졌다고 말했습니다. 그리고 회담은 퍽이나 도움이 됐고, 합의를 보았다고 덧붙였습니다. 이날 밤 존슨 대통령은 박 대통령을 위해 정식 만찬회를 베풀었습니다. 제2차 회담 후 두 나라 대통령은 공동성명을 발표하고 한·미 양국은 공동목표 달성을 위해 협조를 더욱 긴밀히 하는 데 합의했다고 밝혔습니다. 존슨 대통령은 한·일 국교가 정상화된 후에도 미국은 한국에 군사, 경제 원조를 계속해서 제공하겠다고 박 대통령에게 다짐했습니다. 행정 협정의 관건에 관하여도 원칙적인 합의에 도달됐음을 밝히고 군사, 경제 원조를 한국에 제공한다는 미국의 기본 정책을 재확인했습니다. 아울러 미국은 지원 원조, 기술 원조, 그리고 평화를 위한 식량 계획에 따른 농산물 제공 등 실질적인 원조도 계속해서 줄 것이며, 뿐만 아니라 1억 5천만 달러의 개발 차관을 한국이 이용할 수 있게 되었음을 발표했습니다. 이튿날인 5월 18일 박정희 대통령은 바쁜 일정 속에 틈을 얻어, 버지니아 주에 있는 알링턴 국립묘지에 들러 무명용사 무덤에 화환을 올리고 전몰용사의 영령에 경의를 표했습니다. 그리고 고 케네디 대통령의 무덤을 찾아 고인의 명복을 빌었습니다. 이어서 박 대통령은 미국 기자클럽에서 연설을 했습니다. 그는 대공 투쟁에 있어서 자유세계의 책임을 청중에게 환기시키며 다음과 같이 말했습니다. (박정희 대통령 육성 연설 : 이제 자유세계는 20여 년 전의 뒤늦은 후회, 한숨과 끈기 있는 전쟁의 피를 함께 내쏟았던 전 세대들의 비극이 오늘에 또다시 재현되지 못하도록 하는 현명과 용기, 그리고 경의의 수행력을 가져야 하겠습니다. 그 현명이란 지나간 역사 속에서 생각할 수 있었던 과오를 다시 범하지 말도록 하는 것입니다. 오늘 또 다시 대두한 전체주의 도발로 인한 처참한 사태를 미연에 막아내기 위해서는 공산주의자들이 내거는 이른바 협상, 혹은 평화라는 모든, 모두 과장된 것이라는 것을 또 그것이 진심으로서의 목적이 아니고 무력을 포함한 모든 침략행위를 가능케 하는 데 필요한 수단이라는 것을 우리는 알아야 한다는 것입니다.)

대통령은 공산침략이 한국동란 당시와 오늘날 월남에 있어서 비슷한 점을 지적하고, 월남 사태 해결에 있어서 존슨 대통령의 조치를 지지했습니다. (박정희 대통령 육성 연설 : 월남 문제는 결코 월남 지역에 국한된 분쟁은 아닌 것입니다. 그것은 이미 10여 년 전에 한국에서 **되었던 공산주의의 정면침공전술의 변형으로서 그 배경에 있어서는 똑같은, 무력에 의한 세계지배라는 전략에 기초하는 것입니다. 월남 사태에 관한 안일한 평가나 호도책은 돌이킬 수 없는 과오를 저지를 것입니다. 나는 여기서 다시 한 번 존슨 대통령이 월남 사태에 대응한 그 확고한 결의와 행동에 대해서 높은 경의를 표하고자 합니다. 존슨 대통령의 그 단호한 조치야말로 월남 국민에게 희망과 용기를 주었으며, 또 월남의 불씨가 다른 곳으로 연속됨을 미리 막을 수 있었습니다.)

아시아의 자유애호 국민들의 대공투쟁을 촉구하여, (박정희 대통령 육성 연설 : 본인이 이 기회에 특히 강조하고 싶은 것은 공산주의 중에서도 아시아의 공산주의 침투가 가장 악랄하다는 것이며 또, 아시아 지역에 공산주의 팽창의 가능성이 가장 있다는 것입니다. 따라서 아시아 지역의 자유애호 국민들은 자유 수호를 위해서 보다 뚜렷한 의지와 행동이 있어야 하겠다는 것입니다.) 한국의 정치가와 실업인들이 헌정에 이바지한

점을 칭찬해서, (박정희 대통령 육성연설 : 민정이 복구된 후 모든 정치인들이나 실업인들까지 애국적인 노력으로써 건설의 기초가 확고해졌고 유효하게 사용될 외환과 국민들의 온갖 노력으로서 기간산업 건설은 괄목할 만한 발전을 나타내고 있는 것입니다.)

박 대통령은 한·일 관계의 정상화에 언급하여, (박정희 대통령 육성연설 : 사실 여러분들이 본인에게 일본에 관해서 질문을 한다면 본인은 서슴지 않고 가슴에 맺힌 반일감정을 격하게 토로할 것입니다마는, 또 여러분들이 본인에게 친일이냐 반일이냐 하고 묻는다면 본인은 솔직히, 솔직한 감정으로서는 서슴지 않고 반일이라고 말할 것입니다. 이것은 한국인이라면 누구나 다 같습니다. 40여 년간에 걸친 식민 통치와 수탈, 특히 태평양 전쟁에서 수십만의 한국인을 희생시킨 일본은 분명 한국 국민으로서는 잊을 수 없는 원한을 갖게 하는 것입니다. 그러함에도 불구하고, 또 그와 같은 착잡한 배경과 난관을 넘으면서 한일 국교의 정상화를 촉진해야 한다는 한국의 의지에 대해서는 여러분도 충분히 이해가 가게 될 것입니다. 우리는 보다 먼 장래를 위해서 보다 큰 자유를 위해서, 보다 굳건한 자유진영의 결속을 위해서 과거의 감정에 집착됨이 없이 대국적 견지에서 현명한 결단을 내리고자 하는 것입니다.)

자유 수호를 위한 한국 국민의 굳은 결의를 힘찬 어조로 다짐해서, (박정희 대통령 육성 연설 : 여러분, 본인이나 또는 모든 우리 한국 국민은 자신의 발전과 번영만을 위해서가 아니라 지난 반세기의 외국 식민 통치 하와 공산 침략의 변화를 이루었던 체험에 비추어서, 다시는 어느 때, 어느 곳에서든지 자유국민에게 압제와 파괴의 비극이 되풀이 말아야 하겠다는 확신에서 용기있게 헌신적으로 자유를 위한 투쟁에 나섰으며, 또한 계속하고자 하는 것입니다.)

박 대통령은 자유국가들이 계속 함께 뭉쳐 협력할 필요를 강조하면서, 미국 기자클럽에서 한 이 역사적인 연설을 끝맺음 했습니다. (박정희 대통령 육성연설 : 한편 이러한 우리의 노력과 공헌이 진실로 끝끝내 보람있는 것이 되도록 하는 것은 미국을 비롯한 자유 모든 국가들의 일치된 단합과 일관된 노력과 협조, 그리고 신뢰의 교류에서 비롯되고 또 맺어지는 것이라고 확신할 수 있습니다. 여러분, 우리는 다같이 자유와 평화를 사랑합니다. 그러나 이제 그것은 앉아서 거둘 수는 없도록 돼있는 것입니다. 우리는 그것을 얻기 위해서 굳게 손잡아야 하며, 현명과 용기를 가져야 하겠습니다.

화면묘사

00:13   자막 "리버티 뉴스"

00:20   자막 "616 -555-"

00:22   자막 "특호"

00:29   자막 "박 대통령 미국 방문". 박정희 대통령 방문을 환영하는 미국의 거리에 환영 인파가 몰려 있고 태극기가 걸려 있음

00:33   백악관 건물에서 나팔을 부는 미군 의장대. 차량이 도착하고 박정희 대통령이 내림. 악수로 맞이하는 존슨 대통령 부부와 수행원들

01:03   기념식에서 존슨 대통령 부부와 나란히 서서 국민의례를 하는 박정희 대통령 부부. 그리고 한·미 정부 인사들. 구경하는 참석자들

01:10   환영식 단상에서 발언을 하는 존슨 대통령. 뒤에 서있는 박정희 대통령과 관계자들

01:27   박정희 대통령이 발언을 시작함. 이야기를 듣다가 박수를 치는 사람들

01:35   군 의장대와 장병들이 줄 맞춰 서있고, 그 앞을 지나가는 박정희 대통령과 존슨 대통령 일행. 교포들과 시민들 앞을 지나가며 손 흔드는 박정희 대통령

01:57   태극기를 들고 한복을 입은 교민들과 인사를 나누며 악수하는 박정희 대통령. 존슨 대통령도 함께 인사를 함

02:07   워싱턴 도로변에 태극기와 성조기가 나란히 꽂혀 있는 장면

02:10   거리를 행진하는 장병들과 의장대, 군악대. 거리 위에 'Welcome PRESIDENT DHUNG HEE PARK 환영'이라는 현수막과 태극기가 걸려 있음

02:15   오토바이가 의장대를 뒤따라 워싱턴 거리를 이동함

02:22   대통령 내외가 탄 의전 차량들이 천천히 이동함. 환호하는 미국 시민들과 교민들. 태극기를 흔드는 장면

02:45   존슨 대통령과 박정희 대통령이 나란히 백악관 주변을 산책하며 이야기를 나눔. 나란히 걷거나 뒤따르는 수행원들과 취재진의 모습

03:19   밤 시간이 되어, 만찬이 열린 백악관의 행사장. 존슨 대통령 내외가 박정희 대통령을 맞이함. 차에서 내려 존슨 대통령과 악수를 나누며 인사하는 박정희 대통령. 두 대통령 부부와 함께 참석한 관계자들이 의장대를 따라서 연회장으로

들어가 기념촬영을 함

04:00 'DEPARTMENT OF STATE'라는 글자가 적힌 표지판. 미국 정부기관의 건물로 추정되는 건물 전경

04:06 의전 차량이 미국 정부의 어떤 건물 앞에 도착하고, 거기서 박정희 대통령과 육영수 여사가 내려서 마중 나온 사람들을 따라 건물 안으로 들어감

04:24 건물 안으로 들어간 박 대통령 일행이 행사에 참석한 다른 여러 관계자들과 차 례로 악수하며 인사를 나눔. 미국 관계자들과 인사를 나누는 김성은 국방부장 관의 모습

04:39 박정희 대통령 일행이 알링턴 국립묘지에 들어섬. 수많은 의장대 장병들이 길 목에서 깃발들을 들고 서있는 장면

04:47 태극기를 든 의장대를 따라 박정희 대통령이 계단을 올라가서, 무명용사비 앞 에 화환을 놓음

04:55 무명용사비 앞에서 가슴에 손을 얹고 의례를 하는 박정희 대통령과 옆에서 거 수경례를 하는 미군 장교. 뒤편에 서서 함께 경례를 하는 관계자들

04:58 케네디 대통령의 무덤을 찾은 박정희 대통령 일행. 무덤 앞에 의장대 장병을 따라서 화환을 놓고 묵념하는 박정희 대통령과 그 일행

05:27 미군기자클럽에서 주최한 행사에 참석한 박정희 대통령. 참석자들이 자리에서 일어나 대통령을 박수로 맞이함

05:35 마이크 앞에 서서 발언을 시작하는 박정희 대통령 (육성연설)

06:33 기자클럽 만찬 행사장의 모습. 각자의 앞에 간단한 음식과 음료가 테이블에 놓 여 있고, 중앙 단상에서 박정희 대통령이 연설을 하고 있는 장면

06:45 발언을 계속 이어가는 박정희 대통령. (육성연설) 오른쪽 바로 뒤편에 수행원 의 모습이 보임. 경청하는 한국과 미국의 참석자들

09:56 박정희 대통령이 연설하고 있는 만찬 행사장 풍경

10:03 발언을 계속 이어가는 박정희 대통령 (육성연설)

11:23 연설이 끝나고 박정희 대통령이 단상에서 내려오자, 자리에서 일어나 박수를 치는 참석자들 (박수소리)

11:29 자막 "끝. 미국공보원 제공"

연구해제

1965년 5월 16일 출국해서 27일 귀국한 박정희 대통령의 미국 방문 모습을 담고 있는 11분 32초의 긴 영상이다. 특히 5분 27초부터는 미국 기자클럽을 방문한 박정희의 모습과 베트남 전쟁과 한일협정 등에 대해 언급한 그의 육성연설이 들어 있다.

1965년 한일협정의 체결과 겹쳐지는 시기에 한미 두 정부 사이에는 베트남 파병이라는 또 하나의 중대 현안 문제가 생겨났다. 한국정부는 이미 1964년에 비전투병력을 베트남에 파병하였고, 1965년에는 1개 사단 규모의 전투병력을, 1966년에는 1개 사단과 1개 연대 규모의 전투병력을 잇달아 파견하였다. 국군의 베트남 파병은 기존의 한미관계에 커다란 변화를 가져왔다. 국군 전투부대가 베트남에 가게 된 1965년 이후 박정희 정권과 존슨 정권은 실질적으로 '밀월관계'에 들어갔다.

한국군의 베트남 파병은 1961년 11월 박정희 의장이 방미하여 케네디 대통령을 처음 만났을 때 이미 제안한 것이었다. 1965년 3월경 미국정부가 베트남전쟁에 직접 개입하여 대규모 지상군을 파견하기로 결정한 순간부터 미국정부 내부에서 한국군 전투병 파병문제가 논의되었다. 비록 한 해 전인 1964년 한국정부가 비전투병력을 파견하였지만, 전투병 파견은 이것과는 차원이 다른 문제였다. 전투 병력의 해외파병은 의회의 동의를 거쳐야 하며, 희생자 발생이 불가피하기 때문에 정치적으로도 큰 파장을 미칠 수밖에 없었다.

1965년 5월, 박정희 대통령은 미국을 방문하여 존슨 대통령을 만났다. 박정희의 방미는 원래 한일회담을 추진하는 한국정부에 힘을 실어준다는 차원에서 한국정부의 요청에 의해 성사된 것이었다. 그러나 베트남 문제 때문에 파병문제가 중요 사안이 될 수밖에 없었다. 정상회담을 앞두고 국무부는 대통령에게 제출한 회담 준비 문건에서 4,000명 규모의 연대급 전투병력 파병을 언급할 것과, 한일회담 인준을 앞두고 있는 상황에서 한국 정치상황에 대한 고려가 필요하다고 강조하였다. 한편, 같은 날 국가안보회의도 대통령에게 전투병 파병은 한일회담 비준 이후로 미루는 것이 좋겠다고 건의하였다. 그러나 5월 17일 존슨 대통령은 정상회담에서 주변 각료들의 권고보다 훨씬 적극적으로 박정희에게 1개 사단 병력 파견을 요청하였다.

박정희는 방미를 마치고 귀국한 직후 브라운(Winthrop G. Brown) 주한미국대사에게 두 번 국회의 동의를 얻는 번거로움을 피하기 위해 곧바로 1개 사단을 증파하겠다고 하였다. 나아가 한일협정 비준안과 파병 동의안을 국회에 동시에 제출하면 야당이 혼선을 일으켜 통과가 더 쉬울 것이라고 하였다. 박정희는 베트남 파병안과 한일협정 비준안을 같은 회기에 국회에 제출하였고, 1965년 8월 13일 야당 의원들이 한일회담 비준 문제 때문에 총사퇴를 결의하고 국회에 출석하지 않는 상태에서 여당 단독으로 파병 동의안이 통과되었다.

박정희와 존슨의 정상회담은 이 영상에 담긴 1965년 이외에도 1966년(서울)과 1968년(호놀룰루)에서 개최되었다.

▌참고문헌

외무부, 『60년대의 한국외교』, 1971.
홍석률, 「1960년대 한미관계와 박정희 군사정권」, 『역사와현실』 56, 2005.

해당호 전체 정보

616-01 박 대통령 미국 방문

상영시간 | 11분 32초

영상요약 | 1965년 5월 17일 박정희 대통령이 미국을 방문하였다. 박정희 대통령은 존슨 대통령과 회담을 하고, 만찬 행사에 참석했으며, 알링턴 국립묘지와 케네디 대통령 묘지를 참배했고, 기자클럽에서 반공투쟁의 필요성과 한국의 경제발전, 그리고 한·일 국교 정상화의 필요성 등에 대해서 연설을 했다.

한미 용역 계약 체결 (1965년 8월)

제작정보
출   처 : 리버티뉴스 631호
제 작 사 : 주한미공보원
제작국가 : 미국

영상정보
제공언어 : 한국어
컬   러 : 흑백
사 운 드 : 유

영상요약

1965년 8월 6일 미국 국제개발처의 잭 월과 한국기계공업주식회사의 정낙은 사장 간의 한미용역계약이 체결되었다. 한미 양국 인사들이 계약서에 서명을 하는 모습이다. 아울러 이 계약의 체결에 따라 주한미군의 군용차를 한국 공장으로 들여왔다. 자동차 부품을 조립하는 공장에서 노동자들이 미군 군용차의 부품을 살펴본 후 일부 부품을 분리시키는 작업을 보여준다.

내레이션

지난 8월 6일 미국 국제개발처의 잭 월 씨와 한국기계공업주식회사 정낙은 사장 간에는 하나의 특수한 계약이 체결됐습니다. 이 협정에 의하면 한국 회사는 주한미군의 일부 장비를 재생 또는 저장하게 될 것입니다. 미국이 이러한 계약을 한국 상사와 체결한 것은 이번이 처음인데, 전에는 이러한 모든 작업을 일본에서 했던 것입니다. 그런데 관계자들은 이번 계약으로 약 500명이 일자리를 얻을 것으로 예상하고 있습니다.

화면묘사

00:00 자막 "국내소식"
00:06 자막 "한미 용역 계약 체결". 미국 국제개발처의 잭 월과 한국기계공업주식회사
       의 사장 정낙은이 한미용역계약서에 서명하고 있음
00:13 공장에서 자동차 부품을 조립하는 노동자들
00:15 공장 안으로 미군 군용차를 운반하고 있음
00:18 미군 군용차의 부품을 점검하고 있는 기술자의 모습
00:20 공장에서 자동차 부품을 조립하고 있는 기술자들
00:25 미군 군용차의 일부를 용접하고 있는 노동자들
00:29 자동차 부품을 조립하고 완성하고 있는 노동자들의 작업현장
00:32 미국 인사와 한국 인사가 계약을 체결한 후 서로 악수를 나누며 인사하고 있음

연구해제

이 영상은 1965년 8월 6일 미국 국제개발처와 한국기계공업주식회사 간의 용역계약 체결 장면과 실제 운영양상을 담고 있다. 이날 계약으로 한국기계공업주식회사는 주한 미군의 군용차 및 군장비를 보수하는 업무를 맡게 되었으며, 그 규모는 최대 100만 불에 달할 것이라 보도되었다. 이 계약은 미국 국제개발처가 한국회사와 체결한 최초의 계약이며, 종래에는 일본에서 전개되던 방식이었다. 영상에서는 이 계약으로 500여 명이 일자리를 얻게 될 것이라 전하고 있다.

미국 국제개발처가 한국 공장의 용역계약을 중개한 것은 1960년대 미국의 대외원조 정책의 변화와 관련이 있었다. 1950년대 말부터 대외원조 감축을 계획하면서 원조 수주국이 스스로 생산하여 경제개발을 이룰 수 있도록 기반을 제공하는 방향으로 전환된 것이다. 이 같은 미국의 대외원조 정책은 미국 국제개발처의 운영에도 반영되었다.

미국 국제개발처는 부통령 직속기관으로 1961년 케네디 대통령에 의해 설립되었다. 국제개발처를 통하여 실시되고 있는 원조는 크게 개발차관, 개발증여 및 기술협력, 투자보증, 진보를 위한 동맹, 방위지원조, 긴급기금 등 여섯 가지로 분류할 수 있다. 원조의 성격으로 보아 개발차관, 개발증여 및 기술협력, 투자보증, 진보를 위한 동맹은 저개발국의 경제개발 촉진을 직접 목적으로 하는 개발원조이며, 나머지 두 가지가 미국의 전략상 또는 안전보장상의 목적을 위하여 공여되는 전략원조라 할 수 있다.

'개발차관'은 개발사업계획에 대한 자본원조로 1963년 당시 경제원조 가운데 약 18%를 점하고 있었다. 융자기한은 장기 40년까지이며 이자도 최저 연 0.75%의 장기저리였다. '개발증여 및 기술협력'은 필요한 개발자재의 증여와 개발계획의 실시에 필요한 지식 또는 경험의 공여를 목적으로 하고 있다. '투자보증'은 저개발국의 경제개발에 유용한 미국 민간기업의 진출을 용이하게 하기 위하여 정치상, 신용상의 위험을 보증하는 것이다. '진보를 위한 동맹'은 중남미에 대한 지역적인 개발원조이다. '방위기술원조'는 미국에 군사 기지를 제공하거나 자유세계의 공동방위에 유용한 국가의 경제안정을 지원하기 위한 원조이다. '긴급기금'은 예상하지 않던 긴급문제가 발생할 경우 이에 대처하기 위한 자금이다. '방위기술원조와 긴급기금'은 한국, 라오스, 이란 등 공산국과 접경을 이루고 있는 국가에 집중 제공되고 있다.

미국 국제개발처의 운영은 장기적으로 원조제공 규모를 감축하기 위한 미국의 목표

속에서 진행되었다. 즉 수원국의 자립기반을 마련할 수 있는 원조를 강화한 것이었다. 이 같은 맥락에서 전개되었던 것이 개발차관과 기술원조였다. 특히 인적자원의 개발이 강조되었는데, 이는 미국으로부터 선진기술을 흡수하는 데 결정적인 역할을 하였다. 이를 통해 미국식 경제운영 및 정책운영이 전달되었으며, 한국의 경제정책을 운영하는 데 있어 미국의 영향력이 전파되는 데 효과적으로 작용하였다.

이와 함께 미국 국제개발처는 한국개발연구원(KDI), 한국과학기술연구원(KIST), 한국보건개발 연구원(KHIDI), 대한무역투자진흥공사(KOTRA), 한국표준과학연구원(Korea Research Institute of Standards and Science), 한국과학기술원(Korea Advanced Institute of Science) 등의 설립 초기 재원을 제공하였다. 또한 미국 국제개발처는 한국경제의 수뇌부 역할을 했던 경제기획원의 창설과 운영을 지원하였으며, 1960년대 이후 30년 동안 한국의 전반적인 성장과 발전을 위한 최상위계획으로 작용했던 경제개발5개년계획을 수립하는 데 영향을 미쳤다. 이처럼 미국 국제개발처의 원조는 주로 한국의 개발과 성장에 필요한 기관을 만드는 사업의 초기 단계에서 이루어졌다. 이 단계에서 필요한 재원과 계획 수립에 도움을 주면서 미국 국제개발처가 철수한 이후에도 한국이 스스로 조직을 운영하고 평가해 나갈 수 있는 기반을 마련해주었다고 할 수 있다. 동시에 이는 한국이 경제운영 방향을 수립하고 이를 전개해 나갈 기반을 마련하는 단계에서부터 개입하여 미국이 원하는 방향으로 한국의 경제정책 운영을 규정하였다는 것을 의미한다.

참고문헌

「한국기계와 계약 미군용차장비보수」, 『경향신문』, 1965년 8월 6일.
김용환, 「미국의 대외 경제원조」, 『연합학회지』 2, 1964.
김태산, 김영상, 주영희, 「미국국제개발처(USAID)의 대외원조사업」, 『한국국제산업개발
　　　회지』 9, 1996.

해당호 전체 정보

631-01 제미니 5호 우주 신기록

상영시간 ㅣ 03분 12초

영상요약 ㅣ 미국 플로리다 주 케이프 케네디 발사기지 전경이다. 제미니 5호를 장착한 타이탄 2호가 발사 대기를 하고 있다. 고든 쿠퍼와 찰스 콘라드 두 우주인이 우주복을 착용하고 제미니 5호에 탑승하고 있다. 제미니 5호의 발사장면과 이를 지켜보는 상황실의 연구원, 존슨 미국 대통령의 모습을 보여주고 있다.

631-02 베를린장벽

상영시간 ㅣ 01분 02초

영상요약 ㅣ 서베를린에서 베를린 장벽 축성 기념일을 맞이하여 시민들이 장벽 탈출을 시도하다 죽은 사람들을 추모하고 있다. 장벽 앞에 화환을 바치고 추모하는 시민들의 모습이다. 아울러 장벽 앞에서 경비병들이 보초를 서고 있다. 장벽 앞에는 서베를린 경비병의 총을 맞고 숨진 시민을 추모하는 십자가가 설치되어 있다. 추모자들이 가져다 놓은 꽃들로 장식되어 있는 십자가의 모습이다.

631-03 스카이 다이빙

상영시간 ㅣ 01분 02초

영상요약 ㅣ 태국에서 학교 건설 기금을 마련하기 위해 미국과 태국 스카이 다이버들의 합동 쇼가 열렸다. 스카이 다이버들이 쇼를 선보이는 모습과 이를 구경하는 관중들의 모습이다. 축구 선수들이 유니폼을 입은 채 하늘에서 낙하산을 타고 내려와서 운동장으로 입장하는 모습도 보여주고 있다.

631-04 요트 경주

상영시간 ㅣ 01분 15초

영상요약 ㅣ 영국 카우 섬 앞바다에서 브리타니카 컵 쟁탈 요트경기대회가 열렸다. 각국의 여러 요트 선수들이 참가하여 요트 경주에 임하는 모습을 보여주고 있다.

631-05 한미 용역 계약 체결

상영시간 | 00분 45초

영상요약 | 1965년 8월 6일 미국 국제개발처의 잭 월과 한국기계공업주식회사의 정낙은 사장 간의 한미용역계약이 체결되었다. 한미 양국 인사들이 계약서에 서명을 하는 모습이다. 아울러 이 계약의 체결에 따라 주한미군의 군용차를 한국 공장으로 들여오고 있다. 자동차 부품을 조립하는 공장에서 노동자들이 미군 군용차의 부품을 살펴본 후 일부 부품을 분리시키는 작업을 하고 있다.

631-06 미국 차관 받은 방직 공장

상영시간 | 00분 52초

영상요약 | 미국의 차관을 받아 건설된 범양공업회사 부산공장의 시업식이 열렸다. 국내외 인사들이 시업식에 참석하여 연설을 하고 있다. 아울러 시업식에 참가한 국내외 인사들이 테이프 커팅을 한 후 공장 내부를 둘러보고 있다.

631-07 원양 어선

상영시간 | 01분 11초

영상요약 | 부산 대한조선공사에서 원양어선 광명호의 진수식이 열렸다. 진수식 장면과 입수하는 광명호의 모습이다. 아울러 선원들의 훈련선인 진달래호 입수식 장면이다. 육영수 여사가 진수식에 참가하였다. 진달래호가 입수하는 모습이다. 아울러 육영수 여사가 진달래호 진수식에 참석한 선원들과 악수를 나누고 있다.

강재구 소령 장례식 (1965년 10월)

제작정보

출 처 : 리버티뉴스 636호
제 작 사 : 주한미공보원
제 작 국 가 : 미국

영상정보

제 공 언 어 : 한국어
컬 러 : 흑백
사 운 드 : 유

영상요약

1965년 10월 8일 육군본부에서 고 강재구 소령의 장례식이 엄수되었다. 강재구 소령 장례식에 참가한 육군 장병들의 모습과 부인, 아들 등 유가족의 모습을 보여주고 있다. 부인이 강재구 소령 영정 앞에서 오열하는 모습이다. 아울러 군 관련 고위 인사들이 강재구 소령 영정 앞에서 헌화를 하고 참배하고 있다.

내레이션

지난 10월 8일 육군본부에서는 고 강재구 소령의 장례식이 엄수됐습니다. 강 소령은 얼마 전 일선 지구에서 불의의 수류탄 사고로 숱한 부하들이 위태롭게 되자 당신 수류탄을 끌어 안고 순직한 분입니다. 그런데 강재구 소령은 월남으로 떠나게 될 맹호부대의 한 중대장이었고, 유가족으로는 부인과 2살 된 아들이 있습니다. 이날 장례식에서 육군참모총장 김영배 대장은 강소령의 희생정신은 영원히 기억될 것이라고 말했습니다.

화면묘사

00:00 자막 "강재구 소령 장례식". 육군본부에서 고 강재구 소령의 장례식이 엄수됨. 육군들이 강재구 소령의 영정사진과 강재구 소령의 시신이 든 관을 운반하고 있음

00:11 강재구 소령의 장례식에 육군 장병들이 참가함. 장례식에서 나팔수가 나팔을 불고 있음

00:16 "故 陸軍少領 姜在求 之 柩 (고 육군소령 강재구 지 구)" 푯말. 장례 예식 장면. 장례식에 참석한 육군 장병들의 모습

00:23 강재구 소령의 부인과 아들의 모습. 부인이 손수건으로 눈물을 닦고 있음

00:27 강재구 소령의 영정사진과 태극기로 둘러싼 관의 모습

00:30 부인이 강재구 소령 영정 앞에서 오열하고 있음

00:33 강재구 소령 영정 앞에 헌화를 올리고 참배를 하는 여러 군 관련 고위 인사들의 모습

00:42　장례식에서 정렬해 서있는 육군 장병들

연구해제

이 영상은 1965년 10월 8일 육군본부에서 거행된 강재구 소령의 장례식에 관한 것이다. 영상에는 강재구 소령의 영정사진, 운구를 운반하는 모습, 미망인과 아들의 모습, 헌화와 참배를 하는 군 관계자의 모습 등 장례식 전반에 관한 내용이 담겨 있다.

강재구는 서울고등학교를 졸업한 이후 정규 6기로 육사에 입학하였다. 소위로 임관한 이후 육군보병학교, 수도사단 제1연대 소대장, 1군 하사관학교 교관 등을 역임하였다. 순직 당시 강재구는 월남파병을 위해 대기 중이던 맹호부대 제1연대 제10중대장을 맡고 있었다. 강재구는 파월을 앞둔 1965년 10월 4일, 수류탄 투척 훈련 중 박해천 이병이 실수로 수류탄을 병사들 쪽으로 떨어뜨리자 부하들을 살리기 위해 자신이 수류탄을 덮쳐 중대원을 모두 살려냈다. 이 행동으로 강재구의 부하들은 단 5명만이 단순한 경상을 입었다.

10월 6일 김성은 국방부장관은 강재구 대위를 소령으로 1계급 특진시키고 4등 근무공로훈장을 추서했다. 10월 8일 오전 10시에는 육군본부 광장에서 그의 장례식이 전군 장병과 시민들의 애도 속에 육군장으로 치러졌다. 식은 군악대의 장송곡으로 막을 열어 기독교식으로 집행되었다. 장례식에는 유가족을 비롯하여 국방부장관, 한미 고위 장성들, 3부 요인, 맹호부대 장병들, 육사생도, ROTC 대표, 육군본부 장성들이 참석하였다. 김용배 육군참모총장은 식사를 통해 "모든 군인은 언제라도 나라를 위해 몸과 마음을 바칠 각오가 되어 있지만 고 강소령의 죽음은 너무도 고귀해서 전우들과 온 겨레의 가슴 속에 영원히 남을 것"이라고 말했다. 김성은 국방부장관도 "강소령의 죽음은 지휘관으로서의 태도를 밝히는 빛이며 나를 죽이고 부하와 겨레를 살려야 한다는 고매한 군인정신의 발로였다"고 조사를 낭독하였다.

강재구 소령의 유해는 동작동 국립묘지에 안치되었고, 육군 제1군사령부에서는 고인의 위대한 군인정신을 기리기 위해 그가 마지막으로 근무했던 맹호부대 1연대 3대대를 그의 이름을 따서 '재구대대'로 명명했다. 1966년 그에게 태극무공훈장이 다시 추서되었고, 모교였던 서울고등학교 교정에는 기념비가 세워졌다. 육군사관학교에는 동상이 건립되었으며, 그가 산화한 강원도 홍천군 북망면 사득리에는 현재 강재구 공원이 조성되어 있다.

▌ 참고문헌

「중대장이 장렬한 순직」, 『경향신문』, 1965년 10월 5일.

「전우애로 불사른 지휘의 넋을 위로」, 『동아일보』, 1965년 10월 6일.

「강재구소령 육군장」, 『경향신문』, 1965년 10월 8일.

「군인정신의 귀감 쇼팡 장송곡 속에 죽어서 회생한 고 강재구소령 육군장 엄수」, 『동아
일보』, 1965년 10월 8일.

해당호 전체 정보

636-01 정국무총리 동남아 방문

상영시간 | 02분 21초

영상요약 | 1965년 9월 25일 정일권 국무총리가 동남아시아 순방길에 올랐다. 정일권 국무총리가 월남을 방문하였다. 정일권 국무총리와 월남 키 수상이 회담을 하고 있다. 아울러 정일권 국무총리는 사이공 근교에 있는 한국 군부대를 방문하였다. 이후 정일권 국무총리는 말레이시아 쿠알라룸푸르에 도착하였다. 압둘 라만 말레이시아 수상, 캉 디퍼 투안 아공 신 말레이시아 국왕과 회담을 나눈 후 말레이시아와 문화협정을 맺고 있다.

636-02 신라 문화제

상영시간 | 00분 53초

영상요약 | 1965년 10월 2일 경주에서 제4회 신라문화제가 열렸다. 문화제에서 열린 탈춤, 전통악기 공연 등을 보여주고 있다. 아울러 가장행렬이 진행되었다. 가장행렬에서는 신라의 여왕, 화랑, 석굴암, 첨성대, 에밀레종 등이 등장하여 신라의 역사와 문화를 엿볼 수 있다. 가장행렬을 구경하는 경주 시민들과 외국인 관광객들의 모습도 보여주고 있다.

636-03 강재구 소령 장례식

상영시간 | 00분 44초

영상요약 | 1965년 10월 8일 육군본부에서 고 강재구 소령의 장례식이 엄수되었다. 강재구 소령 장례식에 참가한 육군 장병들의 모습과 부인, 아들 등 유가족의 모습을 보여주고 있다. 부인이 강재구 소령 영정 앞에서 오열하는 모습이다. 아울러 군 관련 고위 인사들이 강재구 소령 영정 앞에서 헌화를 하고 참배하고 있다.

636-04 공예 가구

상영시간 l 00분 51초

영상요약 l 서울 파고다 공예가구 제작소 기술공들이 공예가구를 제작하는 모습이다. 완성된 공예가구가 용산 미군기지 PX에 진열되어 있다. 미군들이 공예가구를 구경하고 있다.

636-05 제46회 전국 체육대회

상영시간 l 01분 48초

영상요약 l 1965년 10월 6일 전남 광주 공설운동장에서 제46회 전국체육대회가 열렸다. 전국체육대회에 참가하는 선수들이 입장하고 있다. 이날 대회에는 재일교포 선수들도 참석하였다. 박정희 대통령과 육영수 여사가 전국체육대회 개회식에 참석하였다. 개회식에서 학생들의 매스게임을 보여주고 있다. 아울러 투포환, 레슬링, 마라톤, 장애물 건너뛰기, 높이뛰기 등의 여러 종목의 경기 장면을 보여주고 있다.

636-06 존슨 대통령 교육에 언급

상영시간 l 02분 04초

영상요약 l 존슨 미국 대통령이 스미스소니언 연구소 창설자 제임스 스미스슨을 기념하는 자리에서 미국 교육에 대한 연설을 하고 있다. 존슨 대통령이 연설을 하는 도중 미국의 학교 교실 풍경을 영상으로 보여주고 있다. 아울러 스미스소니언 연구소 창설자 제임스 스미스슨 탄생 200주년을 기념하는 예식을 하고 있다. 세계 도처에서 학자들이 모여 예복을 입고 행진하는 모습이다.

636-07 태풍 "벨시"

상영시간 l 00분 32초

영상요약 l 대서양에서 허리케인 벨시가 발생해 미국 플로리다 반도를 뒤덮었다. 강풍으로 인해 해일이 발생하여 나무가 흔들리고 건물이 물에 잠긴 모습이다.

636-08 아시아 정구대회

상영시간 | 01분 25초

영상요약 | 대만 타이페이에서 열릴 제5회 아시아 연식정구선수권대회에 출전하는 정구 선수들의 결단식이 개최되었다. 정구선수들이 여러 고위 인사들과 환송 인사를 나누고 있다. 대만 타이페이에서 제5회 아시아 연식정구선수권대회 개회식이 열렸다. 아시아 각국 선수들이 참석하였다. 남자부, 여자부 한국과 일본간의 정구 경기 장면이다. 이날 대회에서 남자부, 여자부 모두 한국 선수들이 선수권을 차지하였다. 메달과 우승컵을 받는 한국 선수들의 모습이다.

수출되는 가발 (1965년 10월)

제작정보
출   처 : 리버티뉴스 639호
제 작 사 : 주한미공보원
제 작 국 가 : 미국

영상정보
제 공 언 어 : 한국어
컬   러 : 흑백
사 운 드 : 유

영상요약

한국의 대표적인 수출품인 가발을 생산하는 모습을 보여주고 있다. 가발공장에서 여성 노동자들이 기계를 사용하거나 손으로 가발을 만드는 모습이다. 아울러 가발을 연구하는 연구원의 모습이다. 여성 노동자가 완성된 가발을 빗으로 손질하여 포장하는 모습을 보여주고 있다.

내레이션

우리나라는 금년에 200만 달러 이상의 외화를 벌어들일 것으로 기대되는 괴상하고도 잘 알려지지 않은 수출품을 가지고 있습니다. 그 수출품은 가발인데, 가발생산공장은 네 곳 모두 서울에 있습니다. 그런데 가발의 재료인 머리카락은 대부분 농촌 부녀자들로부터 구입하며, 가발은 40여 종의 스타일과 색깔로 만들어져 외국의 고객들에게 수출하고 있습니다. 어떤 가발은 기계로 만들지만 값은 역시 손으로 정성들여 만든 것이 훨씬 비쌉니다. 가발생산업자들은 외국 시장의 요구에 따르기 위하여 계속 그 생산 방향을 바꿔가고 있습니다. 한국산 가발에 대한 외국의 평은 대단히 좋습니다. 지난해는 가발을 수출하여 11만 6,000달러밖에 벌지 못했으나, 금년에는 그보다 17배 이상의 외화를 벌어들일 것으로 기대되고 있습니다.

화면묘사

00:00 　자막 "수출되는 가발". 가발공장에 가발이 진열되어 있음
00:04 　가발공장 건물 외관
00:07 　가발공장에서 여성 노동자들이 가발을 생산하고 있음. 기계를 사용하거나 손으로 가발을 만드는 모습
01:06 　가발을 연구하는 연구원
01:19 　가발을 빗으로 손질하여 포장하는 여성 노동자의 모습

연구해제

1960년대 한국의 경제성장은 경공업 중심 수출주도형 공업화를 기반으로 하였다. 그중에서도 가발산업은 1960년대 수출산업에서 막대한 비중을 차지하였다. 1960년대 중반부터 미국 할리우드를 중심으로 가발 열풍이 불면서 일본과 한국 등에서 가발산업이 성장하기 시작하였다. 한국은 1964년 처음으로 1만 4,000개의 가발을 미국에 수출하였다. 이듬해 미국 정부에서 중국산 머리카락으로 만든 가발에 대한 수입금지 조치를 내리자 한국의 가발산업은 반사이익을 얻기 시작하였다. 여기에 한국의 값싼 여성노동력은 가발산업의 붐을 더 가속화시켰다.

1965년의 가발 수출액은 155만 달러였으며 7~8개 불과했던 가발업체는 40여개로 증가하였다. 1966년에는 수출액이 1,000만 달러를 돌파하였고, 1970년에는 약 1억 달러에 가까운 9,357만 달러 상당의 가발을 수출하였다. 단일품목으로는 의류와 합판 다음으로 수출액이 많아 수출상품 3위까지 차지하였으며, 가발 수출액은 한국 전체 수출액의 9.3%나 되었다. 당시 한국에서 미국으로 이민한 사람들이나 유학생들도 가발 무역을 많이 하여 '코리아' 하면 '가발'로 인식되기까지 하였고, 다른 한편으로는 이들의 가발 덤핑 무역이 사회문제로 제기된 적도 있었다. 가발산업은 자연가발에서 합성섬유로 만든 인조가발까지 등장하면서 1970년대 초반까지 호황을 누렸으나 점차 미국에서 가발 열풍이 사라지고, 한국의 경공업이 사양산업에 접어들면서 1975년에는 10대 수출상품 목록에서 사라지게 되었다.

이 같은 가발산업의 하향세는 단순히 경제적인 문제에 국한되지 않았다. 1979년 유신체제의 몰락에 결정적인 타격을 입혔던 YH무역상사는 한국의 가장 큰 가발업체였다. YH무역은 1960년대 가발 붐의 한가운데에서 성장한 기업이었다. 기업주였던 장용호는 1966년 자금 100만 원과 종업원 10명으로 기업체를 설립하였다. YH무역은 가발수출의 호경기와 정부의 수출정책에 힘입어 불과 4년만에 수출실적 100만 달러를 기록하고, 종업원만 4,000명을 고용하는 국내 최대의 가발업체가 되었다. 당시 수출순위 15위로서 대통령표창과 동탑산업훈장을 받기도 하였으며, 1970년 회사순이익은 무려 12억 4,389만 원에 달하였다.

하지만 가발산업이 사양산업이 되자 기업주인 장용호는 회사를 폐업하고 미국으로 도주를 하였다. 성실하게 일한 만큼 보상을 받게 해준다는 약속을 굳게 믿었던 YH무역

노동자들은 기업주 장용호의 처벌과 직장폐쇄 대책을 요구하면서 1979년 8월 신민당사에서 농성을 시작하였다. 그러나 박정희 정권은 YH무역 노동자들의 입장을 고려하기보다 물리적으로 탄압하였고, 이 과정에서 노동자 한 명이 숨졌으며 기자와 국회의원들도 신체적 피해를 입었다. 결국 이 문제는 국회에서 김영삼 당시 신민당총재의 제명문제로까지 이어져 1979년 하반기 국회와 노동 문제의 상징이 되었다. 이처럼 1960~70년대 한국의 가발산업은 군사정권의 고도경제성장방식에 있어서 기회와 한계를 모두 보여주었다.

▌ 참고문헌

박영무, 「가발수출에 대한 소고」, 『녹우연구논집』 13, 1971.
전YH노동조합, 『YH노동조합사』, 형성사, 1984.

639-01 온정의 손길

상영시간 ㅣ 01분 54초

영상요약 ㅣ 1965년 10월 20일부터 경상북도 교육위원회는 경상북도 어린이들에게 감기예
방접종을 실시하고 있다. 경북 함창국민학교 어린이들이 감기예방접종 주사
를 맞고 있다. 남해안의 외딴섬 갈도에 마산일보 김형윤 사장이 진료서비스와
식량, 책 등을 제공하고 있다.

639-02 수출되는 가발

상영시간 ㅣ 01분 28초

영상요약 ㅣ 한국의 대표적인 수출품인 가발을 생산하는 모습을 보여주고 있다. 가발공장
에서 여성노동자들이 기계를 사용하거나 손으로 가발을 만드는 모습이다. 아
울러 가발을 연구하는 연구원의 모습이다. 여성노동자가 완성된 가발을 빗으
로 손질하여 포장하는 모습을 보여주고 있다.

639-03 미국 가극단 내한공연

상영시간 ㅣ 01분 04초

영상요약 ㅣ 1965년 10월 27일 서울시민회관에서 헬로 돌리 미국 가극단의 내한공연이 열
렸다. 공연을 보기 위해 공연장을 가득 메운 관중들의 사진과 공연 실황 사진
들을 보여주고 있다. 아울러 헬로 돌리 공연의 주인공인 메리 마틴이 한복을
입고 기자회견을 하고 있다. 윤치영 서울특별시장은 메리 마틴에게 서울시 행
운의 열쇠를 증정하고 있다.

639-04 꽃꽂이 전시

상영시간 ㅣ 00분 50초

영상요약 ㅣ 한국신문회관에서 임화봉 꽃꽂이 동호회가 제7회 꽃꽂이 전시회를 개최하였
다. 전시회에 전시된 여러 꽃꽂이 작품들과 전시를 관람하는 관객들을 보여주
고 있다.

639-05 스포오쓰

상영시간 ㅣ 01분 01초

영상요약 ㅣ 연세대학교와 고려대학교 간의 체육대회가 열렸다. 연세대와 고려대의 럭비, 축구 경기 장면을 보여주고 있다. 아울러 응원을 하는 대학생들의 모습이다.

639-06 "아이크" 75회 생일

상영시간 ㅣ 01분 33초

영상요약 ㅣ 아이젠하워가 75회 생일을 맞이하였다. 군인, 대통령으로서의 아이젠하워 대통령의 모습을 보여주고 있다. 아울러 아이젠하워가 대통령 시절 방한한 영상을 보여주고 있다. 제75회 생일날 아이젠하워 부처는 유엔 오스트리아 대표부를 방문하였다. 오스트리아 외상 크레이스키가 아이젠하워에게 오스트리아의 최고훈장인 황금대십자공로훈장을 수여하고 있다.

639-07 세계박람회 폐막

상영시간 ㅣ 01분 31초

영상요약 ㅣ 뉴욕 세계박람회가 폐막을 준비하고 있다. 뉴욕 세계박람회를 기념하기 위해 시대를 대표하는 주요 사진을 담은 타임캡슐을 땅 속에 묻고 있다. 타임캡슐을 구경하는 관람객들의 모습이다. 뉴욕 세계박람회장의 야경과 밤에 펼쳐진 불꽃놀이의 모습을 보여주고 있다.

순종황후 별세 (1966년 2월)

제작정보

출   처 : 리버티뉴스 654호

제 작 사 : 주한미공보원

제 작 국 가 : 미국

영상정보

제 공 언 어 : 한국어

컬   러 : 흑백

사 운 드 : 무

영상요약

조선의 마지막 왕 순종의 비 해평윤씨가 창덕궁에서 심장마비로 별세하여, 장례식이 진행되는 여러 장면들을 보여주는 영상.

내레이션

(내레이션 없음)

화면묘사

00:12   자막 "리버티 뉴스"
00:20   자막 "654 -236-"
00:22   자막 "국내소식"
00:28   자막 "순종황후 별세". 순종황후 장례식 장면
00:32   분향하는 정부 고위 인사들. 상복을 입은 유가족들
00:42   순종황후의 영정사진 클로즈업
00:45   상복을 입은 관계자들
00:53   장례행렬이 거리를 걸어감
01:05   창덕궁에서 나오는 장례행렬
01:10   "상주"라고 적힌 종이가 붙은 차량에 탑승한 유가족의 모습
01:13   "상궁"이라고 적힌 종이가 붙은 차량이 이동하고 있음
01:16   경찰들이 줄 맞춰 걷고, 대형 태극기를 나누어 든 상복 차림의 여성들, 전통 복장을 한 관계자들이 장례 행렬을 이루어 걸어감. 서울시민들이 나와서 그 모습을 지켜 봄
01:41   장지로 들어가는 장례 행렬의 모습

연구해제

1966년 2월 3일 오전 조선 27대 마지막 왕 순종의 비인 윤후(尹后)가 창덕궁 낙선재에서 심장마비로 별세했다. 이 영상은 2월 13일 장지인 경기도 양주 유릉으로 떠나는 윤후의 장의행렬을 보여주는 자료이다.

윤후는 해풍부원군 윤택영의 딸로 1884년 출생했다. 1906년 12월 동궁계비로 입궁했는데, 3년 후 한일병합이 있었고 33세에 순종이 승하하였다. 후사가 없어 영친왕 이은을 세자로 책봉하였다. 해방 이후 생활은 이승만 정부가 왕실 지원을 하지 않아 곤궁했지만, 1961년 박정희 군정기 이후 정부로부터 매달 18만원을 받으며 생활했다.

조선의 운명에 따라 비운의 황후였던 윤후는 부녀관계에서도 불우했다. 순종과 윤후는 안동 별궁(현 풍문여고)에서 가례를 지냈는데, 하객이 29,000여 명에 달했다고 한다. 일설에 윤택영은 이 비용을 감당하지 못하고 이후 과도하게 채무를 지고 북경으로 도망했다고도 한다. 윤후는 1926년 순종의 장례를 기해 입국한 아버지 윤택영을 만났지만, 국상 후 바로 북경으로 떠나야 했고, 이것이 부녀 간 마지막 만남이었다.

'윤황후 장의준비위원회'는 2월 7일 오전 윤후의 시호를 순정효(純貞孝)황후로 결정했다. 장례는 13일 30여만 시민의 애도 속에서 진행되었는데, 장의행렬은 돈화문 앞, 종로 3가, 동대문, 신설동 등으로 이어졌다. 인파가 몰려 신설동로터리에서 일대 혼란이 벌어져 노제는 생략되었다.

국책홍보뉴스영상인 〈대한뉴스〉에서는 영친왕 서거와 영친왕비 이방자 여사의 입국 소식만을 전하고 있는 반면, 〈리버티뉴스〉는 이와 더불어 덕혜옹주 귀국, 영친왕의 아들 이구의 입국, 순종황후의 장례도 전하고 있어 조선왕조의 마지막 왕실의 소식을 알 수 있는 귀한 자료를 제공하고 있다.

참고문헌

「享年73歲 尹妃別世」, 『동아일보』, 1966년 2월 4일.
「李朝 마지막 王妃 尹皇后他界」, 『경향신문』, 1966년 2월 4일.
「諡號.純貞孝皇后.로 6日 裕陵등서 告由祭 집행」, 『경향신문』, 1966년 2월 7일.
「最後의 王朝 尹后一代記 (3) 父女의 마지막相逢」, 『동아일보』, 1966년 2월 9일.

「純貞孝皇后 尹妃의 一生(일생) (2) 젊은날」, 『경향신문』, 1966년 2월 9일.

「純貞孝皇后 葬禮式엄수」, 『동아일보』, 1966년 2월 13일.

길윤형, "황족의 품위가 말이 아니오", 『한겨레21』 624, 한겨레신문사, 2006.

해당호 전체 정보

654-01 순종황후 별세
상영시간 ㅣ 02분 01초
영상요약 ㅣ 조선의 마지막 왕 순종의 비 해평윤씨가 창덕궁에서 심장마비로 별세하여, 장
례식이 진행되는 여러 장면들을 보여주는 영상.

654-02 위궤양 치료기
상영시간 ㅣ 00분 48초
영상요약 ㅣ 위궤양을 검사하고 치료하는 것과 관련된 의료기기에 대해서 소개하는 영상.

654-03 자매시에 선물
상영시간 ㅣ 01분 03초
영상요약 ㅣ 한국과 미국의 지역 도시 간에 맺은 자매 결연의 한 결과로 한국의 지방 마을
에 놀이터가 지어졌다는 내용을 전하며, 어린이들이 그 놀이터에서 즐겁게 노
는 장면들을 보여주는 영상.

654-04 한미친선음악회
상영시간 ㅣ 00분 57초
영상요약 ㅣ 미국의 한 음악 단체가 한국을 방문하여 사찰의 전통 문화재들을 관람하는 장
면과, 한국 측 음악 단체와 공동으로 친선음악회를 개최하여 공연을 하는 장
면을 보여주는 영상.

654-05 존슨 대통령 소식
상영시간 ㅣ 02분 31초
영상요약 ㅣ 미국의 린든 존슨 대통령이 참석한 여러 공식행사 장면들을 보여주는 영상.

654-06 태국에 온 미녀들

상영시간 ┃ 00분 37초

영상요약 ┃ 유명인으로 추정되는 외국인 여성들이 태국을 방문하여 사원을 방문해서 승
려를 만나는 등 각종 행사에 참석한 장면들을 보여주는 영상.

654-07 육상경기

상영시간 ┃ 02분 07초

영상요약 ┃ 해외에서 벌어진 육상경기의 여러 종목들, 단거리 및 장거리 달리기, 장대높
이뛰기 등의 경기 장면들을 보여주는 영상.

아시아 태평양 지역 각료회의 (1966년 6월)

제작정보

출   처 : 리버티뉴스 672호
제 작 사 : 주한미공보원
제작국가 : 미국

영상정보

제공언어 : 한국어
컬   러 : 흑백
사 운 드 : 유

영상요약

서울에서 아시아 태평양 지역 각료회의가 열려 9개국의 인사들이 참여한 가운데, 3일 동안의 회의를 갖고, 공동성명서를 냈으며 만찬을 가지기도 하였다.

내레이션

아시아 태평양 지역 아홉 나라의 섬 각국의 외상들은 상호공동문제를 상호의 의견을 교환하기 위하여 한국에 열렸던 외국 외교관들의 회의 중 가장 인상적인 모임을 서울에서 가졌습니다. 각국 대표들이 타고 오는 비행기가 도착하는 김포공항은 각종 환영행사로 분망했습니다. 그들의 중대 관심사는 아시아 지역의 상설될 어떠한 기구를 갖느냐에 있습니다. 이동원 외무부장관은 공항에 나와 각국 대표들을 영접했습니다. 다나트 코만 태국외상, 폴 허틀럭 호주외상, 위동영 자유중국 외교부장, 말레이시아 연방 조하리 문교상, 필리핀 라모스외상, 플란반도 월남외상, 시이나 에쓰사부로 일본외무대신과, 노먼 셸턴 뉴질랜드관세상. 박정희 대통령은 중앙청 회의실에서 열린 개회식 치사를 통해서 각국 대표들에게 정치, 경제, 사회, 기술 등 많은 분야에서 우리가 서로 인접 우방으로서 교류와 협력을 다하고 공동 노력을 다하여 위대한 아시아 태평양 공동 사회를 건설해 나가자고 말한 다음, 이것이 곧 오랫동안 아시아의 이성이 갈구해오던 평화 혁명이라고 말했습니다. 워커힐에서 각국 외상들은 3일간의 회의를 시작했습니다. 모든 대표들의 견해를 진실로 반영해줄 뜻깊은 커뮤니케를 작성하기 위한 일이 진행되자 각국 대표들은 자기들의 의견을 제안했습니다. 타나트 코만 태국외상이 가난과 자유의 박탈에 대항하기 위한 아시아 태평양 각국의 동맹과 특히 각국 국민의 발전과 번영을 위한 동맹을 강력히 촉구할 때 각국 대표들은 찬성의 뜻을 표했습니다. 이번 회의의 사흘째이자 마지막에 그들은 아시아 및 태평양지역 이사회라고 불리워지게 될 지역 공동단체 설립을 요구하는 성명서를 발표했습니다. 아시아 및 태평양 지역 이사회의 상설장소는 없지만 회의를 소집할 때마다 주최국에 모이면 되는 것입니다. 그런데 *** 는 아시아 및 태평양 지역 각국 외상들이 태국의 방콕에서 만날 것입니다. 또한 우리나라를 찾아온 각국 대표들은 분망한 회의의 틈을 타서 우리나라 측이 베푸는 리셉션에 참석하고 한국의 외교부 인사들과 사회 저명인사 그리고 사업가들과 만났습니다.

화면묘사

00:06 　자막 "리버티 뉴스"

00:12 　자막 "672 -664-"

00:13 　자막 "아주 및 태평양 지역 각료 회의"

00:17 　차들이 지나다니는 도로 위로 '아시아 태평양지역 국가친선'이라는 현수막과 함
　　　　께 참가 각국의 국기가 있음

00:20 　만국기가 걸려있는 가운데 각국 대표들을 환영하는 간판의 모습

00:22 　참가국들의 국기들이 펄럭이는 모습

00:30 　태평양 지역의 지도. 참가국들만 색칠되어 구분하여 보여주고 있음. 각국에서
　　　　화살표가 뻗어 나와 한국으로 모이는 그림

00:39 　공항에 비행기가 도착하는 모습

00:43 　비행기에서 사람들이 차례로 내리고 있고 아래에는 환영하는 사람들

00:54 　단상에 차례로 올라 인사하고 사진도 찍는 모습들을 보여줌. 그들의 맞은편에
　　　　는 군인들이 총을 받들고 있음

01:23 　차량을 타고 이동하는 각국 외상들

01:27 　회의장소인 중앙청의 모습과 그 위 현수막에는 '환영 아시아 태평양지역 각료
　　　　회의 대표단'이라 적혀있음

01:28 　많은 사람들이 기립하여 박수를 치고 있는 사이로 박정희 대통령이 입장하고
　　　　이어지는 박 대통령이 개회사를 함

02:20 　개회사를 끝내고 박정희 대통령이 퇴장함

02:26 　워커힐에 모여 회의하는 각국 의상들의 모습이 보여짐

03:32 　성명서에 사인하는 대표들의 모습

03:33 　기자들에게 회의 내용에 대해 인터뷰를 하고 있는 한국 대표

03:40 　성명서를 인쇄하고 있는 장면

03:53 　한 호수의 모습

03:55 　외국 대표들은 차례로 한국 인사들과 인사를 나누며 입장하고 있음

04:04 　각자 무리지어 대화를 나누고 있는 리셉션의 모습

연구해제

이 영상은 1966년 6월 14~16일까지 서울에서 개최된 아시아태평양이사회(ASPAC: Asian and Pacific Council) 제1차 회의 관련 내용을 담고 있다. 먼저 공항에서 개최된 환영식을 통해 한국, 일본, 대만, 말레이시아, 필리핀, 태국, 베트남, 오스트레일리아, 뉴질랜드 등 참가국 대표들을 소개하였다.

1960년대 중반 아시아에서는 지역주의 움직임이 활발하여 일련의 정부 간 협력체가 출현했는데, 그중 하나가 한국정부의 주도로 창설된 ASPAC이다. 박정희 정권은 1961년 부터 1964년에 개최된 아시아 4개국 외상회의를 계승하는 '아시아 정상회담' 개최를 추진하고, 그 기초 작업으로서 외상회담을 열고자 했다. 그리고 이를 위해 아시아 각국과 교섭하는 한편 미국에 협력을 요청했다. 미국은 초기에는 회의적인 시각을 갖고 있었으나 한국 전투부대의 베트남 파병으로 상황이 변하자 태국, 필리핀, 오스트레일리아, 뉴질랜드 등에게 한국 주도의 아태지역 회의에 적극 참여토록 독려했다.

이에 ASPAC은 1965년 3월 11~14일에 제1차 예비회담을, 1966년 4월 18~20일에 제2차 예비회담을 갖고, 1966년 6월 14~16일까지 서울에서 ASPAC 본회의를 개최하는 데 성공하였다. 이 영상에서는 중앙청 회의실에서 개최된 ASPAC 개회식에서 개회사를 하는 박정희 대통령의 모습과 워커힐에서 진행된 회의 장면 등을 볼 수 있다.

ASPAC 산하에는 과학기술 등록처, 사회 문화 센터, 경제 협력 센터, 식량 비료 기술센터 등의 기구를 두었다. 그 후 ASPAC은 1967년 제2차 방콕회의를 거쳐 1972년 서울회의까지 총 7차례 개최되었다. 그러나 미국과 중국의 화해무드와 대만의 유엔 의석 상실 등 국제정세의 급변 속에서 ASPAC의 존재 의의가 줄어들면서 자연 소멸되었다.

참고문헌

박태균, 「박정희의 동아시아인식과 아시아·태평양 공동사회 구상」, 『역사비평』 76, 2006.

조양현, 「냉전기 한국의 지역주의 외교 : 아스팍(ASPAC) 설립의 역사적 분석」, 『한국정치학회보』 42-1, 2008.

해당호 전체 정보

672-01 아시아 태평양 지역 각료회의

상영시간 ㅣ 04분 33초

영상요약 ㅣ 서울에서 아시아 태평양 지역 각료회의가 열려 9개국의 인사들이 참여한 가운데, 3일 동안의 회의를 갖고, 공동 성명서를 냈으며 만찬을 가졌다.

672-02 공산주의를 물리치기 위한 동남아시아 국가들끼리의 우호 다짐

상영시간 ㅣ 00분 53초

영상요약 ㅣ 공산주의를 견제하기 위하여 동남아시아 국가들끼리 우호를 다지는 행사. 주한 유엔군 사령부 산하에서 한국 공무를 하고 있는 보병 중대의 교체식 또한 이루어졌다.

672-03 칠곡 양수장 완공

상영시간 ㅣ 00분 37초

영상요약 ㅣ 전천후 칠곡 양수장이 완공되어 그 완공식이 거행되는 모습이다. 이 양수장은 낙동강 물을 끌어올려 농토로 보내주는 역할을 한다.

672-04 미스 아메리카 선발대회

상영시간 ㅣ 01분 05초

영상요약 ㅣ 플로리다 주 마이애미에서 열린 미스 아메리카 선발대회에서 각 주의 많은 참가자들이 자신의 주의 특색이 드러나는 옷을 입고 참가한 가운데, 미스 아메리카가 뽑히는 장면.

672-05 미스 코리아 선발대회

상영시간 ㅣ 00분 44초

영상요약 ㅣ 미스 코리아 선발대회에 각 지역의 미인들이 참가하였다.

부산 조선업 시설확장 및 기공식 (1966년 7월)

제작정보
출   처 : 리버티뉴스 676호
제 작 사 : 주한미공보원
제작국가 : 미국

영상정보
제공언어 : 한국어
컬   러 : 흑백
사 운 드 : 유

영상요약

경제개발5개년계획의 일환으로 부산의 조선업에 관하여 시설확장 및 기공식을 가졌다. 이 영상은 박정희 정부가 부산지역에서 추진한 조선업 활성화를 보여준다.

내레이션

우리나라 조선업의 중심지인 부산시는 앞으로 2년 이내에 보다 크고 훌륭한 시설을 갖추고 늘어나는 어선들과 화물선들의 수리업무를 감당하게 될 것입니다. 대한조선공사는 최근에 20,000톤급 선박 수리를 맡게 될 드라이 도크와 1만 톤급 선박을 건조할 수 있는 시설 확장 기공식을 가졌는데 이곳에 쓰일 공사비 300여만 달러는 대일 재산 청구자금으로 충당하고 나머지 6억 원은 내자로 조달하게 될 것입니다. 박정희 대통령은 치사를 통하여 이것은 한국의 조선업계에 급진적 발전을 했다는 또 하나의 증거라고 말했습니다.

화면묘사

00:00   자막 "부산 조선업 시설확장 및 기공식"
00:02   부산의 조선 건설 및 수리 현장
00:13   제2도크의 모습
00:15   긴 장대를 이용하여 선박을 닦고 있음. '영풍'이라는 이름의 선박
00:33   경제개발5개년계획 시설확장 기공식의 모습
00:37   박정희 대통령이 치사를 하고 선박업계의 노동자들이 박수를 치고 있음

연구해제

  본 영상은 1966년 7월 6일 박정희 대통령 참가 아래 부산에서 개최된 대한조선공사의 2만 톤급 도크 및 1만 톤급 선대(船臺)의 시설확장기공식 및 주변 전경을 보여주고 있다.
  박정희 정권은 1960년대부터 조선공업을 육성하고자 했고, 대한조선공사는 그 중심에

있었다. 박정희 정권은 대규모 정부자금을 투입하여 조선공사의 경영을 정상화하는 한편으로 일본의 자금과 기술에 의존하여 조선 및 수리 일감을 확보하려고 하였다.

일제하 조선중공업주식회사로 출발한 조선공사는 오랜 경영난에 시달리며 정부자금 지원으로 명맥만을 유지하던 대표적인 부실 공기업이었다. 그 원인은 여러 가지가 있었지만, 근본적으로는 일제시기 건설된 최대 3,000톤급 선박을 건조할 수 있는 선대 3기와 최대 8,000톤급 선박을 수리할 수 있는 도크를 가지고 있었음에도, 이 시설을 정상가동할 수 있는 일감을 확보하기 힘들었다는 데 있었다. 당시 국내 조선시장이 협소하고 그나마도 국내 조선보다는 해외에서 중고선을 도입하여 수요를 충족하고 있었기 때문이다.

박정희 정권은 조선공사의 부흥을 위해 1950년대 민영화하였던 동 회사를 1962년 다시 국영화하고 정부재정자금으로 대대적인 증자를 실시하는 한편 제1차 경제개발5개년계획 상에 연차별 국내 선박건조계획을 삽입, 조선공사가 건조하도록 하며 부족한 일감을 확보하도록 하였다. 그리고 조공 부흥에 필요한 기자재 확보와 시설확충을 위해 일본과 접촉하였다. 본 영상에 등장하는 시설확장 공사 역시 일본의 청구권 자금 투입이 예정되어 있었다.

그러나 1960년대 국가의 강력한 개입과 일본 의존으로 요약되는 조선공업 육성정책은 비효율적이었으며 실패한 것으로 평가되고 있다. 정부의 정책적 일관성이 결여되었으며 복잡한 행정적 절차는 시간 지연과 조선의 적기 상실을 초래함에 따라 오히려 조선공사 부흥에 걸림돌이 되었다는 것이다. 그 결과 공기업이던 조선공사는 1968년 11월 1일 극동해운 남궁연에게 불하되며 다시 민영주식회사로 전환하는 길을 밟았다. 이후 국가 스스로 기업경영자가 되는 강력한 국가개입이 지양되고, 1970년대부터는 민간을 주체로 하는 조선공업 육성정책이 시행되었다.

▌참고문헌

「만톤급 대형조선 가능」, 『매일경제』, 1966년 7월 6일.
배석만, 「박정희정권기 조선공업 육성정책과 일본」, 『경영사학』 25-3, 2010.

해당호 전체 정보

676-01 발전하는 서울시

상영시간 ㅣ 02분 20초

영상요약 ㅣ 서울 시내가 여러 공사들을 통해 발전해가고 있는 모습을 담고 있다. 육교와 지하도, 급행도로를 건설함에 따라 서울시의 발전을 보여준다.

676-02 철도 및 기차의 발전

상영시간 ㅣ 01분 20초

영상요약 ㅣ 경제기획원 처장이 1,860만 달러의 차관협조를 받아내 디젤기관차를 수입하고 기차 발전을 만들어 낼 것이라는 내용.

676-03 앙드레 김의 의상발표회

상영시간 ㅣ 00분 50초

영상요약 ㅣ 앙드레 김이 고안한 새로운 의상들에 대한 제작 발표회의 모습. 전통적 의상을 본 따서 현대미를 살린 여러 의상들을 가지고 세계를 순방할 예정이라고 한다.

676-04 아메리칸 대학 졸업식에 방문한 5개 대학의 총장

상영시간 ㅣ 01분 08초

영상요약 ㅣ 아메리칸 대학 졸업식에 동남아시아, 동북아시아의 5개 대학 총장들이 방문해 학위를 수여받았다. 서울 연세대학교 총장이며 학자인 박태선 박사도 이 자리에 참가했으며, 각 대학 총장들은 이 자리에서 각국의 문화를 소개하기도 했다.

676-05 부산 조선업 시설확장 및 기공식

상영시간 ㅣ 00분 55초

영상요약 ㅣ 경제개발5개년계획의 일환으로 부산의 조선업에 관하여 시설확장 및 기공식을 가졌다. 박정희 대통령은 수억 원대의 돈을 투자하여 이곳에서 화물선 및 어선들의 수리를 원활하게 하도록 하겠다고 말했다.

676-06 코끼리를 따라 춤추는 아이들

상영시간 ㅣ 00분 30초

영상요약 ㅣ 덩치가 큰 코끼리의 춤을 따라서 레이노 교외에 사는 어린이들이 신나게 춤을
추고 있다. 이 코끼리는 체중이 5,000파운드 정도이고 18살이라고 한다.

676-07 뉴욕에서 열린 체육대회

상영시간 ㅣ 01분 39초

영상요약 ㅣ 뉴욕에서 열린 체육대회의 모습. 헤머 던지기, 장대높이뛰기, 1마일 달리기 경
기에서 우승한 선수들을 차례로 보여준다.

자유를 얻은 북한동포 (1966년 10월)

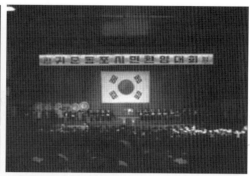

제작정보

출　　　처 : 리버티뉴스 689호
제 작 사 : 주한미공보원
제 작 국 가 : 미국

영상정보

제 공 언 어 : 한국어
컬　　　러 : 흑백
사 운 드 : 무

영상요약

1966년 10월 14일 오전 10시 서울시민회관에서 귀순동포 시민환영대회가 열렸다. 9월 17일에 일본을 통해 귀순 요청을 해온 북한 평심호 선원 4인과 울릉도로 남하해 귀순한 북한 철도성 소속 선박승무원 및 가족 6인 등 총 10인은 김현옥 서울시장으로부터 서울시민증을 수여받았다.

내레이션

(내레이션 없음)

화면묘사

00:06 "리버티 뉴스" 자막. 한복을 입은 남성이 세 번 타종하는 시그널 배경화면
00:14 "689 1046" 자막
00:16 "자유를 얻은 북한동포" 자막. "환영 귀순동포 시민환영대회" 플래카드가 걸린 서울시민회관 환영회장 내부 전경
00:22 화환을 목에 걸고 연단에 앉아있는 열 명의 귀순자들
00:27 환영사를 하는 김현옥 서울시장
00:31 객석의 모습
00:34 화환을 목에 건 다섯 명의 귀순자를 차례로 촬영했음
00:46 귀순자들의 사진을 찍는 취재진의 모습
00:48 김현옥 서울시장으로부터 서울시민증을 수여받는 귀순자들의 다양한 모습
00:59 객석의 시민들이 박수를 치고 있음
01:02 "越南歸順勇士記者會見(월남귀순용사 기자회견)" 플래카드가 걸린 기자회견장 내부 전경
01:02 기자회견을 하는 귀순자들
01:05 수첩에 메모하는 취재진들
01:09 남성 기자가 질문을 하고 있음

연구해제

이 영상은 1966년 10월 14일 서울시민회관에서 열린 '귀순동포 시민환영대회'에 관한 영상이다. 영상에는 "환영 귀순동포 시민환영대회"라고 쓴 현수막이 걸린 시민회관 내부 전경, 화환을 목에 걸고 있는 귀순자들의 모습, 환영사를 하는 김현옥 서울시장, 이 행사를 취재하는 기자들의 모습 등이 담겨 있다.

이날 행사에 참석한 귀순자들은 1966년 9월 17일 일본을 통해 귀순한 민경태, 장대형, 이찬호, 안병록의 평심호 선원과 9월 29일 울릉도를 통해 남하한 최송식, 한일성, 안수길, 김명재, 오정렬, 오손석 등 6명의 어부들이었다. 이날 행사는 김현옥 서울시장, 노석찬 공부부차관, 박기석 원호처장을 비롯한 내빈과 수많은 시민들이 참석한 가운데 거행되었다. 이들은 환영대회에서 "자유를 찾아 기쁘다"는 소감을 남겼고, 김현옥 서울시장은 "생명의 위협을 무릅쓰고 자유를 택한 투지와 정신을 높이 찬양한다"고 환영사를 말했다. 서울시는 이들에 대해 집을 한 채씩 주고, 원호처는 이들이 앞으로 생계를 유지할 수 있도록 정착금과 취업증을 주었다.

이에 앞서 북한은 10월 11일 판문점에서 열린 제229차 군사정전위원회에서 지난 9월 29일 울릉도를 거쳐 남하한 북한 어부들을 즉시 돌려달라고 요구했다. 북한대표 박중국은 남한 해군 함정이 어로 작업 중이던 북한 어선을 공격하여 철도성 제1호 승무원들을 납치했다고 주장하면서, 거기에는 불순한 정치적인 음모가 숨겨져 있다고 말했다. 이에 대해 유엔 측 수석대표 부처 미 해병 소장은 이들은 자진해서 월남한 것으로 현재 남한에서 자유스런 생활을 하고 있다고 응수하면서 북한 측의 주장을 반박했다.

이들 귀순자들은 시민환영대회에 앞서 10월 12일 시민회관 소강당에서 기자회견을 가졌다. 평심호 선원 민경태는 "지난 9월 7일 저인망어선 평심호를 타고 신의주 수산사업소를 떠나 중국의 산동반도 동북방 어장에서 어로작업 중 평소의 계획을 실천, 탈출했다"고 말했다. 그는 모든 선원이 잠들어 있을 때 무기고에서 무기를 훔쳐 선장과 무전사를 살해한 뒤 뱃머리를 남쪽으로 돌렸다고 했다. 한국을 피하고 굳이 일본으로 간 동기에 대해서는 "공산당에 타격을 주기 위해서는 재일교포를 북송하고 있는 일본에 먼저 감으로써 선전적 효과를 올리기 위해서였다"라고 했다.

한편 울릉도를 통해 남하한 최송식은 북한대표가 판문점 회담에서 "남조선 경비정이 평화적 어선을 납치해 갔다"고 주장했다고 전하자, 그것은 북한의 허위에 찬 생떼라고 일소하였다. 그는 9월 27일 원산수산사업소를 떠나 북한의 경비망과 전파탐지망을 피해 한동안 북상했다가 육지에서 170마일가량 떨어진 후 선수를 정남으로 돌려 탈출했다고 말했다. 최송식의 부인인 오정렬은 "이북에서는 여자들도 남자들과 똑같이 일하여 연애는 해도 결혼은 사실상 당의 승낙을 받아야 한다"고 말하기도 했다.

▌ 참고문헌

「생명걸고 자유 찾아」, 『경향신문』. 1966년 10월 14일.
「귀순동포 환영회」, 『매일경제』, 1966년 10월 14일.
「결혼은 당 승낙하에」, 『경향신문』, 1966년 10월 12일.
「귀순어부 돌려달라 생떼」, 『동아일보』, 1966년 10월 11일.

해당호 전체 정보

689-01 자유를 얻은 북한동포

상영시간 | 02분 00초

영상요약 | 1966년 10월 14일 오전 10시 서울시민회관에서 귀순동포 시민환영대회가 열렸다. 9월 17일에 일본을 통해 귀순 요청을 해온 북한 평심호 선원 4인과 울릉도로 남하해 귀순한 북한 철도성 소속 선박승무원 및 가족 6인 등 총 10인은 김현옥 서울시장으로부터 서울시민증을 수여받았다.

689-02 47회 전국체전

상영시간 | 02분 35초

영상요약 | 1966년 10월 10일 오전 10시 서울운동장에서 제47회 전국체전 개막식이 열렸다. 대회에 참가한 13,000명의 선수들과 40,000명의 관중들이 참석한 가운데 열린 행사에는 박정희 대통령이 참석해 축사를 했으며 이어서 각종 매스게임이 진행됐다. 6일간 열린 전국체전에서 3개의 신기록이 수립됐다.

689-03 이런 일 저런 일

상영시간 | 04분 04초

영상요약 | 1966년 9월 20일 뉴욕 UN본부에서 제21차 UN정기총회를 개회했다. 89개국 대표들이 참석한 가운데 열린 정기총회에서 전 의장인 이탈리아의 외무상 아미나토레 판파니를 이어 아프가니스탄의 압둘 라만 파즈와크가 신임 의장으로 선출됐다. 회의에서는 당면한 문제인 베트남전쟁에 관한 논의가 이뤄졌으며 UN 미국대표로 참석한 아서 J. 골드버그가 베트남전쟁 해결을 위한 제안을 했다. 미국 방문을 마친 페르디난드 마르코스 필리핀대통령은 마닐라에서 열리는 월남참전7개국정상회담에 린든 B. 존슨 미국대통령이 참석할 것이라고 발표했다. 한편 9월 29일부터 영부인 이멜다 마르코스와 함께 일본을 방문 중인 페르디난드 마르코스 필리핀대통령은 사토 에이사쿠(佐藤榮作) 일본총리과 히로히토 일본천황 내외를 만나 회담을 하고 연회에 참석했다. 3개월간의 어업시험조사를 마친 백경호가 10월 12일 부산항에 입항해 환영식이 열렸다. 부

산수산대학교 양재목 교수가 이끄는 33명의 조사단원들과 선원들은 알래스카와 베링 해의 어업 방식, 해양학, 외국어선 활동 등을 연구하고 30종 80여 마리의 어류와 갑각류 견본을 포획해 돌아왔다.

689-04 재즈의 향연

상영시간 l 02분 05초

영상요약 l 브라스 재즈 밴드와 스탄 게츠의 공연 모습을 여름 해변 풍경과 함께 스케치한 영상.

특보 존슨 대통령 내한 (1966년 10월)

제작정보

출   처 : 리버티뉴스 691호

제 작 사 : 주한미공보원

제 작 국 가 : 미국

영상정보

제 공 언 어 : 한국어

컬   러 : 흑백

사 운 드 : 유

영상요약

1966년 10월 31일 미국 대통령 린든 B.존슨 대통령 부처가 김포공항에 도착했다. 존슨 대통령은 7개국 순방과 마닐라정상회의 일정 중 하나로 내한했다. 다음날 아침 한미 양국 대통령은 첫 회담을 시작했다. 이들은 서울역에서 육군 26사단 본부로 이동했고, 캠프 스탠리(Camp Stanley)에서 존슨 대통령 일행은 의장대의 사열을 받으며 유엔군 사령관 찰스 본스틸(Charles Bonesteel) 장군의 부대 설명을 들었다. 이어서 헬리콥터를 이용해 수원 근처 안녕리를 방문한 존슨 대통령 일행은 한국의 농업 발전에 대해 보고를 받았다. 한국 방문 마지막 날 아침 존슨 대통령 부처는 국립묘지 무명용사 묘지를 방문하고 참배했다. 한국을 떠나기 전 존슨 대통령은 국회 본회의장에서 연설을 통해 베트남 전쟁에 대한 강하고 확고한 미국의 의지를 내비쳤다. 그는 역사가가 전쟁 폐허 속에서 한국이 이룬 경제적·사회적 발전을 기록하게 되길 바란다고 말하였다.

내레이션

미 존슨 미국대통령 내외는 김포공항장착 내한하여 우리나라를 방문한 어느 외국 국가원수도 누리지 못한 뜨거운 환영 속에 맞이됐습니다. 존슨 대통령은 역사적인 마닐라 정상회담과 17일간의 근 50,000키로미터에 걸친 7개국 순방여행의 절정으로 우리나라를 공식 방문 45시간 머물게 될 것인데 박정희 대통령 내외는 온 국민과 더불어 존슨 대통령을 반가이 맞이했습니다. 김포공항에서 서울시청 앞에 이르는 35리 길에는 환호와 깃발을 흔드는 200만 인파가 늘어섰습니다. 대통령은 느닷없이 차에서 내려 추수 중인 논에 들어서서 탐스럽게 익은 벼 이삭을 살펴보기도 했습니다. 시청 앞에 이르는 동안 존슨 대통령은 여러 번 차를 멈추고 환영 나온 군중과 악수를 나눴습니다. 서울시청 앞에는 이곳 생긴 이후로 최고 많은 사람이 모여 근방의 모든 길목마저 빈틈없이 메워졌습니다. 연단 앞까지 몰려들었습니다. 존슨 대통령은 답사에서 박 대통령과 한국 국민에게 미국 국민이 우정의 손길과 존경을 드린다고 했는데 새로운 한국, 월남에서 우방을 돕고 태평양체제 속에 앞장선 의젓한 한국, 그렇게까지 이끌어 간 한국 국민을 존경한다는 것이었습니다. 이어서 김현옥 서울특별시장은 행운의 열쇠를 존슨 대통령에게 드렸습니다. 존슨 대통령 내외는 청와대로 박정희 대통령 내외를 방문코 선물교환이 있었습니다. 미국대통령에게는 유명한 한국 자기가 박힌 문갑을, 존슨 부인은 공들여 단장된 화장품 함을 선사받았고 육 여사에게는 금으로 된 그릇을, 박 대통령은 선물로 보내올 백마의 모형을 받았습니다. 중앙청 회의실에서 있은 공식만찬에 나온 존슨 대통령은 우리나라 명사와 주한 외교사절들을 접견하고 한식, 국, 밥, 불고기의 청주로 저녁식사를 했습니다. 이날 밤 장안의 하늘은 불꽃놀이로 아롱졌습니다. 이튿날 이른 아침 두 나라 대통령은 예정된 네 차례의 회담 중 첫 회의를 마치고 서울역에서 열차 편으로 전방시찰에 나섰습니다. 우리 육군 26사단에서 존슨 대통령은 부대를 사열했습니다. 이어서 고 이인호 해병소령과 이춘근 육군대위 그리고 이종세 육군상사에게 월남에서 거둔 전공을 치하하여 미국 은성훈장을 수여했습니다. 태권도 시범을 보고 국군부대 시찰을 끝마쳤습니다. 이어서 캠프 스탠리에서는 유엔군 사령관 보스릴 대장을 대동하여 의장대를 사열하고 부대식당에서 미군과 카츄샤병 200명과 오찬을 같이 했습니다. 한편 존슨 부인 역시 분망한 일정이었습니다. 청와대의 육 여사를 방문한 다음 육 여사와 브라운 미국대사 부인 등과 같이 경복궁에 나와 국전을 감상했습니다. 이어서 경회루에서는 우리나라 고전춤을 보았습니다. 비원을 찾아본 존슨 부인은 순 한국식 건물과 정원의 아름다운 점에 찬사를 아끼지 않았습니다. 이화여자대학교에서는 표창장과 이화를 새긴 금반지를 받았습니다. 존슨 대통령은 헬리콥터 편으로 수원 가까이에 안녕리에 와 한국농업의 발전에 대해 브리핑을 청취했습니다. 올해 예순 다섯인 최시종 옹은 수놓은 액자를 대통령에게 드렸습니다. 대통령은 한 벌의 옛 관복을 받고는 그 자리에서 입어보아 보는 사람들을 즐겁게 했습니다. 존슨 대통령은 답례로 텔레비전 한 대를 이 마을에 선사했습니다. 더욱이 대통령은 최 옹을 자기와 같이 헬리콥터에 태워 어리둥절한 대접을 베풀어주기도 했습니다. 이어서 존슨 대통령은 워커힐에서 국내외 귀빈의 리셉션을 위해 서울로 돌아왔습니다. 존슨 대통령 내외는 한국에 작별하는 날 아침 국립묘지를 찾아 무명용사 무덤에 화환을 올렸습니다. 이어 존슨 대통령은 우리 국회의 본회의에서 의원들과 전국민에게 약 30분간 연설, 월남에서 미국은 끝내 강경하고 단호하게 나갈 것이라는 결의를 다시 다짐하고는 공산 침략전쟁에서 한국 국민이 겪은 시련에 경의를 표하며 그 전쟁에서 목숨을 잃은 수십만 군인과 수조차 모를 민간인을 언급하고 한 세대가 못 되는 사이에 국가를 재건한 한국 국민의 역량과 결의를 치하하며 이렇게 말했습니다. 본인은 멀지 않아 위대한 역사가가 여러분이 이룩한 놀라운 경제와 사회 발전을 기록하게 되기를 바라는데 한국의 경제성장은 8퍼센트로 세계 최고의 하나입니다. 수출은 1961년에 4천백만 달러에서 금년은 2억 5,000만 달러로 늘고 수만 정보가 개간됐고 위대하고 자부심을 지닌 한국 국민은 세계적 주시를 모으고 있어 우리는 한국 국민에게 경의를 드립니다. 떠나던 날 존슨 대통령은 청와대를 잠시 방문했습니다. 우리나라 대통령과 미국 대통령이 다시 김포공항에 나와 환송식이 거행됐습니다. 45시간이라는 짧은 방문 중 두 분은 한미 양국의 굳은 유대를 다시 다짐했으며 새로운 태평양체제에 대한 굳은 신념을 밝힌 것입니다. 두 나라의 대통령은 우리나라의 밝은 전도의 자신을 갖게 됐습니다.

화면묘사

00:05   자막 "특보 존슨 대통령 내한", 서울시청에 존슨 대통령을 환영하는 플래카드와 한미 대통령의 걸개사진, 대형 양국 국기가 걸려있는 모습

00:06   김포공항 건물에 박정희 대통령과 존슨 미국 대통령의 사진이 크게 부착되어 있고 그 아래 판넬에 "WELCOME! PRESIDENT AND MRS. JOHNSON"이라고 써 있음, 수많은 환영 인파들의 모습

00:07   비행기들이 편대비행하는 모습

00:11   비행기에서 내리는 존슨 대통령 부처의 모습

00:23   박정희 대통령과 존슨 대통령이 공항에 마련된 단상에 함께 올라가는 장면

00:30   공항에서 예포 발사 장면

00:31   단상에 양국 대통령이 서있고 환영 나온 시민들이 국기를 흔드는 모습

00:35   양국 대통령이 지프차를 타고 환영인파에게 손을 흔들며 이동하는 장면

00:46   주한 외교사절과 인사하는 존슨 대통령의 모습

00:55   존슨 대통령이 어린 아이를 안고 웃는 장면

00:58   존슨 대통령이 고급차량에 오르고 차량들이 공항을 빠져나가는 장면

01:06   존슨 대통령을 환영하기 위해, 축제를 맞은 것처럼 시민들이 거리마다 나와있는 모습

01:20   환영인파에 둘러싸여 있는 존슨 대통령의 모습

01:23   논가로 뛰어내려가는 존슨 대통령의 모습

01:26   잘 익은 벼 이삭을 직접 만져보며 살펴보는 존슨 대통령의 모습

01:33 길가에 학생과 주민들이 나와 미국 국기를 흔들며 존슨 대통령을 환영하는 장면

01:41 환영인파 사이로 도로가에 세워져 있는 양국 대통령의 대형 사진

01:45 존슨 대통령의 차량이 환영인파에 휩싸여있고 존슨 대통령은 태극기를 흔드는 장면

01:58 존슨 대통령 차량 행렬이 도로를 따라 이동하는 장면

02:03 남대문을 지나 이동하는 차량 행렬의 모습

02:10 시청 광장으로 진입하는 차량 행렬의 모습

02:16 존슨 대통령을 환영하기 위해 시청 광장에 나와있는 수많은 시민들의 모습

02:19 "WELCOME President AND Mrs. Johnson"이라고 써있는 깃발을 들고 있는 시민들의 모습

02:21 밝은 표정으로 성조기를 흔드는 여성들의 모습

02:23 서울시청 광장 단상에 오르는 존슨 대통령의 모습

02:29 시청광장을 가득 메운 환영인파가 물결을 이룬 모습

02:33 존슨 대통령이 시민들에게 손을 흔들고 있고 그 옆에 박정희 대통령이 서있는 모습

02:39 시민들이 성조기와 태극기를 흔드는 장면

02:41 박정희 대통령과 악수한 존슨 미국 대통령이 연단에 서는 장면

02:52 시청 광장을 가득 메운 환영인파의 모습

02:55 존슨 대통령의 연설 장면, 연설단 뒤로 박정희 대통령 내외와 존슨 대통령 부인이 자리에 앉아있는 모습. 연단 위에 "WELCOME, HIS EXCELLENCY THE PRESIDENT OF THE UNITED STATES OF AMERICA AND Mrs. LYNDON B.JOHNSON, 존슨 미합중 국 대통령각하 내외분 방한"이라는 플래카드가 걸려 있음

03:07 시청 광장을 발 디딜 틈없이 메운 존슨 대통령의 환영인파의 모습

03:10 존슨 대통령의 연설 장면

03:14 취재하는 외신 기자들의 모습

03:16 김현옥 서울특별시장이 존슨 미국 대통령의 행운의 열쇠를 선물하는 장면

03:23 태극기와 성조기를 흔드는 시민들의 모습

03:30 청와대 정문의 모습

03:32 청와대 내부로 들어오는 존슨 대통령 부처와 박정희 대통령 부처의 모습

03:44 선물을 교환하며 악수하는 박정희 대통령과 존슨 대통령의 모습

03:49 존슨 대통령 부인과 육영수 여사가 선물을 교환하며 대화하는 장면

03:54 박정희 대통령 부처에게 주는 선물들을 설명하는 존슨 대통령 부인의 모습

04:05 박정희 대통령과 존슨 대통령이 탑승한 차량이 이동하는 장면

04:14 연미복을 입은 존슨 대통령과 박정희 대통령이 차를 타고 와서 중앙청 앞에 내리는 장면

04:20 의장대를 앞세우고 중앙청 회의실로 들어오는 박정희 대통령과 존슨 대통령의 모습

04:28 중앙청 회의실에서 진행되는 연회장 전경

04:31 내빈들과 악수하는 박정희 대통령과 존슨 대통령의 모습

04:35 연회에 참가한 손님들의 모습

04:38 폭죽놀이 장면

04:42 아침 회의를 마치고 이동하는 존슨 대통령의 모습

04:51 서울역 플랫폼의 모습

04:55 달리는 기차에서 주변 마을을 촬영한 장면

04:57 육군26사단 정문으로 들어오는 차량 행렬

05:01 병사들이 들고 있는 부대깃발들이 휘날리는 모습

05:04 경례를 하는 박정희 대통령과 왼쪽 가슴에 손을 올리는 존슨 대통령의 모습

05:07 사열하는 병사들의 모습

05:10 박격포 등 화기 뒤에 서있는 병사들의 모습

05:13 존슨 대통령에게 화기에 대해서 설명하는 장교의 모습

05:21 이춘군 육군대위와 이종세 육군상사에게 훈장을 달아주는 존슨 대통령의 모습

05:29 악수하는 박정희 대통령의 모습

05:36 태권도 격파시범을 하는 병사들과 단상 좌석에 앉아 박수치는 존슨 대통령과 박정희 대통령의 모습

05:44 헬리콥터를 타고 캠프 스탠리에 도착한 존슨 대통령 일행의 모습

05:47 유엔군사령관 본스틸 장군과 의장대 사열을 받는 존슨 대통령의 모습

05:51 병사들과 대화하는 존슨 대통령의 모습

06:00 군용차량을 타고 이동하는 존슨 대통령의 모습

06:05   "국전 제15회 대한민국미술전람회"라고 플래카드가 입구 상단에 부착된 건물 앞에 많은 취재진이 모여 있는 모습

06:07   고급차량에서 내리는 육영수 여사와 존슨 대통령 부인의 모습

05:12   육영수 여사의 모습

06:15   전시물 앞에서 한복을 입은 육영수 여사와 미국 대통령 부인이 사진 촬영을 위해 자세를 취하는 장면

06:18   경회루의 모습

06:21   경회루 아래 좌석에 앉아 대화하는 한미 양국 대통령 부인의 모습

06:23   경회루 앞에서 한복을 입고 전통무용을 하는 여성들을 보고 박수치는 대통령 부인들의 모습

06:31   경복궁 근정전 쪽으로 이동하는 대통령 부인 일행들의 모습

06:39   근정전에서 내려오는 대통령 부인들의 모습

06:43   이화여대 운동장에 모여 박수치는 학생들의 모습

06:44   표창장과 금반지를 받는 존슨 대통령 부인의 모습

06:50   존슨 대통령이 탑승한 헬리콥터가 경기도 안녕리에 착륙하는 장면

06:55   존슨 대통령을 환영하기 위해 나와 있는 수많은 주민들의 모습

07:01   취재하는 외신기자들의 모습

07:03   최시종 옹이 존슨 대통령에게 마을 전경을 그린 그림을 선물하는 장면

07:11   한복을 선물받고 바로 입어보는 존슨 대통령의 모습

07:20   답례로 텔레비전을 선물하는 존슨 대통령의 모습

07:26   "존슨 동산"이라고 써있는 기념비를 제막하는 장면

07:31   제막식에 참가한 외국인들이 자리에서 일어나 박수치는 장면

07:34   최시종 옹과 손을 잡고 걸어가면서 주민들의 환영에 손을 흔드는 존슨 대통령의 모습

07:38   헬리콥터가 비행을 하고 그 아래 환영인파들이 모여있는 장면

07:42   헬리콥터에서 내리는 존슨 대통령과 최시종 옹의 모습

07:50   헬리콥터가 이륙을 하여 날아가고 주민들이 태극기와 성조기를 흔드는 장면

07:53   국립묘지 무명용사 무덤에 화환을 올리는 존슨 대통령의 모습

08:09   무명용사비 앞에서 묵념을 하는 존슨 대통령의 모습

08:14   국회의사당의 외관

08:18   국회의사당으로 들어가는 존슨 대통령의 모습

08:22   국회의사당에 의원석을 채운 국회의원들의 모습

08:24   존슨 대통령이 연설하는 장면

08:32   6·25전쟁 이후 폐허가 된 시가의 모습

08:35   전사자 묘지의 모습

08:39   시멘트 공장의 모습

08:44   화학 관련 공장의 모습

08:48   거대한 기계 장치가 작동하는 장면

08:50   타이어공장에서 작업하는 노동자들의 모습

08:54   방직공장에서 작업하는 여성노동자의 모습

08:56   드릴 작업을 하는 노동자의 모습

09:00   배에서 하역작업을 하는 장면

09:02   "WASHINGTON BEAR"라고 써있는 선박의 모습

09:04   벼가 익은 들판의 모습

09:18   존슨 대통령의 연설 장면

09:25   거리에 박정희 대통령과 존슨 대통령의 사진, 태극기 성조기가 걸려있는 모습

09:27   청와대를 방문해서 박정희 대통령과 만나는 존슨 대통령 부처의 모습

09:36   헬리콥터의 이륙 장면

09:39   공항에 수많은 학생과 시민들이 존슨 대통령을 환송하기 위해 나와있는 모습

09:41   노래를 부르며 성조기를 흔드는 여학생들의 모습

09:46   군악대의 연주 장면

09:49   박정희 대통령 부처, 존슨 대통령 부처가 단상에 서있고 그 단상 위로 꽃다발
         을 든 어린이들이 올라가는 장면

09:53   태극기와 성조기를 시민들이 힘차게 흔드는 장면

09:55   비행기에 탑승하며 손을 흔드는 존슨 대통령 부처의 모습

10:06   자막 "끝"

　이 영상은 1966년 10월 31일 존슨 대통령의 방한일정을 담고 있다. 존슨 대통령의 내한은 7개국 순방과 마닐라정상회의 일정 중 하나였다. 존슨 대통령이 김포공항에 도착하여 서울시청까지 이동하는 동안 200만 명의 인파가 거리로 나와 존슨 대통령을 환영하였다. 영상은 박정희 대통령이 서울시청 광장에 도착한 존슨 대통령을 사람들에게 소개하고, 존슨 대통령이 한미 우호관계에 대해 연설하는 장면을 담고 있다. 이와 함께 영상은 육군26사단 본부 및 미군부대 방문, 무명용사 묘지 참배 등의 일정을 비롯하여 육영수와 존슨 대통령 부인이 전통문화를 체험하는 일정 등을 담고 있다. 존슨 대통령은 베트남 전쟁에 참전하여 전투했던 한국군을 치하하며, 미국의 승전의지를 밝혔다.

　박정희와 존슨 대통령 시기 한미관계는 '밀월관계'라고 지칭될 정도로 각별했는데, 그 중심에는 베트남전쟁에 대한 한국의 파병이 있었다. 박정희는 1961년 케네디 행정부 시기부터 남베트남에 파병할 의사가 있음을 피력해 왔다. 미국은 존슨 행정부 이후 베트남전쟁에 대한 개입이 심화되면서 타국의 지원을 더욱 필요로 하게 되었다. 존슨은 1964년 5월 한국을 비롯한 25개국에 남베트남 정부에 대한 지원을 촉구하는 서한을 보냈다.

　한국정부는 먼저 1964년 9월 130명의 이동외과병원 요원과 10명의 태권도 교관을 남베트남에 파견하였다. 그리고 1964년 10월 미 국무부 극동담당차관보 번디(William P. Bundy)가 내한한 자리에서 박정희는 미국이 공식적으로 요청하기도 전에 "미국이 먼저 요청하면 파병할 의사가 있다"고 밝혔다. 이에 12월 존슨은 한국군 비전투병력을 남베트남에 파병해주기를 요청한다는 메시지를 브라운 주한미대사를 통해 전달하였다. 그에 따라 1965년 2월 2,000여 명의 한국군 비전투병력이 베트남을 향해 떠났다. 그리고 1965년 5월, 성대한 환영을 받으며 미국을 방문한 박정희는 한국에 돌아온 후 전투병력 파병을 결정하였다. 해외에 전투 부대를 파병하는 것과 비전투부대를 파견하는 것은 차원이 다른 문제이다. 이는 한국이 베트남전쟁에 보다 적극적으로 개입하게 되었음을 의미하는 것이며, 그만큼 한미관계가 긴밀해질 수 있음을 말해주기 때문이다.

　한국정부가 베트남에 전투부대를 파병하며 내세웠던 명분은 '자유진영의 단결'과 '6·25전쟁 보은론' 등이었다. 박정희는 도미노이론을 바탕으로 한국의 휴전선과 베트남 전선이 서로 연결되어 있다고 강조했다. 베트남전에서 공산군이 승리하면 그 여파가 반드시 한국에도 미칠 것이기 때문에 파병해서 남베트남을 도와야 한다는 것이었다.

하지만 이는 파병의 주된 이유가 아니었다. 한국정부는 미국의 요구에 부응하여 파병하는 대신 '국가이익'으로 표현되었던 실리를 추구하고자 했다. 이는 안보와 경제 두 부분에서 살펴볼 수 있다. 한국정부는 공식적으로 한미군사동맹관계를 공고히 하고, 주한미군의 감축을 막으며, 한국군의 전투력과 장비를 향상시킨다는 안보적 목적을 강조하였다. 이와 함께 경제적 목적에 있어서는 파병 군인의 임금을 인상해달라고 요구하거나, '일본이 6·25전쟁 때 부유해졌으니 한국도 베트남전을 이용해야 한다'고 주장하며 베트남 파병을 경제성장의 발판으로 삼고자 했다.

또한 점차적으로 대외원조 규모를 감축하고자 했던 미국에게 원조를 요구할 수 있는 협상력을 확보했다고도 볼 수 있다. 특히 1965년 들어 존슨 행정부가 계속해서 파병을 요청하면서 한국의 대미협상력도 계속 증가하였다. 영상에도 등장하는 1966년 방한 시에도 존슨은 박정희에게 추가병력을 요청하였고, 실제로 미국은 파병의 대가로 "브라운 각서(Brown Memorandum)"를 통해 한국에 대한 추가적인 차관 제공을 약속하였다. 한국군이 베트남에서의 병력철수를 완료한 1973년까지 한국이 파병한 병력은 5만여 명에 달하였다. 이는 베트남전쟁에 참여한 외국군 중 미군에 이어 두 번째로 큰 규모였다.

하지만 베트남전쟁이 한국 외교에 이익만 주었던 것은 아니었다. 세계여론이 베트남전쟁의 정당성에 대해 부정적으로 인식하게 되면서 서방사회에서 한국의 이미지도 나빠졌다. 국제사회에서는 한국을 전형적인 미국의 종속국으로 보는 시각이 굳어진 것이다.

▌ 참고문헌

뜨엉 티황 응아(Hoang Nga, Tuong Thi), 「한·일 협정 및 베트남 파병이 한국의 산업화에 미친 영향」, 한국외국어대학교 석사학위논문, 2014.

마상윤, 「한국군 베트남 파병결정과 국회의 역할」, 『국제지역연구』 22, 2013.

홍석률, 「위험한 밀월 : 박정희·존슨 행정부기 한미관계와 베트남 전쟁」, 『역사비평』 88, 2009.

해당호 전체 정보

691-01 특보 존슨 대통령 내한

상영시간 ㅣ 10분 11초

영상요약 ㅣ 1966년 10월 31일 미국 대통령 린든 B.존슨(Lyndon B. Johnson) 대통령 부처가 김포공항에 도착했다. 존슨 대통령은 7개국 순방과 마닐라정상회의 일정 중 하나로 내한했다. 다음날 아침 한미 양국 대통령은 첫 회담을 시작했다. 이들은 서울역에서 육군26사단 본부로 이동했고, 캠프 스탠리(Camp Stanley)에서 존슨 대통령 일행은 의장대의 사열을 받으며 유엔군사령관 찰스 본스틸(Charles Bonesteel) 장군의 부대 설명을 들었다. 이어서 헬리콥터를 이용해 수원 근처 안녕리를 방문한 존슨 대통령 일행은 한국의 농업 발전에 대해 보고를 받았다. 한국 방문 마지막 날 아침 존슨 대통령 부처는 국립묘지 무명용사 묘지를 방문하고 참배했다. 한국을 떠나기 전 존슨 대통령은 국회 본회의장에서 연설을 통해 베트남전쟁에 대한 강하고 확고한 미국의 의지를 내비쳤다. 그는 역사가가 전쟁 폐허 속에서 한국이 이룬 경제적 · 사회적 발전을 기록하게 되길 바란다고 말하였다.

대통령 선거 유세 (1967년 5월)

제작정보

출   처 : 리버티뉴스 716호
제 작 사 : 주한미공보원
제 작 국 가 : 미국

영상정보

제 공 언 어 : 한국어
컬   러 : 흑백
사 운 드 : 유

영상요약

1967년 대통령 선거를 앞두고 대통령 후보들의 선거 유세를 보여주고 있다. 민주공화당의 대통령 후보인 박정희는 부산 초량역 앞 광장에서 선거 유세를 하고 있다. 박정희 후보와 치열한 경합을 벌이고 있는 신민당의 대통령 후보인 윤보선은 서울 남산 야외음악당에서 선거 유세를 하고 있다. 선거 유세장에는 수많은 시민들이 운집하여 대통령 후보의 유세를 구경하고 있다.

내레이션

5월 3일에 실시될 대통령 선거에 등록된 일곱 명의 후보 중에서 공화당 대통령 후보 박정희 씨와 신민당의 윤보선 후보 간의 가장 치열한 유세가 벌어지고 있습니다. 4월 22일 박정희 대통령 후보는 운집한 청중을 모은 초량역전 광장 유세에서 조국근대화에 관한 자기의 중요 공약을 역설하고 농공병진정책을 통해서 차기 4년간의 집권시책을 공개했습니다. 한편 박정희 후보의 유일한 경쟁자인 윤보선 후보는 서울 남산 야외음악당에서 그동안 벌려온 유세 중 많은 청중이 모인 가운데 국민의 여망을 이룩할 단 하나의 길은 정권의 평화적 교체를 5·3선거에서 이룩해야 한다고 역설했습니다. 모든 국민은 다가오는 5월 3일에 누가 차기 대한민국 대통령이 될 것인가를 심판하게 될 것입니다.

화면묘사

00:03   자막 "리버티뉴스"
00:11   자막 "716 4~5~7"
00:13   자막 "대통령 선거유세". 민주공화당의 박정희, 정의당의 이세진, 통한당의 오재영, 신민당의 윤보선, 민중당의 김준연, 대중당의 서민호 등 대통령 후보 포스터가 마을의 한 나무 벽에 붙어 있음
00:21   박정희 후보가 부산의 초량역 앞 광장에서 많은 시민들이 모인 가운데 유세를 하고 있음. 선거 유세를 지켜보는 수많은 시민들의 모습
00:52   김종필이 박정희 후보의 지원 유세를 하고 있음. 초량역 앞 광장에 모인 시민들

01:14 윤보선 후보가 서울 남산 야외음악당에서 선거 유세를 하고 있음. 유세장에 운집해 있는 시민들의 모습
01:46 장준하가 윤보선 후보의 지원 유세를 하는 모습. 선거 유세를 지켜보는 수많은 시민들

█ 연구해제

이 영상은 1967년 5월 3일에 있었던 제6대 대통령선거에 관한 것이다. 영상에는 민주공화당 박정희, 정의당 이세진, 통한당 오재영, 신민당 윤보선, 민중당 김준연, 대중당 서민호 등의 선거 포스터가 담겨 있다. 아울러 박정희 후보의 부산 초량역 광장 유세장면, 김종필의 박정희 지원유세 모습, 남산 야외음악당에서 유세를 하는 윤보선 후보, 윤보선 후보를 지원 유세하는 장준하의 모습 등도 확인할 수 있다.

박정희 정권은 격렬한 반대를 무릅쓰고 한일수교와 청구권 문제를 마무리한 후 장기집권을 위한 준비를 착착 진행하고 있었다. 박정희 정권의 순항은 한편으로는 당시 야당의 분열과 무기력 덕분이기도 했다. 한일협정 비준 당시 민중당 온건파가 원내 복귀를 선언하자, 강경파들은 여기에 반발하여 집단 탈당하여 1966년 3월 신한당을 창당했다. 1967년 대통령 선거와 국회의원 선거가 다가오는 와중에도 야당의 분열은 여전했다. 민중당과 신한당 두 야당 내부에도 각각 주류와 비주류 사이의 대립이 심각했고, 또 그 안에 다시 몇 개의 파벌들이 나누어져 있었다. 야당이 지리멸렬한 가운데 1966년 서민호가 사회민주당(이후 대중당으로 개칭)을 창당하였다.

야당 통합에 대한 필요가 시급해지자 1966년 12월부터 민중당과 신한당의 통합 논의가 급진전되면서 양당의 비주류 인사들을 중심으로 후보단일화 추진위원회가 결성되었다. 이미 민중당은 유진오, 신한당은 윤보선을 대통령 후보로 선출한 상황이었지만, 민중당이 신한당에 통합을 제의하여 교섭이 시작되었다. 1967년 1월 26일 윤보선, 유진오, 백낙준, 이범석의 당시 야권의 영수 네 사람이 회담을 가졌고, 이 자리에서 통합의 큰 그림이 그려졌다. 통합야당 신민당의 대통령후보는 윤보선이, 당수는 유진오가 맡았다. 신민당은 창당대회 결의문에서 선거에서 기필코 정권교체를 성취시켜 민주정치를 재건하고 민생을 도탄에서 구할 것을 천명하고, 만일 부정선거의 경우 거기서 오는 불행한 사태 발생의 모든 책임은 박정희 정권이 져야 할 것이라고 경고했다.

이후 대중당 후보인 서민호가 4월 28일 후보직을 사퇴하여 선거는 박정희와 윤보선 두 후보의 대결로 압축되었다. 공화당의 박정희는 경제개발의 성과와 비전을 내세우면서, 이를 지속하기 위한 정치적 지지를 호소했다. 반면에 신민당의 윤보선은 쿠데타 이후에 추진된 군대식 경제개발의 폭력성과 독재성을 규탄했다. 이때의 선거 구호가 당시의 시대정신을 둘러싼 각축의 상황을 잘 말해준다. 공화당은 "박 대통령 다시뽑아 경제건설 계속하자", "중단하면 후퇴하고 전진하면 자립한다"라는 구호를 내세웠다. 반면에 신민당의 구호는 "빈익빈이 근대화냐 썩은정치 갈아치자", "박정해서 못살겠다 윤택하게 살아보자"였다. 공화당이 경제건설의 지속이라는 가치를 내세운 반면, 신민당은 그 과정에서 드러난 빈부격차와 타락정치를 비판했다.

5·3대통령선거에서는 다양한 쟁점들이 등장했다. 윤보선은 선거유세 중에 베트남전 파병이 미국의 '청부전쟁'이라고 비판했다. 윤보선을 지지하던 장준하는 "일본천황에게 충성을 맹세하고 일본군 장교가 되어 우리의 독립 광복군에 총부리를 겨누었다"라면서 박정희의 친일경력을 쟁점으로 꺼냈다. 또 "우리나라 청년을 베트남에 팔아먹고 피를 판 돈으로 정권을 유지하고 있다"라며 베트남 파병을 비판했다. 그러자 박정희는 만일 우리가 베트남에 파병하지 않으면 한국에서 미군을 빼서 베트남으로 이동할 것이므로 안보상 불가피한 선택이라고 항변했다.

결국 선거는 116만 표의 차이로 박정희의 승리로 끝났다. 박정희는 568만 8,666표(51.5%)를 얻은 반면, 윤보선은 452만 6,541표(41%)에 그쳤다.

▌ 참고문헌

민주화운동기념사업회 연구소, 『한국민주화운동사』 1, 돌베개, 2008.
조희연, 『박정희와 개발독재시대』, 역사비평사, 2007.

해당호 전체 정보

716-01 대통령 선거 유세

상영시간 ㅣ 02분 06초

영상요약 ㅣ 1967년 대통령선거를 앞두고 대통령 후보들의 선거 유세를 보여주고 있다. 민주공화당의 대통령 후보인 박정희는 부산 초량역 앞 광장에서 선거 유세를 하고 있다. 박정희 후보와 치열한 경합을 벌이고 있는 신민당의 대통령 후보인 윤보선은 서울 남산 야외음악당에서 선거 유세를 하고 있다. 선거 유세장에는 수많은 시민들이 운집하여 대통령 후보의 유세를 구경하고 있다.

716-02 월남 소식

상영시간 ㅣ 01분 07초

영상요약 ㅣ 바탄 간 반도에서 국군 해병대가 베트콩 및 월맹 정규군과의 수색전을 벌이고 있는 장면이다. 해병 제1대대가 푸구이 마을 근처 베트콩의 중요 보급통로를 차단하며 베트콩을 포획하였다. 일부는 사살하고 일부는 생포하였다. 아울러 해병대가 베트콩으로부터 노획한 전리품들을 보여주고 있다.

716-03 이런 일 저런 일

상영시간 ㅣ 05분 49초

영상요약 ㅣ 도쿄에서 유엔 아시아 및 극동 경제위원회의 총회가 열렸다. 총회에는 각국 대표들이 참가하였다. 사토 에이사쿠 일본수상이 개막 선언을 하고 나라시만 유엔사무차장이 우 탄트 유엔사무총장의 메시지를 대독하고 있다. 서울중앙 YMCA회관 재건 낙성식이 개최되었다. 교육, 체육, 종교계 인사들과 국내외 귀빈들이 낙성식에 참가하였다. 정일권 국무총리가 박정희 대통령의 축사를 대독하고 있다. 파월 기술자들의 사랑의 헌금으로 진도, 울릉도 어린이들이 서울 나들이를 하고 있다. 덕수궁, 국립박물관을 방문하여 구경하고 있는 모습이다. 군항 진해에 영국 극동 함대 소속 브라이튼호가 도착하였다. 해군 장병 및 고위 인사들이 브라이튼호 내부 장치들을 구경하고 있다. 1967년도 세계 박람회가 열릴 캐나다 몬트리올 세계 박람회장의 모습이다. 박람회장 내부 각국의 특색있는 전시관들을 소개하고 있다.

716-04 재주 부리는 펭귄

상영시간 ｜ 01분 04초

영상요약 ｜ 샌프란시스코 펭귄관에서 페루산의 훔볼트 펭귄들이 다이빙, 공놀이, 헤엄치기 경주를 하는 모습 등을 보여주고 있다.

찾 아 보 기

'한국 근현대 영상자료 수집 및 DB구축' 과제 참여자

연구책임자

허은 (고려대학교 한국사학과 교수)

공동연구원

강명구 (서울대학교 언론정보학과 교수)

김려실 (부산대학교 국어국문학과 교수)

조준형 (한국영상자료원 한국영화사연구소장)

최덕수 (고려대학교 한국사학과 교수)

지우지 피자노(Giusy Pisano) (프랑스 루이-뤼미에르 고등영상원 교수)

전임연구원

박선영 (현 고려대학교 한국사연구소 연구교수)

박희태 (현 성균관대학교 CORE사업단 연구교수)

양정심 (현 대진대학교 인문학연구소 연구교수)

장숙경 (전 고려대학교 한국사연구소 연구교수)

연구보조원

공영민, 금보운, 김명선, 김성태, 김재원, 김진혁, 마스타니 유이치(舛谷祐一), 문민기, 문수진, 서홍석, 손지은, 심혜경, 예대열, 유정환, 윤정수, 이동현, 이상규, 이설, 이수연, 이정은, 이주봉, 이주호, 이진희, 임광순, 장인모, 정유진